ORGANIZATION
DEVELOPMENT
IN PRACTICE
CHANGES Model

组织发展变革

全局思维与实践

马超帆 ◎著

图书在版编目（CIP）数据

组织发展变革：全局思维与实践 / 马超帆著. —北京：机械工业出版社，2023.6

ISBN 978-7-111-72758-3

I. ①组… II. ①马… III. ①企业管理 – 组织管理学 IV. ① F272.9

中国国家版本馆 CIP 数据核字（2023）第 039519 号

机械工业出版社（北京市西城区百万庄大街 22 号　邮政编码：100037）
策划编辑：李文静　　　　　　　责任编辑：李文静　　王　芳
责任校对：贾海霞　　卢志坚　责任印制：张　博
保定市中画美凯印刷有限公司印刷
2023 年 6 月第 1 版第 1 次印刷
170mm×230mm · 18.25 印张 · 1 插页 · 242 千字
标准书号：ISBN 978-7-111-72758-3
定价：79.00 元

电话服务　　　　　　　　网络服务
客服电话：010-88361066　机　工　官　网：www.cmpbook.com
　　　　　010-88379833　机　工　官　博：weibo.com/cmp1952
　　　　　010-68326294　金　书　网：www.golden-book.com
封底无防伪标均为盗版　机工教育服务网：www.cmpedu.com

| 前 言 |

组织可持续成功之道

缘起

在给企业高层管理者讲授组织发展变革课程的时候，常常有学员反馈上课时间有限，听课意犹未尽，希望我能把经验总结成书，帮助其课后进一步实践。其实市面上相关的书籍有国际经典著作的中文译本，也有国内专家撰写的，它们从不同角度对组织发展变革做了理论探索或者提供了标杆企业的案例，那我要怎么写这本书才能更好地帮助更多的管理者呢？回顾自己过往20多年实践经历，或许我能以读者的期望为突破口：**一切从企业实践需要出发，在掌握相关原理的基础上，灵活应用具体的方法与工具，解决企业实际问题！**

我曾在跨国公司负责中国区人力资源管理和全球人力资源规划，我也曾被调任负责亚太区的组织发展变革工作，从此开始了我在这个专业领域的求索之路。在这个过程中,我发现自己过往处理的很多战略人力资源管理方面的工作,如组织架构重组、引导业务战略规划的讨论与战略部署目标分解、企业文化建设、新合资公司的规划与融合、国际多元化人才发展等,其实已经涉及了组织发展变革的很多内容,也可以说是组织发展变革的实践。随着近年来对相关理论的进一步研究,同时结合实践经验,我不禁想,如果当初能够更早、**更系统地学习组织发展变革的原理,知其然并且知其所以然,掌握相应的实践方法与工具**,那么我在战略人力资源管理工作中应该会少走些弯路,在帮助企业进行战略创新、架构重组、文化建设、组织能力与绩效管理的实践中也会更专业、更高效。

加入公益组织后,我结识了很多企业家朋友。在定期共同参加公益活动之余,承蒙他们信任,被邀请去给他们的企业培训辅导。他们所处的企业大多处于向专业化企业发展的进程中,他们在感受企业成长之喜的同时,也经历着企业成长之惑甚至成长之痛,往往在尝试解决一个组织问题的时候又牵出更多新问题,因此常常觉得头绪纷杂、分身乏术。而**以理论联系实践的方式,帮助企业家系统地理解组织发展变革各关键元素之间的有机联系及全局思维**,对解决企业成长之惑也许会起到拨云见日、事半功倍的作用。这是一个值得尝试的方向。

近年来,我与志同道合的伙伴们共同创立了CODN(China Organization Development Network,即组织发展联盟,是一个推动组织发展学习、实践与创新的非营利协会平台)。虽然CODN不以营利为目的,我在其中的工作也是纯公益性的付出,但是其日常运营仍然有成本,这就要求我在之前的人力资源管理者、组织发展顾问的视角之外,还要以经营者的视角看待组织发展,于是,我又有了另一种思考和收获……

无论是在跨国公司负责人力资源管理和组织发展变革管理，还是辅导成长型企业发展，抑或是直接参与经营，这些实践经历都给我带来了对组织发展变革的更深刻的思考。不管企业是处在初创期、向专业化转型期、多元化发展期、企业集团整合期，还是从衰退中奋起的复兴期，不同的阶段可能有不同的侧重，但组织发展变革要求始终存在。能帮助更多的企业管理者全局性、系统性地理解组织发展变革的核心原理，并在实践中灵活运用相应的方法与工具，切实解决在组织管理与发展过程中碰到的具体问题，为我国企业的可持续发展尽一点绵薄之力，这是写作本书对我的意义。希望广大管理者在读完本书后能发现它对你的意义，以及对您的企业的意义。

以变应变是组织可持续成功之道

目前，我国企业已基本实践人力资源管理六大模块⊖的运作，正向战略人力资源管理发展——人力资源管理者不仅需要在人才、领导力和组织文化方面支持企业战略的实施，还需要进一步提升参与构建和推动实施企业战略的能力。企业管理者对管理的认知也正从生产管理、物料管理、销售管理、营销管理快速向战略管理、制度管理、文化管理进化。随着移动互联网、人工智能的发展，"我"时代来临，组织日趋扁平化、轻质化，市场、制度、文化趋势也在不断变化和发展，传统企业管理模式面临越来越多的新挑战，只有做到以变应变、凝心聚力、共生共创、自我进化的企业方能在未来竞争中胜出，组织发展变革已成为每

⊖ 人力资源管理六大模块通常指：人力资源规划、招聘与配置、培训与开发、绩效管理、薪酬福利管理、员工关系管理。

一位管理者的必修课。管理者应对此有充分的认知并能付诸实践；而引导、促进组织发展变革策划与实施的人力资源管理者（以下统称HR）则应对此有更全面、更透彻的理解，并掌握相应的技能和工具。

以变应变，甚至以变领变，需要在全局思维下以企业的宗旨使命为基石，保持以战略为方向，协同组织能力的提升、架构的设计、文化的构建、制度体系的配合，以凝心聚力为核心，激发组织个体成员与团队的自我驱动力，以集体智慧共创新机。这也是我所创立的CHANGES模型的核心。本书将从剖析原理、强调实践的角度，深入阐述CHANGES模型各个关键元素以及它们之间的相互影响与协同，帮助企业落地解决实际问题。

大道至简，始于人心

组织发展变革理论萌发于20世纪50年代，于发达经济体中获得发展，衍生出各种方法论，并指导许多跨国公司取得了巨大成功。组织发展变革理念被引入我国后，在一些民营企业与国有企业中得到了应用，但因其体系庞大、理论繁多，容易令人产生盲人摸象的困惑。然而，"万物之始，大道至简，衍化至繁"，我们可以穿透纷繁复杂的表象，寻找最简明、最终极的核心，掌握其精髓。我认为，**组织发展变革中的大道至简就始于人心**。

每个组织都由许许多多独立的个体组成，如果我们能够更好地理解人心，从本源上激发每个组织成员的个体自驱力，配合适当的方法，形成团队合力，组织就能迸发极大的能量。本书所介绍的CHANGES模型的核心，就是在"人心"上激活个体的渴望、团队的同心，从而实现组织凝心聚力。本书还提供了很多企业实践案例与具体方法，可以帮助管理者对此有更深切的体会。

不仅如此，组织发展变革的意义还更深远，那就是把组织成员对个体生命意义的探索与组织的使命相联结，形成使命共同体。以我个人开展公益活动的亲身经历来说，越来越多的人愿意投身公益为社会的进步做贡献，其根源正是使命感驱动下的发自内心的利他精神。如果我们能够把这种使命感的驱动力应用到组织发展变革的实践中，能量何其巨大啊！管理者也可以思考：人生在世，我们每个人的人生使命是什么？建立企业的初心是什么？为这个企业工作的意义是什么？我们如何以使命的力量感召组织成员，激发组织产生源源不断的能量？本书是我在组织发展变革实践中的一些思考和感悟，期许能让我们超越组织发展变革本身，照见自己的初心，放眼更广阔、更高远的地方。

与大家共勉。

致谢

本书得以完成，衷心感谢曾有缘共同实践组织发展变革的同事与客户，感谢众多企业 HR 和企业家朋友的信任，感谢 CODN 伙伴们的付出，是你们启发了我对过往组织发展变革经验的沉淀与新的思考。

同时，特别感谢湛旭华女士跨越千山万水，促成我把写书的想法付诸行动，落笔耕耘，开花结果！

此外，感谢机械工业出版社的编辑在写书过程中给予的大力支持！

期待广大读者的指正、反馈与交流！

马超帆

于深圳

目录

前言　组织可持续成功之道

第 1 章
组织发展变革全局思维　　　　　　　　　1
CHANGES 模型

1.1　从理论到实践：以变应变　　　　　　1
1.2　从特点透视本质　　　　　　　　　　5
1.3　CHANGES 模型七大关键元素　　　　10
1.4　小结：全局思维与 CHANGES 模型之精髓　　12

第 2 章
凝心聚力　　　　　　　　　　　　　　14

2.1　熟悉的场景：变革沟通中的窘境　　　14
2.2　关键中的关键：人心　　　　　　　　16

2.3	拥抱变革：帮助组织成员诠释变革的意义	17
2.4	"参与"的力量：增强自主感，提升核心竞争优势	26
2.5	激发积极能量，共创正向变革	32
2.6	小结：唯凝心，方可聚力	39

第 3 章
战略规划　　41

3.1	实践中的误区：把战略规划与组织管理割裂	41
3.2	战略是什么	43
3.3	战略规划的主要思路	45
3.4	战略规划的步骤、方法、工具与实践	49
3.5	实例：三年战略规划过程设计与现场研讨引导	75
3.6	小结：战略规划"祛魅"	80

第 4 章
组织能力　　82

4.1	组织能力的三层递进关系	82
4.2	个人胜任力	85
4.3	团队协同力	89
4.4	组织能力：战力的体现	102
4.5	实例：综合运用组织发展方法与工具，赋能孵化创新	111
4.6	小结：从个人能力向团队能力、组织能力递进转化	113

第 5 章
组织架构　　115

| 5.1 | 组织架构的本质 | 115 |
| 5.2 | 常见的六种组织架构模式 | 117 |

5.3	实例：组织架构在企业不同发展阶段的演变	133
5.4	跨越常规边界的组织模式	137
5.5	组织架构设计的五大原则	141
5.6	实例：一个跨国集团组织架构设计的具体方法	147
5.7	小结：通过分工与协同，为组织运行提供强韧支撑	149

第 6 章
制度体系 151

6.1	企业经营发展的体制保障	151
6.2	企业制度体系的有机组成	156
6.3	制度体系设计的具体方法与实践	159
6.4	制度体系设计的三大原则	169
6.5	实例：绩效管理体系设计与落实机制	174
6.6	小结：有形的标准，合力的保证	188

第 7 章
文化规范 190

7.1	企业文化的磁场效应	190
7.2	企业文化的外在表现	195
7.3	企业文化的核心内涵	198
7.4	领导者对企业文化的重大影响	203
7.5	企业不同发展阶段：文化建设的方法与实例	206
7.6	小结：内在引力造就可持续竞争优势的终极来源	228

第 8 章
宗旨使命 230

8.1	使命的力量	230

8.2	从"我的使命"开始	234
8.3	从"我的使命"到"我们的使命"	236
8.4	以使命奠定战略	241
8.5	把使命融入文化	245
8.6	使命的意义	247
8.7	小结：不忘初心，方得始终	248

第 9 章
组织发展变革实践　　　　　　　　　　　250
DIY 方法

9.1	组织诊断	251
9.2	干预举措	258
9.3	效果评估	262
9.4	实例：形成组织诊断的机制，让变革成为业务常态	269
9.5	小结：以终为始，共诊共识共创	273

后记
CHANGES 全局思维，凝心聚力，以变应变　　275

第 1 章

组织发展变革全局思维
CHANGES 模型

作为本书的开篇,本章力求精练,对组织发展变革的含义与特征、全局思维 CHANGES 模型及其各关键元素之间的关系,做提纲挈领式的简介,是"知其然,并知其所以然"的核心基础。其余各章将围绕 CHANGES 模型各关键元素展开深入分析及阐述,并提供具体方法、工具,辅以实际案例、实践提醒,助力管理者透彻理解及实践。读者在深入研究某个具体关键元素的同时,也请务必保持 CHANGES 模型系统性和有机性的全局视角,欢迎随时回来参照本章内容,或许会有更深刻的理解和感悟。

1.1 从理论到实践:以变应变

组织发展(Organization Development,OD)的概念最早由现代社会

心理学、组织心理学和应用心理学的创始人、"社会心理学之父"库尔特·勒温（Kurt Lewin）提出，他最早研究群体动力学，创立了力场分析法、变革理论、行动研究等重要理论，致力于提高组织生产率的研究，因此也常被称为"组织发展学创始人"。随后，组织发展学的体系不断演变，从最早关注群体（团队）动力，逐渐向不同方向延伸，主要包括以下三个方面[⊖]：

1）关注**个体**成员的信念（Beliefs）、态度（Attitudes）、价值观（Values）。

2）关注团队（群体）中的**个体之间**以及**团队之间**的关系与互动过程，从而通过影响个人与团队之间的关系进而对整个组织系统产生作用。

3）关注**组织层面**的业务战略、组织架构、业务流程的有效性，从而有计划地改善与提升组织的效能与健康。

组织发展的理论在不断进化的过程中也衍生出了组织变革、变革管理等概念。例如，有些学者认为：组织变革包括了遵循组织发展原则的O变革（关注组织文化、人员行为、组织能力等变革举措）和受外部市场压力推动的E变革（大规模裁员、企业重组等期望在短期内扭转企业财务状况，实现经济价值的变革举措），整合E变革与O变革是成功企业竞争优势的来源。[⊜]另外一些学者认为组织发展是实施组织变革的主要方法之一。[⊝]实践中也有人认为变革管理是对发生的组织变革予以应对，妥善落实组织变革的计划，而组织发展是主动引领变革、促成变革的发生与规划的过程。

在理论上，虽然对这些概念之间的关系至今还没有清晰统一的界定，但是我们能看到它们的终极目标一致，所必须考量的关键因素也一致。因此，从我的实践经验来看，我们无须拘泥纯理论上的刻板细节差异，

⊖ 麦克莱恩. 组织发展学：原理与应用[M]. 王晓晖，译. 广州：广东经济出版社，2017.

⊜ NOHRIA N, BEER M. Cracking the Code of Change [EB/OL].[2022-11-16]. https://hbr.org/2000/05/cracking-the-code-of-change.

⊝ 帕尔默，邓福德，埃金. 组织变革管理：第2版[M]. 金永红，奚玉芹，译. 北京：中国人民大学出版社，2009.

解构是为了建构，理论是为了实践。组织发展、组织变革、变革管理等概念尽管在表述上有不同的侧重，但是随着其在实践中的应用，最终都需要考察组织内外各关键因素，以系统整体的角度去规划和实施变革，而这些概念综合起来正反映了企业在发展的过程中对外部市场需求和内部组织需求的应对：前瞻洞察、促发变革、规划变革、实施变革，直至实现企业发展目标的整合过程。从实际应用角度出发，把这些概念统称为组织发展变革，更有助于企业应用组织发展的原理，主动应对在商业周期中日益普遍和迫切的变革需求，妥善管理变革举措的实施，深化变革的成果，并不断进化，循环不息。

组织发展变革，是指为了提升组织效能、增强组织健康、实现组织未来的可持续发展，应用行为科学等相关原理，有计划地在个人、团队、组织层面采取合适的干预举措，促使组织以变应变，通过恒常的革新应对内外环境的变化挑战。⊖

企业所面临的内外环境变化既表现在技术、政治、经济、环境、法律等宏观方面，也表现在客户偏好、竞争对手、供应商等行业领域，以及新时代员工生活和工作态度的改变等变化中。

在中美贸易摩擦实际发生之前，全球自由贸易曾经是个牢不可破的假设，对于一个以此假设为生存基础的企业来说，贸易摩擦很可能使其陷入经营困境，甚至为其带来灭顶之灾。一直盯着竞争对手的某方便面厂家，大概从没有想到真正对自己的发展甚至生存带来威胁的，是外卖平台。老一辈员工集体观念强、任劳任怨、安分守己，而新一辈员工张扬自我、强调个人权利、追求更多精神层面需求的满足。组织管理者时常感叹"老方法不管用了"。展望未来，变幻莫测的国际形势等挑战等都

⊖ 在实践中，"组织发展变革"也常被简称为"组织发展"或者"OD"，本书中对此的有关描述三者通用；此外，本书中大部分关于组织发展变革的阐述主要是以企业应用为背景的，所以本书中的"组织"多指"企业"，后面不再赘述。

将继续增强这个时代的不确定性，而以 5G、人工智能、云、物联网、区块链等技术聚变为标志的新引擎将持续引发行业裂变，又为众多的企业带来可能弯道超车的机遇。㊀

这些变化无时无刻不在发生，或者即将发生，冲击着企业的每一个领域——战略的、架构的、制度的、能力的，甚至内在的关于企业存在和成功原因的假设，等等。否定这些变化的发生极为不智，被动应对这些变化只会落败，企业必须主动适应内外环境的变化，以变应变。"以变应变"是组织发展变革在全新时代的要旨，也是企业可持续成功之道。

那么，企业变什么？如何变？在实践中，"以变应变"的思路需要围绕组织、团队、个人三个层面采取有计划的干预举措。在实践中组织发展变革三个层次与重点，如图 1-1 所示。

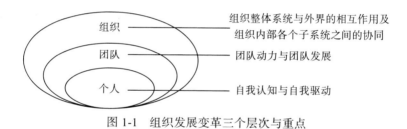

图 1-1　组织发展变革三个层次与重点

1）个人层面更强调帮助个体的自我认知与自我驱动。例如，通过提升组织领导者的自我意识，来影响企业的文化构建；通过提升个体的胜任力，来提升组织的整体能力；联结组织成员个体的意义感，激发其主动参与和行动。

2）团队层面或者群体层面更强调团队动力与团队发展。例如，促进团队成员互信，引导高效的团队会议讨论，解决团队分歧，提升决策质量，成立跨部门的团队进行创新孵化，帮助空降管理者与现有团队的融合。

㊀ 何振红，刘梦羽，张鹏，等. 聚裂：云 +AI+5G 的新商业逻辑 [M]. 北京：机械工业出版社，2020.

3）组织层面则强调组织作为一个整体系统，与外界的相互作用及组织内部各个子系统之间的协同。例如，对外密切关注市场的变化，敏捷创新迭代；对内聆听组织的声音，促进部门之间的协同，系统共创主动引领变革。

重要的是，这三个层面不是割裂的，而是相互影响并以"人心"贯通的。组织的可持续成功之道是"以变应变"，而大道至简则是"人心"。更好地理解人心，从本源上激发每个组织成员的自驱力，形成团队与组织的合力，将为组织提供源源不断的能量。

另外，组织发展变革的原理以行为科学为基础，涉及心理学、社会心理学、社会学、人类学、系统理论、组织行为学、管理学等众多领域。本书侧重实践，对相关原理的讲述点到为止，更多的是介绍相关理论整合后用于指导实践的方法、应用实例，以及实践中的具体建议与提醒。如果读者对上述理论有兴趣，可以进一步阅读相关书籍。

1.2 从特点透视本质

组织发展变革需要关注系统整体，以及如何更好地对系统中的各个部分进行整合与联结。理解组织发展变革系统思维、以人为本、过程导向这三个特点非常重要，因为这三个特点充分体现了组织发展变革的核心理念，贯穿所有具体实践。

1.2.1 系统思维

组织发展的系统理论强调：组织是一个统一的**整体系统**，包含了各个部分（子系统），组织协调各个部分的工作以达成期待结果；同时，组织也是一个保持动态平衡的**开放系统**，对外部的输入做出回应，将其转化为输出，再通过反馈回路成为新的输入；系统某一部分的变化会影响系统的其他部分及整个系统，只有当组织系统各部分之间存在良性互动

时，才能产生**协同作用**。[○]

举一个例子，一家日用品企业的市场部门为了促进销售，专门增大了产品外包装的尺寸，希望自家产品能够在商场货架的陈列中脱颖而出，增强对消费者的吸引力，但是采购部门却因为要完成节省成本的指标，选购了更薄的产品外包装材料。于是，新的产品外包装在运输过程中因为材料不够坚固而受损，不仅没有达到市场部门"吸引消费者"的初衷，还令消费者对产品质量产生怀疑而不敢购买。现场销售人员发现问题后马上向生产部门反映，生产部门再找采购部门与市场部门协调，问题最后上升到企业总经理层面才得以解决。这个过程不仅延误了最佳销售时机，损失了销售额，也给品牌带来了不良的影响。

相信广大管理者对此都深有体会，企业在尝试解决一个问题的时候，如果不能进行系统性思考和协调，常常会带来另一个更严重的问题，甚至导致问题复杂化或者本末倒置。组织作为一个系统，其复杂性就在于既要对外——面对市场的变化，也要对内——促成不同部门之间的协同。

我们可以借鉴中医的整体观念，建立系统观来看待和解决企业管理的问题。例如：中医中的"天人相应"强调人与自然相协调的理念；中医中的"全息论"认为人体是一个复杂的系统，维持机体的生理平衡与稳定主要依赖五脏之间既相互生发又相互制约的关系；任何疾病都具有整体性，局部的病变可以由外传入里，发展成全身的病态，全身的病态也可在某一局部呈现病变；中医正是通过形成整体观念、对立统一的理念、人体脏腑经络等各系统之间以及人与外界环境之间的统一性的中医学与哲学，传承数千年。[○]组织系统的理念与中医的理念非常相似，既反映了组织应对外界变化，也强调组织中各部分平衡协同的全局与整体观念。

○ 琼斯，布拉泽. NTL 组织发展与变革手册：原则、实践与展望 [M]. 王小红，吴娟，魏芳，译. 北京：电子工业出版社，2018.

○ 杜茂爱. 中医自学百日通 [M]. 天津：天津科学技术出版社，2015.

要解决企业的问题，不能头痛医头、脚痛医脚，而是要用全局思维来诊断影响企业健康的外因与内因，只有这样才能做到对症下药。本书提供的CHANGES模型，同样体现了组织发展变革的"系统观"，为管理者提供了全局思维的框架以解决企业的组织管理问题。

1.2.2 以人为本

组织发展变革需要通过对"人"的关注从而达到"事"的结果。实践中，以人为本具体表现为尊重每个组织成员的个体价值，关注每个组织成员成长的内在需求，释放每个组织成员的潜能，赋予每个组织成员获悉有效信息、参与决策的力量感。⊖

例如，一家企业在改组的过程中单纯地考虑改组对业务的影响，而忽略了与受影响的员工（包括在改组中失去工作岗位的员工以及在改组后仍然在企业留任的员工）进行沟通，在公布改组决定的当天，就让那些失去工作岗位的员工马上收拾东西离开企业。这种行事方式看似雷厉风行，其实忽略了受影响员工在面对变化时的认知需求与情感需求，很容易刺激他们采取堵办公楼、罢工等过激行为，进而导致企业停产停工以及媒体发布负面报道，而企业希望留任的员工也可能会因失去对企业的信心而辞职离开，从而对业务造成更大的负面影响。相反，如果企业在改组的过程中能够"以人为本"，就企业的业务困难提前与员工沟通，给予员工时间理解与消化企业的艰难决定，并且给受影响的员工提供再就业支持、心理疏导等帮助，与留任员工共创企业的变革愿景，帮助留任员工提升技能以适应新的业务战略或者新的工作岗位，那么在变革的过程中，虽然业务仍然会因为人心浮动而受一定的影响，但是企业能够尽量缩短受影响的时间与降低受影响的程度，快速扭转局面、实现变革。

⊖ 张美恩，霍尔比奇. 组织发展：OD和HR实践者指南[M]. 夏钰姣, 译. 杭州：浙江人民出版社，2017.

正因为组织发展变革具有"以人为本"的特点，所以本书提供的CHANGES 模型中，"凝心聚力"是所有元素的核心，为各关键元素注入了灵魂。同样因为组织发展变革具有"以人为本"的特点，所以很多人觉得组织发展变革是人力资源部门负责的事情。诚然，企业的人力资源（HR）部门就是负责企业中"人"的工作的，所以对于组织发展变革的事情，其乐于并主动承担引导的角色。但是，企业 HR 部门要成功实践组织发展变革，就要超越事务型 HR 的工作，成为战略型 HR，从原来的只关注人员招聘、培训、薪酬甚至办公室行政等技术性或事务性工作，转变为关注在组织设计、组织文化建设、变革领导力等战略议题方面的引导、促进与推动能力的提升。

更进一步，组织发展变革不仅是 HR 部门的事情，还是企业一把手和高管们需要关注的领域与工作重点。企业管理者能够以身作则进行组织发展变革的实践，将会产生巨大的示范、指引作用，成为强有力的引领力量。

1.2.3 过程导向

过程导向是组织发展变革的一个重要特点，也是主要的理论基础之一。在企业管理日常工作中，经常需要完成各种工作任务或者解决各种问题。与需要完成的工作任务或者需要解决的问题的**内容（做什么）**相比，"过程"强调的是完成工作任务或者解决问题的**方式（如何做）**。

例如，如果企业的一把手基于自己的经验与想法制定业务战略与目标，直接下达分配给各业务部门去执行，并且要求各业务部门定期汇报销量、利润指标的完成进度，那么他关注的就是各业务部门完成下达任务的内容。而如果企业的一把手思考如何通过市场走访、与高管团队以及企业骨干的共创研讨会/工作坊等方式探讨企业的战略与目标，引导各业务部门员工参与制定相应战略部署的过程，引导员工更好地将个人的工作目标、工作任务与企业的宗旨使命、战略目标相结合，那么他关注的就是过程。

当然，在实践中，企业管理者也不能够只关注过程而完全忽略了工作任务的内容，只是由于大多数管理者习惯于关注内容而忽略过程的重要性，因此我们需要反复提醒管理者重视"过程"。

埃德加·沙因是企业文化与组织心理学领域的开创者和奠基人，同时也是过程咨询理论的创始人，他认为所有的组织问题从根本上来说都是人际互动过程问题，深刻理解人际互动过程与改善人际互动活动的技能是推动所有组织改善的基础。[⊖]沙因还认为在咨询行业广泛应用的专家模式、医患模式与过程咨询模式这三种不同的咨询模式，也同样适用于企业管理者管理企业与带领团队。[⊜]三种咨询模式的归纳与比较见表 1-1。特别说明，此处的"顾问"是广义的定义，可以是企业聘请的外部顾问，也可以是企业的内部顾问（通常由企业的 HR 或者 OD 人员担任），甚至可以是企业的管理者。

表 1-1 三种咨询模式的归纳与比较

咨询模式	专家模式	医患模式	过程咨询模式
模式内容	客户（通常是企业中的某个部门或高管）从顾问处购买/获取自己所不具备的信息或服务	客户（通常是企业中的高管）发现企业运转有问题，邀请顾问对组织进行检查，并期望顾问像医生一样诊断"病因"并给出治疗方案	顾问引导客户（通常是组织的关键利益相关者，包括更广泛的组织成员）参与自我诊断问题所在与自我提出适合组织的解决方案，并赋能组织有效落地执行
假设前提	客户对问题和解决方案都非常清晰并且是正确的认识	顾问对客户问题的诊断以及顾问给出的解决方案是精准的	客户对自身的问题未必有全面的了解，顾问帮助客户自我诊断并且与客户共创解决方案

⊖ 沙因. 过程咨询Ⅰ：在组织发展中的作用 [M]. 葛嘉，译. 北京：中国人民大学出版社，2021.

⊜ 沙因. 过程咨询Ⅲ：建立协助关系 [M]. 葛嘉，朱翔，译. 北京：中国人民大学出版社，2022.

在现实中，管理者因为拥有正式职权以及掌握更多的企业管理信息，往往很容易在解决下属、团队或组织问题的时候，不自觉地应用了专家模式或医患模式，直接给出解决方案或者指令。然而，虽然管理者可以使用权力来推行自己的决定与策略，却并不能保证团队或者组织成员都能够正确理解与接受来自上级的"强加"命令，结果往往是管理者自认为已经解决了问题，但团队或组织实际上并没有认同从而缺乏主动去实施的意愿。因此，高效的管理者需要根据下属、团队、组织的具体情况在这三种模式中自如地切换，特别是在尝试解决问题的初期，有意识地应用过程咨询模式，让团队或者组织成员用合适的方式参与认识问题与解决问题的过程，通过帮助组织成员感知、理解组织内外环境中所发生的事件，共同诊断组织现状，共创解决方案，从而激发组织成员的主动意愿，使其落实行动。[⊖]

1.3 CHANGES 模型七大关键元素

1.3.1 CHANGES 模型概览

CHANGES 模型是我基于组织发展变革的实践以及对相关理论的研究，总结创立的用于阐述组织发展变革中各关键元素及其关系与协同的模型，如图 1-2 所示。"CHANGES"本身有"改变、变革"的含义，选用"CHANGES"这个英文单词把组织发展变革的七大关键元素连接起来，不仅显示组织发展变革的主题，而且方便记忆。但是，对于每个元素的含义，请以中文为准，英文仅作为参考。此外，"CHANGES"七个英文字母的先后排序只是方便记忆的安排，并不代表其相应元素的重要程度顺序。七大元素对应的英文单词请参见图 1-2 中的表述。

⊖ 沙因. 过程咨询Ⅱ：顾问与管理者的必修课 [M]. 葛嘉，吴景辉，译. 北京：中国人民大学出版社，2022.

- **Capability** 组织能力
- **Hierarchy & Structure** 组织架构
- **Aim & Purpose** 宗旨使命
- **Norm & Culture** 文化规范
- **Goal & Strategy** 战略规划
- **Emotional Engagement** 凝心聚力
- **System & Process** 制度体系

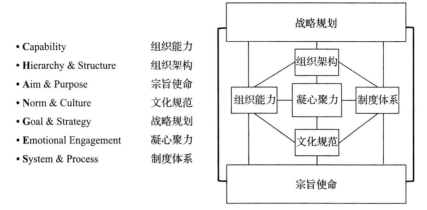

图 1-2　组织发展变革 CHANGES 模型

1.3.2　CHANGES 模型：各元素之系统协同

CHANGES 模型每个关键元素各有侧重，但是构成有机的组合，强调的是组织发展变革的七个关键元素之间的系统协同：以战略规划为方向，以宗旨使命为基石，设计匹配的组织架构、建立有效的制度体系、持续提升组织能力、加强企业文化规范，并始终以凝心聚力为核心，激发组织成员的自我驱动力，做到上下同心，全员推动组织发展变革。这种系统协同关系可以进一步阐述为：

1）战略规划是方向，统一全组织对发展方向、愿景目标和实现路径等决定组织生存发展重大事项的共识，转化为组织整体的协同行动与强有力的执行，进而形成差异化的竞争优势。

2）宗旨使命是基石，凝聚整个组织对初心、社会责任的共识；通过帮助组织成员建立个体的人生使命与组织使命之间的意义联结，形成源源不断的自驱力与巨大的组织能量，引领组织奔赴远方梦想。

3）组织能力是战力，通过个人胜任力、团队协同力，向组织整体运作的综合能力递进转化，定义、设计、评估、获取与提升关键组织能力，为组织的战略及使命之旅提供持续升级的战斗力。

4）组织架构是支撑，设计组织内部的分工、协作与权力分配框架，使得不同分工模块因专注而高效，因结构而强韧，因协同而合力，并跨越传统的组织边界，为战略实现与业务运营提供强力支持。

5）文化规范像磁场，作用于组织成员感受、信念与行为的内在引力，是组织作为一个集体，对关于"我们应该如何取得成功"的价值观、经营理念、思维方式、行为模式等潜移默化的认同与传承。

6）制度体系是保障，把抽象的理念具象为可执行的具体行为指引，昭示正负激励机制，确保其引导与约束效果；为战略制定与实施、架构设计与优化、能力获取与提升、文化建设与践行等成果与过程形成有形机制。

7）凝心聚力是核心，为各元素注入灵魂，通过共议、共识、共鸣、共创的理念、机制与实践，直接指向组织发展变革中最关键、最本质之所在，正向激发"人心"！全面融入并充盈于各关键元素的核心，凝心如一，聚力万钧！

CHANGES 模型中的各元素间互为参照、互相影响、相互渗透。例如，战略规划受宗旨使命的指引，也要考虑组织能力和文化规范等因素；反过来，一旦战略规划确定，组织就需要围绕战略构建自己的能力、结构以及制度体系以确保战略的实施，而其实施的过程与结果又通过对成功与失败的复盘，潜移默化地给组织文化带去进化的契机。类似的情形不胜枚举，管理者将在本书不同章节中不断看到、感受到、体悟到。而这，正是组织发展变革全局思维和系统观的体现。

1.4 小结：全局思维与 CHANGES 模型之精髓

1）组织发展变革，是指为了提升组织效能、增强组织健康、实现组织未来的可持续发展，应用行为科学等相关原理，有计划地在个人、团队、组织层面采取合适的干预举措，促使组织以变应变，通过恒常的革新应对内外环境的变化挑战。

2）组织发展变革的"系统思维"强调组织是整体、开放的系统，对外保持敏锐反应，对内关注各部分协同；在实践中，强调聚焦局部的同时保持全局思维的宏观视角，在组织整体目标驱动下，组织中各个关键元素或者各个子系统需要整合一致才能产生整体协同作用。

3）组织发展变革的"以人为本"强调在关注组织需求的同时也需要关注个体成员的需求，在管理实践中通过对"人"的关注而达到"事"的结果；"以人为本"也是本书倡导的"大道至简，在于人心"的核心体现。

4）组织发展变革的"过程导向"强调领导者关注需要完成的工作任务或者需要解决问题的内容（做什么）与关注完成工作任务的方式（如何做）同等重要。管理者在解决组织问题时需要综合应用专家模式、医患模式与过程咨询模式。

5）组织发展变革 CHANGES 模型包括了七大关键元素，并由每个元素的英文首字母构成：组织能力（Capability）、组织架构（Hierarchy & Structure）、宗旨使命（Aim & Purpose）、文化规范（Norm & Culture）、战略规划（Goal & Strategy）、凝心聚力（Emotional Engagement）、制度体系（System & Process）。

6）CHANGES 模型各元素有机组合、共同构成系统：战略规划是方向，宗旨使命是基石，组织能力是战力，组织架构是支撑，文化规范像磁场，制度体系是保障，凝心聚力是核心，为各元素注入灵魂；各元素间互为参照、互相影响、相互渗透，形成合力。

第 2 章

凝心聚力

凝心聚力是 CHANGES 模型的核心，是组织发展变革"大道至简"的人心所在，也是组织发展变革以人为本与过程导向特点的根本体现，与 CHANGES 模型中其他六个关键元素都有深刻的关系。我们先从凝心聚力这个关键元素开始，把握组织发展变革中的"人心"，并且通过三个实例帮助管理者掌握不断进阶的具体实践方法。

2.1 熟悉的场景：变革沟通中的窘境

很多企业 CEO（首席执行官）或者变革牵头部门的高管在战略、架构、制度、流程等方面做出重大变革的决定之后，会通过不同的方式沟通和传达：由 CEO 主持的员工大会，这通常发生在总部办公楼；总部办公楼以外的员工通常会被安排观看 CEO 讲话的视频录像；由 CEO 发出内部邮件，然后由各部门负责人分别召开部门会议；规模庞大的企业甚至会为中层经理准备发言稿和问答稿，帮助中层经理下达；随着 IT 技术的进步，还延伸出各种复合形式，例如 CEO 做全球直播演讲，然后各地区、各部门中层经理主持现场会议传达细节并答疑。

但是实际的效果如何呢？

在员工大会上，员工基本保持沉默——大多数人都害怕枪打出头鸟，即使有敢于在现场向 CEO 提问的也往往是企业里的个别高潜力人才，他们提问的时候更可能试图展现自己与 CEO 一致的前瞻领导力。于是，CEO 觉得自己的变革决定得到了广泛的拥护，而 HR 部门则觉得已经完成了员工沟通的重要行动。

中层经理拿着前几天才收到的标准发言稿，召开关于变革的传达会议，但是自己对变革的来龙去脉也无太多了解，更无法回答员工现场提出的尖锐问题，只好表示会把员工反馈的意见与问题上传总部。会后中层经理陷入犹豫：把这些问题上传总部是否会让高层觉得自己没有做好本职工作？是否要对部分尖锐的问题做些删减？两难中，某一个中层经理会找相熟的其他中层经理共同抱怨企业把中层经理当作"夹心饼干"，大家一起在唉声叹气中找到一点患难与共的安慰，然后在揣测高层中的哪个人在这次变革中失势或者得势的闲言碎语中继续观望。

员工觉得在沟通会议上 CEO 的视频讲话太笼统，部门经理又没有直接回答大家关心的切身利益问题。部门经理说会把收集到的员工问题向上反映，但是迟迟没有回复，于是员工觉得沟通会议只是走形式而已，问了也是白问，既然有太多未知，不如以不变应万变，维持现有的运作模式应该是对自己的最大保障。

觉得自己实在无能为力，无法对抗上层压力与下属阻力的中层经理，最后不由自主地偏向了下属员工的阵营，私底下抱怨高层的闭门造车与不听民意，大家觉得没准儿高层觉得变革推动不了之后就会改变计划。

于是，当 CEO 觉得变革的沟通已经完成，期待大家众志成城地落实变革举措的时候，他看到的结果是业务继续甚至加速下滑，变革举措停滞不前，员工离职率持续飙升。CEO认为这是中层经理和一线员工的执行力严重有问题，责成HR部门尽快拿出换人和培训方案。但是不管HR部门如何努力，企业的现状并没有改变，直至CEO或者新的CEO想到新的变革措施，一个新的轮回再次开始，周而复始。

看到这里，大部分管理者或许会露出会心却无奈的笑容。是的，这是很熟悉、很常见的窘境，也许范围并不是整个企业而是某个部门或某个区域，但类似的事几乎每天都在不同企业中发生。为什么企业普遍存在上述组织变革沟通无效的困难？这是因为这些企业：

1）只是采取单方面的"自上而下"的沟通方式来传递变革信息，没有考虑组织内"自下而上"的需求。

2）只是强调沟通中的信息和内容，忽略了员工的情绪因素。

3）只是强调组织层面为何要变革，没有回答员工个体层面为什么要变革的问题。

4）只是强调员工对既定变革方案的执行，没有就变革的方向和设计与员工统一思想（达成共识）。

2.2　关键中的关键：人心

大量的心理学研究表明，人的本性是更喜欢自己熟悉的环境，人倾向于待在舒适圈里，对现状的改变，人容易因为其中的不确定性而感到失控，从而产生心理压力。因此，**组织发展变革中，最大的挑战实际上是人心，而这个挑战往往在现实中被忽略。**

在变革的初始阶段，组织成员可能会担心原有习惯的状态被打破，因对未来的不确定而失去安全感，并由此产生迷茫、无助、沮丧、冷漠、悲伤、震惊、愤怒等负面的情绪。而在变革的过程中，现状已经开始改变但美好的愿景尚未到来，组织成员也会因流程混乱、角色不清、沟通缺失、方向不明、工作压力过大等产生焦虑、失落的情绪，进而增强对变革的不满与怀疑。这时候，前期产生的负面情绪可能延续甚至放大。从生理学的角度看，人对造成负面情绪的消极性刺激的正常反应是对抗或逃跑，[⊖]表现在行为上就是对变革的抗拒和阻挠，这种抗拒和阻挠可能是私下的也可能是公开的，可能是个人行为也可能是集体默契，甚至是联合行动，哪怕在最无力的情况下组织成员也可以采取拖延等消极不合作的方法来抵抗，或者干脆辞职离开。

更进一步，有关组织场域与组织能量的理论研究表明：情绪具有传染性，当个人的消极情绪扩散成为普遍的组织情绪时，即使组织中有个别员工拥护变革，但是主要由消极情绪构成的群体场域也会抵消状态积极的个人场域，最终整个组织的群体场域所产生的能量不足，员工整体表现为士气低落、工作懒散、疲惫不堪、缺乏跨部门互动。在这种情况下，变革的失败就在所难免。

因此，组织发展变革得以成功的关键中的关键，就在于人心，在具体实践中就是如何帮助员工克服负面情绪的影响，将组织的群体场域所产生的能量转化为正向、主动的能量，从而使员工接受变革。而我倡导在此之上更进一步，从一开始就调动组织成员的积极情绪，激励人心，使组织成员主动拥抱变革、推动变革乃至共创变革。具体企业实践可概括为以下三个方面：

1）拥抱变革：帮助组织成员诠释变革的意义。
2）通过"员工参与"增强自主感，提升企业核心竞争优势。
3）激发积极能量，共创正向变革。

在本章接下来的部分，我们将围绕这三个方面展开阐述与实例。

2.3 拥抱变革：帮助组织成员诠释变革的意义

我们常常看到，企业高管在与员工沟通变革时，只是在理性的层面

⊖ 邢群麟. 心理学一本通 [M]. 北京：华文出版社，2010.

向员工讲述组织为什么需要变革,然后就快速推进到变革的具体方案的讲解,要求员工采取行动。这种简单粗暴的方法无法让员工从心底认可变革,自然也就无法让员工主动采取行动。我们不仅要帮助员工回答组织为什么要变革和团队为什么要变革的问题,而且要帮助员工诠释变革对其自身的意义。而针对员工在不同层次的需要,变革对员工的意义有不同的体现。

2.3.1 不同的需要层次

世界著名心理学家亚伯拉罕·马斯洛认为,人类行为的心理驱动力是人的需要。马斯洛提出的著名的需要层次理论可以用一个金字塔来描绘(见图 2-1)。马斯洛用高度结构化的方式解释了人类需要的轨迹:生理、安全、爱与归属、自尊、求知、审美、自我实现、自我超越八个从初级到高级的不同需要层次;其中最初级的四个层次为"匮乏需要",如果这些需要不能得到满足就无法进入更高层次的"成长需要"。[⊖]

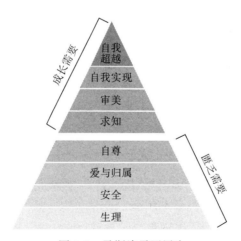

图 2-1 马斯洛需要层次

⊖ 英国 DK 出版社. 心理学百科 [M]. 徐玥, 译. 北京:电子工业出版社, 2014.

依据马斯洛的需要层次理论,组织发展变革过程中变革对组织成员的重大影响主要反映在安全、爱与归属、自尊、求知、自我实现与自我超越这六个需要层次上。

1. 安全

这是员工在面对变革的时候最容易出现的理性需求,员工常遇见的问题包括:"企业正在发生什么?""我的工作保障是否受影响?""我的收入是否受影响?""如果我失去了工作,没有了收入来源,我的家庭生活怎么办?"……如果这些问题没有得到妥善的解答,员工会因为缺乏安全感而抗拒可能的变化。

2. 爱与归属

在面对变革的时候员工对归属感的需求最容易体现在对本部门和本团队的自我保护上,常见的员工的问题包括:"这个变革对我们的部门/团队有利吗?""我们的部门/团队与其他部门/团队相比是获得还是失去更多的权利、更多的资源?"……如果这些问题没有得到妥善的引导,企业里很容易出现由于本位主义而产生的部门壁垒,从而导致变革无法跨部门实施。

3. 自尊

这是员工在面对变革的时候不容易被发现的隐性需求,组织成员往往会有以下的想法但是未必会主动说出来:"如果我作为主管却不能先于我的下属知道公司的变革决定和方案,我的下属是否会觉得我这个主管无足轻重?""领导在做这个决定之前没有听我的想法和建议,公司为什么不尊重我?"……如果这些问题没有得到合适的引导,组织成员特别是组织中的中层经理就容易产生抵制变革的想法,而那些拥有抵制变革想法的中层经理们,就会在组织内部形成一个阻挡组织变革往下面层级传递的沉积岩层,⊖同时,一线员工对变革的疑虑也无法及时在中层经理这个

⊖ 布莱施泰.迅速组织变革:关键在中层[M].王东川,译.北京:清华大学出版社,2018.

层面得到澄清与疏导。

4. 求知

在组织变革的过程中,员工需要解答的问题还有:"这个变革会对我个人、团队和组织带来什么好处?""变革之后,新组织架构会是什么样?新的业务流程会是怎么样?""变革之后我需要学习和掌握哪些新的知识或者技能才能继续成功?""企业会如何帮助我在这些方面提升?"……通常组织成员在问这些问题的时候,他们已经在一定程度上克服了对未知变革的抗拒或者恐惧,站在了变革的十字路口。管理者如果能够很好地解答这些问题,并且显示组织会提供足够的支持,就能增强组织成员面对变革的信心。

5. 自我实现

自我实现是指人们追求实现自己的能力或者潜能的渴望。员工在面对变革的时候在这方面的常见问题包括:"我在这个变革中可以发挥什么作用?""我在参与变革设计与实施的过程中可以学习到什么?""这个组织变革可以给我个人的长远发展与职业规划提供哪些帮助?"……很多时候组织成员未必能够主动想到这些问题,管理者如果能够很好地引导组织成员思考,就能够通过将组织发展变革与个体自我实现的需求联结,从而使组织成员自我驱动。

6. 自我超越

自我超越的需求强调的是超越个人的自我价值,人具有为比自我更远大的目标而奉献的需要。在面对变革的时候员工在这方面的常见问题包括:"我想要创造什么?""我们创造的这个变革如何带来社会的进步与造福人类?"……管理者如果能够很好地引导组织成员把自我超越的需求与组织的宗旨使命相结合,激发组织成员赋予变革以深远意义,就可以使组织成员产出强大的自驱力与企业共创变革。

这里要强调两点：

第一，人在满足高一层次的需要之前，必须先部分满足低一层次的需要。如果员工安全与自尊的需要没有被满足，员工是不会自动提升去满足求知、自我实现以及自我超越的需要的。因此，企业帮助员工诠释变革意义的时候，不能忽略员工在安全和自尊等低层次上的需要。

第二，在组织变革的实际操作中，确实有时候会存在部分组织成员因变革而失去工作的情况，这时，企业需要确保妥善对待这些员工，合法、合情、合理地为他们提供经济补偿、心理疏导以及再就业的支持。将心比心，企业妥善对待离职人员会让留任人员感受到企业对员工负责和关爱的态度，安全感增强（相信"即使以后类似的情况发生在我的身上，我也会得到企业妥善的对待"），从而增强留任人员对企业的信心，愿意留任，与企业共创未来。

2.3.2　利益相关者分析法——4W1H

把马斯洛的需要层次理论应用到组织发展变革的实践中，组织可以进行全面深入的利益相关者分析并以此制订相应的变革沟通与实施方案。

弗里曼最早提出了企业管理中的利益相关者理论，企业追求的利益是所有相关者的整体利益，而不仅是某些主体的利益。[一]在组织发展变革的实践中，利益相关者指的是可以影响组织的变革，或者被组织的变革所影响的组织内外的个人、群体或者机构。内部的利益相关者主要指组织成员，一般又可再细分为一线员工、中层经理、高层管理者或者相关的部门或团队；外部的利益相关者主要包括消费者、客户、经销商、投资者、债权人、竞争者、供应商、政府监管机构、社会团体、媒体、社区等。组织在变革启动前要及早做好利益相关者分析并制订相应的行动方案，并在变革管理的过程中根据实际情况及时调整。

[一] 弗里曼.战略管理：利益相关者方法[M].王彦华，梁豪，译.上海：上海译文出版社，2006.

利益相关者分析法主要回答以下问题：

1）企业变革涉及哪些不同的利益相关者/群体？（Who）

2）企业的变革对该利益相关者有什么影响？（What）

3）该利益相关者为什么会支持企业变革，即其驱动力是什么？（Why+）

4）该利益相关者为什么会抵制或阻碍企业变革，即对企业变革的忧虑/阻力是什么？（Why-）

5）需要什么样的沟通信息和参与，可以增强该利益相关者的驱动力和降低其忧虑/阻力？（How）

2.3.3 实例：增强变革驱动力与破除变革阻力的具体方法

某企业是国内制造业中某行业龙头，产品不仅在国内销售也向国外出口。鉴于国内劳动力成本持续增加、劳动力资源短缺、自动化生产技术日趋成熟、国内消费升级等外部环境与市场的变化，企业做出战略转型决策，决定把低毛利的产品生产迁移到劳动力成本更低且更接近当地市场的东南亚国家，在国内只保留高毛利的产品生产，同时加快生产工艺自动化流程再造，以减少手工操作。

这个变革对该企业的影响主要体现在：

1）现有生产工人人数将减少30%以上。

2）原有的计件工资制度不适用。

3）留任的工人需要因应生产自动化而拓展新的技能。

4）为了确保变革过程不影响国内与国际市场的销售，要保持产品供应的稳定性。

为了使变革顺利实施，HR部门牵头，与高管团队就变革管理的利益相关者做了如下分析，并制订了相应的变革沟通与行动方案（基于企业的保密要求，这里只摘录了部分相关信息，但是这些信息足以帮助管理者了解利益相关者分析法的应用），见表2-1。

表 2-1 利益相关者分析应用举例

利益相关者	变革对其影响	支持变革的驱动力	对变革的忧感/阻力	如何增强驱动力与降低阻力
生产工人	1. 留任的生产工人需要学习新的技术并按照新的薪酬制度获得相应工资与奖金 2. 离职的生产工人在没有找到新工作之前会失业	1. 自我能力提升 2. 成为市场价值更高的技术工人	1. 害怕被裁员，担心找不到新工作 2. 担心无法掌握新的技术 3. 不确定新的薪酬制度是否公平合理	1. 为离职员工提供再就业推荐，提高于国家法规规定的经济补偿金 2. 强化有关自我价值提升的沟通；企业提供技能培训，加强相关沟通 3. 就新薪酬制度的设计原理与员工深入沟通 4. 增强员工对企业自动化升级的自豪感
生产班组长	1. 留任的生产班组长需要提升领导力以管理生产班组员工 2. 离职的生产班组长在没有找到新工作之前会失业	1. 领导力提升 2. 市场价值更高	1. 害怕被裁员 2. 生产班组员工作计件工资制度下是不是自我管理的，生产班组长担心不好管理	1. 为离职员工提供再就业推荐，提高于国家法规规定的经济补偿金 2. 强化有关能力与市场价值提升的沟通；企业提供领导力培训，加强相关沟通 3. 邀请生产班组长代表参与新薪酬制度的设计反馈，增强新薪酬制度有助于员工管理的信心 4. 增强员工对企业自动化升级的自豪感
技工	1. 需要在规定时间内完成新设备的安装调试，确保生产供应与质量 2. 按照新的技工级别政策获得相应的薪酬与晋升	看到企业内部晋升的通道	担心设备安装调试工作量大	1. 强化有关企业内部晋升通道的宣传 2. 就新设备安装调试的额外付出，提供项目奖金激励 3. 增强员工对企业自动化升级的自豪感

（续）

利益相关者	变革对其影响	支持变革的驱动力	对变革的忧虑/阻力	如何增强驱动力与降低阻力
生产管理人员	需要确保变革的顺利实施，平稳过渡	自动化生产降低对大量生产工人的依赖所产生的不确定性，不用再因"用工荒"而感到焦虑	能否顺利实施，确保过渡期间生产供应不受影响	1. 针对有关变革对解决过往"用工荒"的必要性、强化沟通 2. 邀请生产管理人员代表与其他利益相关者代表共同参与变革过渡期的设计 3. 增强员工对企业自动化升级的自豪感
销售部门	1. 长远的产品供应稳定性有助于维护客户关系 2. 短期内需要确保过渡期内产品供应不受影响	自动化生产降低对大量生产工人的依赖所产生的不确定性，从长远来看产品供应的稳定性更有保障	过渡期间如何保证生产供应稳定，不影响客户订单的准时完成	1. 及时向销售部门通报项目进展 2. 为销售人员准备与客户沟通的模板 3. 增强员工对企业自动化升级的自豪感
工会主席	变革中得到公平与妥善的对待，维护员工的合法权益 支持企业变革的顺利实施	企业的转型升级有助于实现企业与员工的长期共赢	如何妥善安置失业员工	就变革的目的、路径图、对员工的具体影响，提前与工会主席沟通并聆听其反馈意见
当地政府相关部门	需要审核企业上报的裁减人员方案	企业成为当地成功转型升级的典范，带动更多当地企业升级	妥善安置失业员工，不要引起不良影响	1. 就变革的目的、路径图、方案，对员工的具体影响以及裁减人员方案，提前向当地政府相关部门报告并征求意见 2. 与当地政府相关部门协调失业员工的再就业推荐与安排

该企业根据分析结果制定了推动变革实施的主要措施：

1）宣布变革之前与工会主席、当地政府相关部门提前沟通并聆听其反馈意见，制定高于法律规定的经济补偿政策并与当地政府相关部门协调失业员工的再就业推荐与再就业安排。

2）就变革的目的、愿景、路径等与全体员工沟通，并针对利益相关者特别关注的具体问题进行深入沟通与答疑。

3）邀请优秀的生产班组长、生产管理人员、工会主席对 HR 部门草拟的新的薪酬制度、人员去留的甄选标准以及人员调岗或者再就业支持方案提供反馈。

4）成立由生产工人、生产班组长、技工、生产管理人员组成的工作小组，分别对新设备进行安装调试，并共同制定新的工作流程标准。

5）为留任的生产工人提供技术培训，为留任的生产班组长提供领导力培训。

6）就针对生产工人的新薪酬方案与针对技工的新等级与晋升政策，与相关员工进行深入沟通，宣传企业内部晋升通道。

7）整个变革的具体行动计划与进展，每两周向销售等部门汇报；定期向企业全体员工通报阶段性进展。

8）在生产车间以及管理人员的办公室张贴国内外消费者购买使用本企业产品的海报以及出口国家的国旗图案，让全体员工为本企业的产品与自动化工艺而自豪。

结合本节所讲内容我们可以看到，变革的阻力主要来自人们的安全需要、自尊需要等没有得到满足而产生的焦虑与担心，而变革的驱动力主要来自人们认知需要、自我实现需要与自我超越的需要。在该案例中，企业对不同的利益相关者进行分析，并有针对性地规划了相应的沟通、参与、培训等具体举措，以增强其驱动力和降低其忧虑/阻力，满足各利益相关者的需求。

具体举措总结如下：

1）通过向生产工人就他们最关切的工作保障、薪酬公平性、人员安置的问题进行深入沟通，满足他们对安全的需要，增强他们对变革的信心；在相关方案公布前，邀请生产管理人员代表和工会主席参与方案和新政策的设计，不仅满足了他们对尊重的需要，而且使方案更接地气、更切实可行。

2）分别给生产工人和生产班组长提供培训，在满足他们认知需要、自我实现需要的同时，增强他们支持变革的驱动力；由生产工人、技工、生产管理人员、工会主席组成的多个工作小组进行新设备的安装调试，并且制定相应新的工作流程标准，满足相关人员自我实现的需要，同时也增强其主人翁精神。

3）通过持续的视觉宣传，增强全体员工对企业产品的自豪感及使命感，在自我超越需要的层次上为组织成员构建了更深远的意义，从而焕发更持久的变革内驱力。

2.4 "参与"的力量：增强自主感，提升核心竞争优势

诚然，从不同利益相关者的心理需求层次切入，有针对性地进行变革决策的沟通，解决各利益相关者在接受变革决策过程中的困难，帮助他们诠释变革对于本身的意义，从而使他们接纳变革、支持变革，相比本章开篇"熟悉的场景：变革沟通中的窘境"中传统"自上而下"的沟通方法，有了巨大的进步，然而有追求的组织发展变革实践者不会止步于此。在此，本书倡导企业管理者进一步**通过"员工参与"，增强其自主性，提升企业核心竞争优势**。

2.4.1 不可阻挡的趋势

1. 自主感是人类内在需求的核心，是员工由衷拥护变革的决定性因素

德西和瑞安认为自主性（Autonomy）是自我决定理论（Self-Determination

Theory, SDT）的核心，⊖我们在实践中也发现：人们不喜欢被改变的心理凸显了其对自主性的需求，人们会本能地抵抗外界控制，同时追求自主做决定的自由。每当高管和 HR 想要改变员工时，员工都会因自主性受到威胁，而变得更加敏感。避免这一点的最佳方式，是真的允许他们做出自己的决定，使他们通过实践成为自主的个体。实现这一点既需要自由度，也需要一个合适的框架。⊜

对于"我做主"或者"我参与"的决定，人们更愿意投入精力和时间去做好，会更热诚地向身边的人宣传这个决定的正确性，带动更多的人一起为之奋斗，在遇到困难时会更坚定不移、排除万难去实现它，即使最后未必能成功也更愿意承受后果。反之，如果企业变革的决定与设计只是由 CEO 或者企业高管团队制定，而要求中层经理和一线员工执行，中层经理和一线员工会感觉这是强加给他们的决定从而觉得被操控，个体的自主性受到威胁，这个时候自然不会发自内心去支持和拥护变革。很不幸地，此时 CEO 或者企业高管团队往往只会认为是中层经理的沟通不到位或者是一线员工的执行力有问题，试图单纯地通过培训、换人来解决，而没有从根本上激发员工的自主性，变革自然无法深入人心、落地推进。

2. 技术进步、客户导向使"员工参与"成为可能且必需

传统管理理论强调企业内部分工，不同部门和职能人员之间的互相理解度并不高，信息得来不易，分享也困难，高管相对于中层经理和一线员工有着显著的信息和认知优势。因此传统的管理者习惯于层级化管理，决策出自高层，层层下达，基层只需要负责执行。如图 2-2 所示，相关调研结果显示：企业的战略主要由 CEO 及各职能高管制定，而全部或部分中层管理者和 HR/OD 参与的比例低于 30%，基层管理者代表参与的

⊖ 平克. 驱动力 [M]. 龚怡屏，译. 杭州：浙江人民出版社，2018.

⊜ Ed Kang. 从 HR 到 OD：理解人类动机，管理企业中对变化的抵抗 [EB/OL]. (2019-03-21) [2022-11-16]. https://zhuanlan.zhihu.com/p/59961540.

比例不到 3%，一线员工代表参与的比例为 0，可见大部分企业在组织管理中仍保持着传统的自上而下的管理模式。

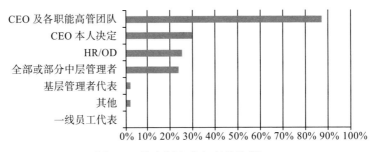

图 2-2　战略制定参与者及比例

资料来源：马超帆，张铎，任莉萍，杨昆. HR 如何推动企业战略创新、转型与战略落地：实现企业可持续复苏 [R]. CODN 组织发展联盟 & 怡安（Aon），2021.

然而，客户导向的大趋势和信息时代的浪潮，会颠覆这种传统的管理模式。客户导向使得了解市场的一线员工对战略有前沿洞察和话语权。正如华为创始人在运营商业务变革研讨会上所倡议的——要让听见炮声的人呼唤炮火，要让听见炮火的人做决策。⊖

在信息时代，知识的获得不再是主要障碍，沟通的深度和广度也得以扩展，沟通的成本更低且效率更高。同时，现代激烈竞争要求"决策 – 实施 – 反馈 – 决策（调整）"的过程形成闭环并快速迭代，这决定了决策的必然下沉和参与面的扩大对于企业制胜而言至关重要。只有参与决策过程，员工对决策、对战略才有更深刻的理解，才有主人翁的心态和拥抱感，对于新一代年轻员工而言尤其如此。⊜

3."员工参与"的深远意义：企业竞争优势！

变革的前期设计过程中，如果最贴近客户、最具有市场洞察力的群体参与了决策，变革的规划从最开始就照顾了方方面面利益相关者，尤

⊖　邓斌. 华为管理之道：任正非的 36 个管理高频词 [M]. 北京：人民邮电出版社，2019.
⊜　马超帆. 组织创新准备度诊断调研报告 [R]. [S. l.]: CODN 组织发展联盟 & 睿思咨询，2019.

其是客户,那么变革决策和方案的有效性必然大大提高;变革实施过程中,当组织内部有许多因为参与了变革设计而成为变革先锋的群体,他们在遇到阻力时,充满自主性,发自内心去说服身边每一个怀疑者,群策群力、共同解决困难,使变革的推进与落实得到了保障;当前,持续变革与创新已经成为组织持续成功的必要条件,每一次变革的成功都会增强整个组织对下一次变革的信心,激励组织以开放的心态迎接不同的挑战,提升组织敏捷创新应变的能力。

这将为企业领导者带来梦寐以求的结果:**企业竞争优势!**企业竞争优势的获得,不在于做到完美(因为完美不可得),而在于比竞争对手做得更好——更敏锐的市场触觉、更快的市场反应、更优的变革决策流程、更低的变革成本、更高的变革效用。在这个快速变化的时代,**以变应变**,不断发展变革,才是保持企业竞争优势的根本。而这就是"员工参与"对于企业竞争优势实际、终极而深远的意义。

2.4.2　帮助员工增强自主感的实践方法

要实现"员工参与",决策者应该放开怀抱,改变原有的"上位者"信息和智力迷信,相信洞察来自前线,相信智慧来自集体,在变革的设计阶段就让合适的中层和基层员工代表适当地参与讨论,充分相信群众、充分发动群众。在这个过程中,可以通过挑选合适的人员以及要求参与人员签署保密承诺等方式,确保敏感信息不在未经批准的情况下泄露。

"员工参与"变革的范围可以是全方位的:参与变革方向的确定、参与方案设计、参与决策、参与沟通、参与改进,甚至参与成果的庆祝。参与的形式包括一对一的访谈、小组座谈、问卷调研、研讨会、工作坊、成立变革小组(变革团队)就具体议题深入分析与试验等。具体的参与范围与参与形式,取决于变革所涉及的深度和广度、影响人群、需要保密的程度、组织成员的专业度和成熟度等。

> **实践中的**
> **建议与提醒**
>
> 1）管理者即使明白"员工参与"的重要性，也可能会犹豫，因为他们担心员工参与讨论的结果跟自己的想法不一致，担心情况"失控"（管理者自身的安全需求）。这个时候不要一步迈得太大，我们可以先从小范围地增加骨干中层经理的参与开始，帮助管理者看到效果、建立信心，循序渐进。
>
> 2）变革共创为主题的研讨会中，领导者常常会把自己的具体想法先说出来，希望"为讨论定个调子"，不至于讨论"失控"（管理者的安全需求与尊重需求再次出现）。我会提前与领导者沟通，鼓励其不要过早地表达自己的想法，配合会议的适当引导，放手让大家讨论，相信集体的智慧不会把企业带偏。
>
> 3）在我引导或辅导的所有企业实战中，管理者担心的"失控"从未发生，反而是在广泛地组织员工深入讨论后，变革的方向得到了参与者的自主认同，变革的设计方案更加完善，效果远超管理者的预期。一旦管理者有了积极的体验，就会对"员工参与"越来越有信心，主动应用。

"知易行难"，改变观念并付诸实践，最后取得成功，这个过程从来不是一蹴而就的，但是观念转变是决定性的，管理者终会发现：**凝心聚力始于变革决策之前，贯彻于变革的整个过程，承继于变革的持续与迎接下一次变革的到来。**

2.4.3　实例：激励员工自主参与，凝聚组织智慧共创

某企业集团从 2019 年开始将业务战略向智能化/数字化转型，同时

进行了相应的组织调整。企业 HR/OD 部门在推动战略转型落地的过程中，围绕制造流程、销售流程、研发流程、工业互联网创新以及组织文化与能力创新，在组织内部成立了 30 多个跨部门变革团队，负责推动业务变革的落地实施。[注]

跨部门变革团队的成员必须继续其日常工作，同时参与变革推进的项目，时间为期数年，与整个组织转型项目同步。企业采取了以下举措对变革团队成员的项目工作进行持续激励：

1）成立跨部门变革团队：战略转型的举措在落地前由跨部门团队制定，能够很好地收集到相关部门的输入，完善设计，促进相关举措在各部门的实施落地。

2）鼓励企业员工自愿报名参加感兴趣的项目团队：最大限度地调动员工拥抱变革的自我驱动；据统计，自愿报名参加变革团队的员工人数约占企业总人数（高达数千）的 15%，这批员工成为变革的先锋，在各部门、各层级积极倡导并推进组织的战略转型落地。

3）给予变革团队成员日常工作考核奖金之外专门设置的项目奖金。这个额外的奖金激励一方面让参加变革项目工作的员工因其额外的工作获得奖励报酬而感觉公平，另一方面对员工项目推进方面的考核有利于员工在完成日常工作的前提下积极推进企业转型战略落地。

4）提供持续的发展机会：变革团队成员在变革的过程中获得培训等个人发展机会，让员工的自我实现需要得到满足。

5）安排专人负责项目追踪协调：由转型办公室设置的总统筹角色定期召开例会追踪各个项目团队的举措推进与进展，跨部门协调或者调动总部资源，打破部门壁垒，在企业整体层面调动和整合资源。

上述"员工参与"的案例也很好地显示了 CHANGES 模型中各大元

[注] 马超帆，张锋，任莉萍，等. HR 如何推动企业战略创新、转型与战略落地：实现企业可持续复苏 [R].[S.l.]：CODN 组织发展联盟 & 怡安（Aon），2021.

素相合一致的协同作用：为了配合战略的创新转型，企业在组织架构上采取了平行架构（跨部门团队）来推进相关业务流程的重新设计，同时配合以考核与奖励的制度，鼓励广大员工自愿加入相关跨部门团队，共同设计、推进变革。

2.5　激发积极能量，共创正向变革

人的情绪是组织发展变革的核心挑战。一方面，满足利益相关者不同层次的需要，并让他们参与到变革的设计中，有助于克服负面情绪带来的对变革的抵触。另一方面，积极心理学的研究表明，积极乐观的情绪、情感体验可以有效调动员工的积极性从而产生更多的自愿行为。⊖

在组织发展变革实践中，改变以往"强调问题，以解决问题为导向"的思维模式，转向"关注优势，以探索机会为导向"的正向变革思维，通过激发积极能量，释放组织个体及群体的创意和潜能，突破常规极限。变革，不但要追求丰硕的成果，而且是振奋人心的集体创造过程！

在此，我们要引入欣赏式探询（Appreciative Inquiry）的概念。

2.5.1　欣赏式探询

根据欣赏式探询的领军者大卫·库珀里德的研究，欣赏式探询是以合作性的、系统性的方式探索个体、组织以及其所在世界的最好体现，帮助组织发掘当系统在经济、生态和人类方面最有效率和能力时，是什么赋予了系统"生机"。对于组织发展变革而言，欣赏式探询通过强调个体、团队和组织的优势、已有的成就、未开发的潜力、可能的机会、价值观（对更深层次组织精神和愿景的理解）等，调动人的正向情绪，使其拥抱变革，

⊖ 心理思维. 积极心理学在企业管理中的这6大应用你知道吗 [EB/OL]. (2020-09-24) [2022-11-16]. https://zhuanlan.zhihu.com/p/259978491.

并通过正向询问对话的方式帮助团队与组织共同创造未来。㊀如图 2-3 所示，传统解决问题的方式强调困难、关注差距，因此容易束缚创意；而欣赏式探询的方式以强调组织的优势、关注机会来支持组织释放潜能。

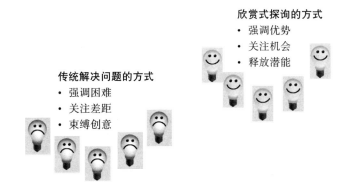

图 2-3　传统解决问题的方式与欣赏式探询的方式对比

欣赏式探询不仅是组织发展变革的理论与方法，更是帮助人们挖掘个体、团队和组织的正向力量，激励人们探索机会和向梦想进发的人生态度与哲理。它最能引起人们情感共鸣的是它的正向原则，相较于讨论困难与问题或讨论如何弥补绩效差距，人们更容易同意积极的评论，并受到积极梦想的启发。在个人层面、团队层面和组织层面，当人们开始提出积极想法时，他们就开始改变心态，走向积极的结果了。

2.5.2　欣赏式探询的实践应用

如果需要深入了解欣赏式探询的理论体系，可参阅相关文献。本书关注点在于如何将欣赏式探询落实到企业实践中。

1. 变革主题：一个肯定、正向的起点

欣赏式探询 5D 模型（见图 2-4），是可以为个人、团队、组织层面的

㊀ COOPERRIDER D L, WHITNEY D, STAVROS J M. Appreciative Inquiry Handbook: For Leaders of Change [M]. 2nd ed. Brunswick: Crown Custom Publishing, 2008.

系统变革实践提供指导的通用模型：团队或组织共同设定一个正向表述主题（Define）；基于该主题，共同探索和发掘核心优势（Discover）；梦想和构建变革的共同愿景（Dream）；据此设计变革规划（Design），并在实践中深化变革的力量（Destiny），持续组织对变革的激情、愿力与践行。[一]

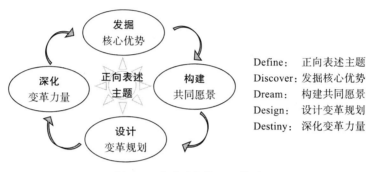

图2-4 欣赏式探询5D模型

大卫·库珀里德强调，欣赏式探询并不否认冲突、问题和压力的存在，只是不把它们作为分析和行动的基础，而是把需要解决的问题从负面的表述设法"重塑"为正向的议题。

在实践中，**作为整个变革征程的起点，正向表述变革的主题至关重要**。它在**最开始**的时候定下积极正向的基调，让个人、团队和组织朝着其所希望成为的样子迈进。在表述变革主题的时候要注意，好的主题应该符合以下四个重要特点[二]：

1）主题是正向的、肯定的陈述。
2）主题是组织渴望成长、发展和增强的领域。
3）主题可激发好奇心与学习。

[一] AI Commons. 5-D Cycle of Appreciative Inquiry [EB/OL].（2022-02-28）[2022-11-16]. https://appreciativeinquiry.champlain.edu/learn/appreciative-inquiry-introduction/5-d-cycle-appreciative-inquiry/.

[二] 惠特尼，赛斯顿-布伦. 欣赏式探询的威力：正向改变的实践技能指导[M]. 高静，译. 北京：华夏出版社，2019.

4）主题激发人们对未来进行讨论的渴望，要把组织带到人们想去的地方。

例如，对于众多企业常常面临的员工高流失率问题，以往的解决办法是检阅离职访谈记录中离职员工阐述的离职原因，然后对比离职员工的期望与企业现状以寻找弥补差距的解决办法，但是通常收效不大。有些企业还开展留任员工访谈或座谈，邀请大家给出企业员工流失的原因和解决问题的建议，然而结果却适得其反，不恰当的主题设定让员工沉浸在问题与差距的负面情绪之中，士气更加低落。但当我们把主题从"离职员工为什么离开企业？"重塑为"是什么鼓舞留任员工与组织一同奋斗成长？"时，关注的焦点就发生了彻底改变，从而获得崭新的思路。当使用了正向表述的主题时，组织成员在内部广泛讨论中更愿意贡献更多积极的想法，同时由于在讨论这个正向主题的过程中不断地强化"与企业共同成长"的信念与信心，从而带动企业总体士气持续高涨。

正向表述的变革主题通过在最开始的阶段就改变人们看问题的视角，设定人们的积极情绪基调，从而释放个体、团队和组织的正向能量，保持并且持续深化最佳状态，共同创造生机勃勃的现在与未来。

2. 欣赏：调动积极能量，激发热情

欣赏式探询的关键点是"欣赏"，即始终坚持正向、积极的态度和思维。正向的提问能够激发出个人、团队和组织的最佳状态，引发正向的行动，为正向的未来创造可能性。当个人、团队和组织研究、学习、梦想正向主题时，就会感到充满希望、变得兴奋，自然而然地会倾向于有效的事物。根据组织能量理论与相关研究，创造和鼓励发自内心的积极情绪状态，例如真诚的认同、感激，会产生一种共振的频率，促进自己或他人能量再生。⊖

⊖ 琼斯，布拉泽. NTL 组织发展与变革手册：原则、实践与展望 [M]. 王小红，吴娟，魏芳，译. 北京：电子工业出版社，2018: 519.

"欣赏"是一种基本态度，应该落实到变革的每一个细节和瞬间。但它最常应用于组织成员的互动中，并且往往能引爆积极的集体能量。在组织发展变革实践中，包括高管个人教练辅导、创新孵化团队行动学习辅导、组织成员访谈或座谈、战略研讨会、文化构建工作坊、团队建设等在内的不同情境下，应用欣赏式探询的方法能在最短时间内引导参与者破冰，不仅如此，我在每次活动中都能够看到组织成员充满热情和信心的面部表情与肢体语言，感受到正向能量不仅在组织成员之间传递，而且在不断加强，由此讨论得到的成果更有创意，并且组织成员继续投入及参与的热情也更持久。

3. 探询：通过对话共生未来

探询，即通过提问、对话和共同讨论的方式交流。在正向互动的过程中，参与者一起构想未来，其结果可以是全局的变革，也可以是核心优势、愿景或规划等具体部分的变革。实践中常常采用欣赏式探询的方法去激发集体的创造性讨论。例如在为某个主题召开的会议当中，组织成员在讨论具体主题内容之前，先两两分享各自与主题相关的"高光时刻"经历并想象未来成功的景象，然后每一个组织成员都要把听到的故事向其他组织成员转述。一方面这让更多的组织成员都有被聆听的机会，极大地满足了被尊重的需要；另一方面组织成员在将听到的故事向大家复述的过程中再次强化了彼此的理解和故事中的积极力量。

里克·汉森博士融合了脑神经学、积极心理学与进化生物学的跨学科研究结果，也证实了欣赏式探询方法的效能：回顾过去的积极体验，想象未来的美好体验，并与他人一起讨论都能强化这些正向体验的作用，在人的大脑里创建新的神经回路，激发我们更大的内在力量。[一]

有趣的是，之前没有体验过欣赏式探询的组织成员可能会抱着半信

[一] 汉森. 大脑幸福密码：脑科学新知带给我们平静、自信、满足 [M]. 杨宁，译. 北京：机械工业出版社，2021.

半疑的态度，质疑为什么不马上进入"正题"去讨论具体问题，而要花时间在过去的经历和对未来的想象这些看似与解决目前问题无关的内容上？但是，只要是体验过这个过程的组织成员，都会惊讶于这个积极共情的过程中，团队或者组织成员之间的信任与理解得到极大提升，并且深刻感受到正向对话的能量与力量。当我们彼此鼓舞、共同激励前行的时候，我们已在不知不觉之间跨越了原本的问题。

2.5.3 实例："触达灵魂的团建"，共创"我们想要的未来"

我曾受到一家企业总经理的邀请，对该企业为何在执行组织创新战略的过程中没有达到预期效果这一问题，进行组织诊断。在检阅企业员工敬业度调研报告、与公司高管团队成员一对一访谈、与中层经理和一线员工座谈中，我发现其中一个原因是不同部门之间壁垒森严，而这又主要是由于高管团队成员来自不同的股东方以及各自不同的经验、资历、性格、工作经历等差异造成的互信缺失，进而导致各部门员工之间难以合作。在与总经理沟通这个组织诊断的发现时，总经理表示其实之前也意识到高管团队成员之间存在微妙的不合作问题，也尝试过各种团建方法（一起吃饭，一起唱卡拉 ok，一起开展户外团建拓展活动），但是都收效甚微，只是没有意识到这个问题未能妥善解决，会导致更严重的企业内各部门整体合作这一更大范围的问题。当我把这个组织诊断的发现向企业高管团队汇报并引导大家讨论的时候，大家一致认同需要建立高管团队成员之间的互信，这次大家需要真正解决这个问题。

在企业的这个情况下，如果让高管团队成员讨论为什么大家没有互信，继而探讨解决办法，只会让大家继续陷入彼此指责的负面情绪当中，情况会更加糟糕。于是，我向总经理建议，作为其中一项干预举措，选择欣赏式探询的方法来设计和引导一个一天的团队建设工作坊。从图 2-5 所示的议程设计就能看出欣赏式探询工作坊与传统的"问题解决式"会议的区别。

> **团队建设工作坊 – 议程设计（应用举例）**
> 1. 总经理欢迎致辞
> 2. 团队成员互相分享自己的一个优点及对活动的期望
> 3. 回顾最佳团队合作的高峰体验，发掘团队的正向核心
> 4. 共创团队的愿景与使命
> 5. 共同设计团队宣言与团队合作原则
> 6. 共同制订团队行动方案并做出个人行动的承诺
> 7. 总经理总结
> 8. 晚上团队娱乐活动

图 2-5　应用欣赏式探询设计团队建设工作坊议程举例

首先，高管团队成员两两分享个人的优点和最佳团队合作的高峰体验，在每个成员把听到的故事向全体高管团队成员转述的时候，有其他团队成员表示没想到自己的同事还有另外一面；也有人说，团队过去开会的时候经常处于激烈辩论、针锋相对的状态，现在能被对方认真聆听很感动，等等。高管团队成员之间原有的隔阂在慢慢消解，会议室里开始有了笑声。

接下来，当团队成员进一步共同讨论"我们这个团队存在的意义是什么"以及"我们如何成就彼此"的时候，每个人都很投入。然后，每个人都画下了一个自己心中最佳团队的图画并与大家分享。当所有的图画都贴在墙上，大家共同凝视这些图画的时候，他们在共同构建这个团队的使命与愿景。

在"设计"阶段，团队成员共同挑选了他们认为这个团队合作最关键的要素，就每项关键要素进行讨论，并用文字阐述团队合作的三大基本原则。一位高管团队成员反馈："倘若不是亲历其中，只看最后得出的这些文字，我可能不会有那么深的感触，甚至会不以为然，事实上我常常见到类似的文字，它们也都是我们常用的词语，本身并没有什么特别；但是，这些基本原则对于这个团队的所有成员来讲却是意义非凡的，因为它们是我们共同创造的成果，我们知道每一个词语对于我们每一个人和我们这个集体所代表的含义。"之后，他们被邀请用小话剧的形式去展

现这三大基本原则在日常工作中的情景，大家以幽默的表演，在笑声中一起"生成"了这个团队共同的现在与未来。

高能量一直从早上延续到下午，大家共同制订了团队的行动计划，而且每位高管团队成员与整个团队分享个人的行动承诺。大家深受欣赏式探询调动团队积极能量效果的鼓舞，发出"触达灵魂的、真正的团建""看到更真实的团队""成就彼此""打开心扉，从身体感受中让能量流动"等感叹，更主动地提出要在组织内部进一步推行欣赏式文化，推动各部门合作，共同完成组织的愿景和目标。

以上是欣赏式探询的方法应用于高管团队建设的实例，从中我们可以看到 5D 模型的具体落地。该方法还可以进一步应用于个人层面与组织层面的组织发展变革，针对欣赏式教练方法（Appreciative Coaching）、SOAR 战略创新工具等，我们在后续的章节中会有更多的实例介绍。

2.6 小结：唯凝心，方可聚力

1）组织发展变革中，人心是关键中的关键，决定着变革的成败。因此，凝心聚力是 CHANGES 模型最核心的要素，唯凝心，方可聚力，上下同心者坚、上下同欲者胜。凝心聚力也是组织发展变革中的"以人为本"与"过程导向"的重要体现。

2）组织是由许许多多独立的个体组成的，组织只有帮助每个组织成员从理性上明白变革的内涵、从感性上认同变革的意义、从方向上达成变革的共识，组织上下才能凝聚如一，心往一处用，力往一处使，才能一往无前、无坚不摧。

3）传统的组织管理模式中，领导者做出重大战略或变革的决定，然后自上而下传达、执行。这种模式往往忽略组织成员的个体需求及情绪，既难以让组织成员充分诠释变革意义，也无法取得组织成员的集体共识，因而常常在中层经理与一线员工当中,形成针对变革的抵制情绪,构成对变革的巨大阻力,导致变革最终陷入困顿。

4)组织发展变革实践中应该改进变革沟通模式:对组织发展变革中的各利益相关者在安全、爱与归属、自尊、求知、自我实现、自我超越等不同层次的需求进行分析,通过制订有针对性的沟通计划与行动举措,消除顾虑、增强信心,帮助组织成员诠释变革对个体、团队和组织的意义,增强组织成员从理性到感性对变革的认同与支持。

5)更进一步,组织发展变革实践中应该在条件许可的情况下,从更早阶段就开始尽可能地让更广泛的组织成员参与。员工参与,不仅能够促进组织内部统一思想,增强员工自主感,赢得员工对变革的由衷拥护,还能够快速获取前线的市场洞察,提升决策有效性,极大降低沟通成本和变革阻力,从决策和沟通机制上领先于竞争对手,形成组织竞争优势。

6)改变旧有的"强调问题"思维模式,把正向变革理念作为总的指导原则,从关注问题、差距、困难等引发负面情绪的领域改变为关注优势、机会和潜能等带来正向情绪的领域,通过引入欣赏式探询等方法,释放个体、团体和组织的创意和力量,突破常规极限,在激动人心的集体共创、共生未来的历程中实现丰硕成果。

7)要以正向变革理念为指导原则,以激发积极能量的方式,通过促进组织成员广泛参与变革设计、规划、实施的全过程,集合组织成员的想法、思路和智慧,引导各利益相关者达成共识,并在理性和感性上对变革产生共鸣和动力,凝心聚力,共创未来。

第 3 章

战略规划

战略决定了企业能否生存,同时也是在企业成长的不同阶段中成功转型升级、保持可持续发展的指引。但是,战略规划往往被 HR 管理者认为属于业务的范畴,高深而不可触碰。本章旨在以浅显易懂的方式呈现战略规划的主要思路、步骤、方法与工具,以鼓励 HR 管理者、OD 实践者熟悉业务的语言,增强业务的思维,更好地促进战略与组织发展变革的整合。

3.1 实践中的误区:把战略规划与组织管理割裂

在实践中人们常常走进一个误区:战略规划是"业务"的事儿,由"业务部门"来决定;而战略实施是"组织"的事儿,由 HR 部门负责"把人搞定",让"人"去落实。更让人遗憾的是,不仅 CEO 或者业务高管,很多企业的 HR 管理者也自动接受了这种"业务决定战略规划,HR 负责组织人员落实"的思维，企业内部的部门与层级壁垒更是加深了这种战略规划与人员管理、组织管理的割裂。因此，战略管理常见的问题就是战略难以落地执行。

但是，美国佩珀代因大学商学院 MBA 战略管理课程教授，同时兼任组织发展硕士项目教授的克里斯托弗·G. 沃利提出：整合战略变革[一]与组织发展是一体两面的事情，管理者需要同时关注企业外部和内部，融合战略制定的过程和内容，把企业创造变革和管理变革的能力转化为企业可持续的竞争优势。[二]

换言之，我们需要**把战略规划嵌入组织发展变革全局思维**。从我多年实践来看，不论是引导企业高管进行战略规划的研讨，促进战略部署与目标的分解，推动组织变革管理，教练辅导企业行动学习团队孵化创新，还是非营利协会平台联合创始人探索竞争战略与可持续的商业模式等，其经验都可总结为：**当企业把战略规划嵌入组织发展变革的全局思维，融合战略管理的内容、组织发展实践的方法与工具、变革管理的过程时，不仅提升战略规划的有效性，而且对战略落地的顺利衔接有重大裨益，提高战略的可执行性。**

一方面，这需要企业的管理者提升自身在组织发展变革领域的认知水平与能力，并且在做战略规划的时候主动邀请企业的 HR 负责人 /OD 负责人加入研讨，确保在战略规划的过程中不仅考虑外部客户需求与市场情况等业务战略的分析（例如市场定位、客户价值主张、产品或服务等业务内容），还兼顾内部重要的组织要素（例如资源、人员配置、组织能力、组织优势等），提高战略与组织的契合度，保障战略在组织落地。

另一方面，这也需要企业的 HR 负责人 /OD 负责人提升自身有关商业洞察、战略规划的认知水平与能力，并且主动成为"业务的战略伙伴"，

[一] "战略变革"是英文原著的直接翻译，我国常用"战略转型"或者"战略创新"。
[二] 沃利，海池因，罗斯. 佩珀代因商学院战略变革课：组织发展如何创造可持续竞争优势[M]. 冯怡，译. 北京：中国青年出版社，2013.

确保组织发展变革的视角更早地介入战略规划的过程，促进组织设计对战略目标的支持与一致，并应用组织发展变革的工具与方法引导组织有关战略规划的研讨，从而提升战略决定的质量与认同接受性。

3.2 战略是什么

在实践中，如果对战略的含义、战略规划的方法与工具有更多了解，HR 管理者或者 OD 实践者就能更好地通过"过程咨询"发挥"业务的战略伙伴"的角色，引导企业关键利益相关者对战略规划进行讨论与促进达成共识，帮助战略更好地落地执行。要做到这点，我们首先需要建立信心：制定战略并非是高深莫测的，它依赖于对业务的洞察和对常理及逻辑的信任。

我们先来梳理一下战略是什么。不同的管理学流派或实践者对"战略""战略管理""战略思维"有不同的表述，我们先来看看部分有代表性的表述，然后做个梳理：

1）战略是一致性的经营方向。战略决定产品规划，战略指导企业如何进行内外的沟通，战略引导组织工作的重心。⊖

2）战略是指管理者用来创造利润的基本策略；企业的战略不在于经营细节，而是解决企业所面临的更宽泛和长期的问题；战略不是一成不变的，要随着时间的变化而变化。⊜

3）战略关乎选择，企业对有限资源进行优化配置，抓住发展契机，实现利润增长。⊜

4）企业战略是指企业根据环境变化，依据本身资源和实力选择适

⊖ 特劳特. 什么是战略 [M]. 火华强，译. 北京：机械工业出版社，2011.
⊜ 布里克利，史密斯，齐默尔曼. 管理经济学与组织架构：第 4 版 [M]. 张志强，王春香，张彩玲，译. 北京：人民邮电出版社，2014.
⊜ 杨国安，尤里奇. 组织革新：构建市场化生态组织的路线图 [M]. 袁品涵，译. 北京：中信出版社，2019.

合的经营领域和产品,形成自己的核心竞争力,并通过差异化在竞争中取胜。○

5)战略思维是指为宏观、整体的长远建设来认识、把握全局的思想方法,是对关系全局的、长远的、根本性的重大问题进行分析、预见、谋划、研判,并由此形式战略思想、战略规划和战略决策的思维活动。○

综上所述,并结合组织发展变革的思维与实践,**本书将战略概括为组织为了生存和可持续发展,基于对外部环境和内部条件的综合分析,做出的一系列全局性、长远性的谋划及选择,用以指引组织整体协同,聚焦资源及努力,获得竞争性优势,从而实现组织既定目标**。战略应该具有以下特征:

1)战略是组织与外部环境的互动过程和结果,战略需要有前瞻性,预测市场的发展趋势。

2)战略承继组织过往成功经验,立足对现状的敏锐洞察,同时也面向未来的机遇与创新。

3)战略关乎选择与聚焦,进而形成与竞争对手的差异化。

4)战略同时具有全局性、长期性,并表现出一定程度的阶段性和应变性。

5)战略一定要能用最明确简洁的语言表述出来。语言越简明扼要,说明对战略的理解越深刻,战略越易于被理解、沟通与执行。

6)战略需要通过部署,指导组织、团队、个人的具体行动,协同落实。

接下来我们从组织发展变革的角度来了解战略规划的流程逻辑,以及一些在实践中行之有效的战略规划工具、引导战略规划研讨的方法,旨在帮助管理者(特别是 HR 管理者)提升认知水平,从而提升能力,并增强信心。战略本身是宏大的话题,而且不断进化更新,管理者如果有兴趣更深入地了解战略规划的相关理论,可参阅参考文献。

○ 杨学成,陈章旺. 网络营销 [M]. 北京:高等教育出版社,2014.
○ 金一南. 胜者思维 [M]. 北京:北京联合出版公司,2017.

3.3 战略规划的主要思路

战略规划的方法与工具有很多种，在实践中，企业可以根据具体情况，参考以下两种主要思路，选用合适的方法与工具。

3.3.1 从点到面 vs 从面到点

战略规划的一种思路可以分为从点到面、从面到点两种方法。这两种方法适用于不同的企业或者不同的情境，企业可以根据自身具体情况选择或者结合运用。

1. 从点到面

以特劳特为代表的战略规划方法强调从营销战术导出企业战略[一]，将营销层面作为切入点找到目标细分市场，针对客户需求与竞争对手形成差异化定位，设计获利的商业模式，然后整合企业所有资源与运营活动，促使营销战术得到长期、高效的执行。

这个方法的好处是保持对外部市场的敏捷反应。对于初创企业而言，识别和定义市场、开发产品和服务、验证可持续的商业概念与商业模式对其生存至关重要。[一]这个方法通常被初创或者中小型企业所采用。但是，初创或者中小型企业在应用这个方法的时候要注意，不要同时追逐多个市场机会，否则可能无法聚集组织有限管理资源（包括创始人自身的时间、精力）占领关键市场。

这个方法也适用于大型企业寻找"第二曲线"，从管理的角度出发尽量延长第一曲线的"生命"以应对既有市场的同时，也从创新的角度出发，启动独立的第二曲线，以应对新兴的市场机会。[二]在企业持续目前主营业务发展的同时，也可以应用从点到面战略规划方法，探索战略创新，实现企业内部孵化创新。

[一] 弗拉姆豪茨，兰德尔. 成长之痛：建立可持续成功组织的路径图与工具：第 5 版 [M]. 葛菲，译. 北京：中信出版社，2017.

[二] 李善友. 第二曲线创新 [M]. 2 版. 北京：人民邮电出版社，2021.

2. 从面到点

这个方法从确定企业的使命、愿景切入，制定企业的战略意图，[一]然后选择和部署企业的核心业务、增长业务和种子业务，创造比较竞争优势，[二]并由此搭建企业在营销、研发、生产、人力资源等领域的战略体系。

这个方法的好处是可以通过企业的使命、愿景激发组织的原动力，并且为企业"做什么"与"不做什么"提供指导原则与决策依据。应用从面到点战略规划方法的企业通常已经达到一定的组织规模，从企业的"宏观"层面切入，有助于给企业内各个职能部门提供一个共同的基础，更好地发挥和调动企业的优势与资源。但是，应用这个方法的企业要注意：企业的使命、愿景一旦确定下来就会是长期的，对于没有参与最初设计的员工而言，其承接前人已经设计好的使命、愿景时，可能理解得较浅，缺乏深层次的认知和切身体会。

这个方法同样适用于企业从创业阶段向专业化管理阶段转型时期，在商业模式已验证成功并且企业在快速扩张的过程中，就需要进一步思考设计与构建企业使命、价值观、信念、文化等精神元素，以便让企业焕发更持久的生命力并在组织更大范围内形成更强的凝聚力。

鉴于企业的宗旨使命、组织文化与愿景目标等战略规划要素在内容上有不同的侧重点，本书对CHANGES模型每个关键元素的原理、方法与工具应用均做更深入的论述，帮助管理者加深理解；实际上CHANGES模型这七个元素是彼此契合的，分别叙述是为了逐一深度认知再融合一致，特此说明。

3.3.2 竞争战略 vs 蓝海战略

战略规划的另一种思路是依据具体情况，企业选择瞄准对手的竞争

[一] 戴维. 战略管理：概念与案例：第13版·全球版 [M]. 徐飞, 译. 北京：中国人民大学出版社, 2012.

[二] 姜汝祥. 差距：中国一流企业离世界一流企业有多远 [M]. 北京：机械工业出版社, 2003.

战略或选择开创竞争对手尚未进入的客户需求领域的蓝海战略。当然，在实践中，蓝海战略并不是一劳永逸的，竞争对手很快会跟进，因此竞争战略与蓝海战略可能会同时存在。了解两种战略的底层逻辑，有助于企业根据市场情况与组织状况做出合适的决定。

1. 竞争战略：瞄准对手

竞争战略专注于与市场现有对手的竞争。竞争战略最早由美国哈佛商学院著名的战略管理学家迈克尔·波特提出，他认为企业必须从总成本领先战略、差异化战略、在特定细分领域的集中战略这三种战略中选择一种，作为其主导战略：要么企业把成本控制到比竞争对手更低的程度；要么企业在产品和服务中形成与众不同的特色，让客户感觉到你提供了比竞争对手更多的价值；要么企业致力于服务某一特定的细分市场、某一特定的产品种类或某一特定的地理范围。⊖波特提出的三大通用战略如图 3-1 所示。

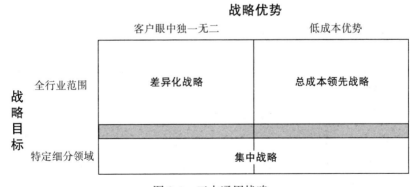

图 3-1　三大通用战略

资料来源：波特. 竞争战略 [M]. 陈丽芳，译. 北京：中信出版社，2014.

从另一个角度看，总成本领先战略与集中战略都可以视为差异化战略的多种形式。杰克·特劳特在此基础上把差异化战略推向了极致，他

⊖ 波特. 竞争战略 [M]. 陈丽芳，译. 北京：中信出版社，2014.

强调的竞争战略是指企业和其产品因做到与众不同而占据客户的心智，企业可根据自身的情况选择适合的战略模式：市场领导者适用的防御战，市场第二位、第三位适用的进攻战，中小企业或新企业适用的侧翼战，小企业适用的游击战。特劳特提出的战略方阵如图 3-2 所示。企业界定主要的竞争对手，并针对竞争对手寻找独特的"差异化"战术，然后形成竞争战略及其规划。

图 3-2　战略方阵

资料来源：特劳特. 什么是战略 [M]. 火华强，译. 北京：机械工业出版社，2011.

2. 蓝海战略：超越竞争

传统的竞争战略关注与和竞争对手的差异化。欧洲工商管理学院 (INSEAD) 教授 W. 钱·金与勒妮·莫博涅把与竞争对手硬碰硬的竞争比喻为红海，认为激烈的竞争将企业的产品或服务推向同质化，同时带来成本攀升、利润空间被挤压的市场竞争现状。他们主张把重心从瞄准竞争对手转到全力为买方和企业自身创造价值飞跃上，由此开创被比喻为蓝海的全新的、超越竞争的、拥有无限可能性的市场空间。蓝海战略不以竞争对手为标杆，强调通过价值创新（Value Innovation）创造和获取新需求，系统性地重建市场边界，同时实现差异化与低成本优势，企业在为客户创造创新价值的同时获得高额回报。⊖红海战略与蓝海战略的比较如图 3-3 所示。

⊖　金，莫博涅. 蓝海战略：超越产业竞争，开创全新市场 [M]. 吉宓，译. 北京：商务印书馆，2012.

	硬碰硬的竞争（红海战略）	开创蓝海
产业	专注于产业内的对手	跨越他择产业看市场
战略集团	专注于战略集团内部的竞争地位	跨越产业内不同的战略集团看市场
买方群体	专注于更好地为买方群体服务	重新界定产业的买方群体
产品或服务范围	专注于在产业边界内将产品或服务的价值最大化	跨越互补性产品或服务看市场
功能–情感导向	专注于产业既定功能–情感导向下性价比的改善	重设产业的功能与情感导向
时间	专注于适应外部发生的潮流	跨越时间参与塑造外部潮流

图 3-3　从硬碰硬的竞争到开创蓝海

资料来源：金，莫博涅.蓝海战略：超越产业竞争，开创全新市场[M].吉宓，译.北京：商务印书馆，2016.

在移动互联网、人工智能时代，我们开始越来越多地听到"跨界竞争"这个词。跨界战略是一种跨界创新时代的变革性战略，它需要打破传统边界，通过跨界性的战略植入，碰撞融合和创新重构，开创发展新思维、新路径、新格局，从而实现企业跨越式增长和突破创新。㊀跨界战略在本质上还是基于用户/买方的需求来创造价值的，只是其打破原有市场边界的特点更强，容易给原有红海市场中的竞争对手带来颠覆，可以说是蓝海战略在跨界方面的重大体现。

3.4　战略规划的步骤、方法、工具与实践

结合对战略管理学的研究和多年引导企业战略研讨、辅导企业团队孵化战略创新的实战经验的沉淀，我把战略规划的实践总结为四个重要的步骤，即**战略洞察、战略设计、战略部署与执行评估**，如图 3-4 所示。根据执行评估的总结与复盘，持续对战略洞察、战略设计与战略部署的更新提供与时俱进的反馈，从而形成相应的迭代闭环。

㊀ 沈国梁，卢嘉.跨界战略：跨界创新时代的赢局密码[M].上海：东方出版中心，2021.

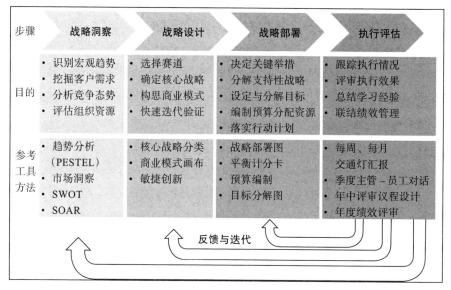

图 3-4 战略规划实践的四个步骤

3.4.1 战略洞察

洞察是指观察得很透彻并且发现内在的内容和意义。[一]洞察不仅需要观察现象和收集数据，还需要深入诠释现象与数据背后可能的本质以及蕴含的意义。

战略洞察指的是那些能够帮助组织设计和制定战略的洞察，包括对组织内外的现状、趋势、未来，以及如何从现状达至未来相关的观察与分析，从不同元素的相关性中构建战略意义。[二]战略洞察通过识别宏观趋势、挖掘客户需求、分析竞争态势、评估组织资源四个方面，从而为战略的设计提供灵感与构思。接下来我们就每个方面可以参考应用的工具和具体实践的方法来进一步阐述。

[一] 汉典网，https://www.zdic.net/。

[二] GITHENS G. How Strategists Produce Strategic Insights [EB/OL]. (2013-04-04)[2022-11-16]. https://strategicthinkingcoach.com/2013/04/04/how-strategists-produce-strategic-insights/.

1. 识别宏观趋势

组织发展变革的系统思维强调，组织作为开放系统需要对所在的外部环境保持敏锐的洞察并做出回应。企业管理者对环境变动的失察甚至仅仅是反应迟钝，都可能是致命的，而洞见未来大趋势，则可以带来巨大的商机和财富。例如，柯达埋头把胶卷做到业内最好，但淹没于数码时代的浪潮；而全球对环境和新能源的重视，使得光伏、风电、新能源汽车等行业蓬勃发展，新能源创新科技公司宁德时代上市两年半市值就一度赶超中国石油等老牌能源企业；[1]我国人民的文化自信和消费水平的提高，则使得国产品牌异军突起。在大环境和大趋势面前，任何组织都只能选择适应和顺应，战略上逆势而动还是顺势而为，决定着组织的命运。

要做好战略规划，组织需要关注国家经济发展规划和国际国内政治经济走向，留意科学技术新进展可能带来的行业应用或者跨界颠覆，洞悉消费者购买行为或者用户使用习惯的变化，明了法律法规对组织与行业发展的影响，关心环境保护与所在行业的相互影响。不仅如此，组织管理者还需要聆听前线的声音，凝聚组织的智慧，辨识及预判宏观环境及其趋势。

应用工具方法参考 PESTEL 是常用的宏观环境分析工具，有助于企业在战略规划的过程中进行宏观市场环境现状分析与发展趋势预测，见表 3-1。

哈佛大学教授 Francis Aguilar 被认为是最早提出 PEST 工具的人。在其基础上又延伸出 PESTEL，六个英文字母分别是六个英语单词的首个字母，代表了对企业所在环境的政治（Political）、经济（Economic）、社会文化（Socio-cultural）、技术（Technological）、环境（Environmental）、法律法规（Legal）的现状与趋势的分析。PESTEL 工具帮助企业了解所在的

---

[1] 中国能源信息平台. 新能源汽车开启资本市场新纪元，宁德时代市值超中国石油 [EB/OL]. (2021-01-04). https://baijiahao.baidu.com/s?id=1687949024464685818&wfr=spider&for=pc.

市场环境并且识别可能影响企业未来的大趋势，从而评估环境和大趋势可能给企业带来的影响。㊀PESTEL 因素分析模板见表 3-1。

表 3-1　PESTEL 因素分析模板

PESTEL 因素	机会	挑战
Political（政治因素）		
Economic（经济因素）		
Socio-cultural（社会文化因素）		
Technological（技术因素）		
Environmental（环境因素）		
Legal（法律法规因素）		

实　践　中　的
建议与提醒

1）参与战略规划的成员可以参考宏观趋势预测的相关调研报告，使用 PESTEL 工具独立思考每个宏观要素可能会给企业带来哪些机会或者挑战，随后以研讨会的方式共同头脑风暴；或者，由战略规划的主要负责人基于其个人或团队的输入做出初步 PESTEL 分析，并向组织关键人员收集建议并补充完善。

2）战略是面向未来的，战略规划中的宏观分析环节着重点在于"趋势"，关注组织所赖以生存的外在大环境及其未来持续的方向性变化，这是战略制定者务必时刻牢记在心的，否则这一环节容易流于形式或者耽于琐碎细节。宏观趋势决定企业的命运，对宏观趋势判断错误的企业其根基是非常脆弱的。

3）固然，领导者的高瞻远瞩、深邃洞察非常重要，但战略规划

㊀　陆雄文. 管理学大辞典 [M]. 上海：上海辞书出版社，2013.

是一个各部门各层级达成共识并共创的过程，同时，不同领域不同层面对于企业外部环境及趋势的理解对于分析的完整程度和全面程度有着不可替代的贡献，所以参与战略规划成员的广泛代表性非常重要，成员的声音"被鼓励"和"被听到"同样至关重要。

2. 挖掘客户需求

战略，归根结底是要通过满足客户的需求实现企业的商业价值。而要满足客户需求，首先就要了解客户需求，形成市场洞察。正如《成长之痛：建立可持续成功组织的路径图与工具》书中的定义，市场洞察是指分析企业当前和潜在目标客户的性质、需求和其购买方式，以及不同细分市场的潜力。实践中，市场洞察就是寻找以下几个核心问题的答案：

1）客户群体如何细分？哪些群体的增长潜力最大？哪些群体是我们的目标市场？

2）目标客户需要什么？哪些客户需求没有被满足？客户在购买和使用产品/服务时有哪些痛点？

3）目标客户愿意并且能够支付的价格水平如何？

4）从更广阔的视角看，目前企业所在的行业/产业有哪些非顾客？他们的需求又是什么？

应用工具方法参考　市场洞察的方法如图 3-5 所示，以客户（顾客、消费者、购买者、买方、用户等的统称）为中心，分别从宏观趋势与微观体验的维度分析：前者通常来源于市场调研报告分析和大数据分析，多由企业市场部门负责；后者则常常通过观察或访谈目标客户、企业领导者或者组织成员作为客户的自我体验获得。除了上述两类方法，"商业直觉"始终是不容忽略的参考。

需要特别强调的是，无论哪一种维度或方法，其目的都是寻找前述几个核心问题的答案。市场调研报告或大数据的优势在于更广阔的视角和统计学上的样本数量；而观察或访谈目标客户以及自我体验的价值在于其深度和沉浸感，通过更多与目标客户的"共情"，体验目标客户的体验，感受目标客户的感受，更好地了解目标客户的购买与使用经历和相关情感或动机，从而更好地针对客户的需求设计独特的客户价值主张（Customer Value Proposition），同时这些方法也是验证报告与数据逻辑的重要手段。

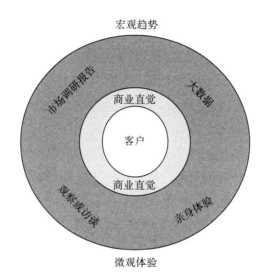

图 3-5　市场洞察的方法

1）获取客户需求的方法：观察、访谈、亲身体验。获取客户需求的具体实践方法可包括：①在目标客户群体使用产品的场所（例如家里、办公室、生产线）观察其使用产品的环境、使用过程和行为；②在目标客户群体购买产品的场所（例如商场、线上）观察其购买产品的环境、购买过程和行为；③在目标客户群体使用或购买的现场与其交谈，了解其行为背后的动机与目的；④作为产品和服务的使用者，以客户的身份或代入其角色，亲身体验。

企业可以请市场调研机构协调客户家访或者客户购物过程观察；但

更多的时候，战略规划者可以（并且应该）尽可能多地亲自接触客户，了解他们的真实想法。例如：在消费品行业，成功企业的CEO和高层管理者都会保持直接与客户观察交流的做法，主动定期到企业产品销售的门店或商场观察客户的购物行为，不带预设地与客户闲聊。**实际上这是战略制定者形成商业洞察和直觉，验证决策假设和逻辑的重要过程**。很多企业花重金购买行业调研报告，却忽略了管理者和员工就是企业产品/服务的客户这一事实。如果员工与目标客户群体类似，企业可用更低的成本从员工的自我体验中挖掘客户痛点或者客户需求，同时让更多的组织成员代入客户角色体验，也更能驱动组织的创新文化。

我曾经作为一个跨国企业全球创新项目团队的成员，在回顾自己作为企业产品用户的经历和体验过程中产生了新的洞察，我的想法在与团队成员的深度探讨和市场测试后得到了验证与推广。基于此，我在设计提升市场洞察能力的企业内训课程时，开发了让组织成员通过客户家访、客户购买过程观察、在商场做促销员与客户交流等环节。实践结果表明，这些环节对启发管理者和组织成员产生有价值的全新的市场洞察非常有帮助。

在获取市场洞察的过程中，第三方调研报告和数据分析发挥重要的参考作用。在此基础上，强烈建议战略规划者亲自进行足够数量的客户观察和访谈，并在条件许可的情况下，以客户身份亲自体验购买和使用产品的过程。所有方法殊途同归，都只是为了回答前述有关挖掘客户需求的核心问题。

2）分析客户需求的工具：买方效用定位图。客户的需求并非止步于购买，战略规划者应该将视线覆盖客户购买前购买后的整个体验周期的所有环节，并根据每一个环节中各方面效用要求，寻找满足乃至超越客户预期的机会。

买方效用定位图是蓝海战略系列工具之一，它将买方体验周期的六个环节（购买、配送、使用、补充、维护和处置）直观地展现出来，并且探索六个买方效用杠杆（顾客生产率[1]、简单性、方便性、风险性、趣味和形象、环保性），通过一个直观的结构化方法，帮助企业系统性思考客户需求的多种可能性，从而在36个买方效用空间中寻找蓝海机会，[2]如图3-6所示。

买方体验周期的六个阶段

		1.购买	2.配送	3.使用	4.补充	5.维护	6.处置
六个效用杠杆	顾客生产率						
	简单性						
	方便性						
	风险性						
	趣味和形象						
	环保性						

图3-6　买方效用定位图

资料来源：金，莫博涅.蓝海战略：超越产业竞争，开创全新市场[M].吉宏，译.北京：商务印书馆，2016.

战略规划或者战略创新团队可以按照买方体验周期的这六个环节，通过研究市场报告、分析大数据、观察客户的购买与使用行为、与客户交流甚至反思自己以企业产品客户角色的体验，分别找到对应不同效用杠杆的客户痛点；在团队共同讨论完成买方效用定位图的过程中，通过头脑风暴获得商机创意的灵感与启示。

实践中，企业可以灵活应用这个工具，把图中横向的买方体验周期的环节以及纵向的效用杠杆根据企业所在的行业属性做出相应调整，促进战略规划团队更高效地讨论构思创意。

---

[1] 此处顾客生产率也可以称为顾客效率，即帮助顾客节约金钱、时间和精力，但尊重原译者，在此保留"顾客生产率"的名称。

[2] 金，莫博涅.蓝海战略2：蓝海转型[M].吉宏，译.杭州：浙江大学出版社，2018.

买方效用定位图的意义在于把对客户需求的零星观察和了解，以全周期、全方位方式呈现出来，形成对客户需求的全面展现，同时通过集体智慧，在每一个买方效用空间中充分发挥创意、凝聚共识。买方效用定位图是在实践使用中非常有效的客户需求洞察和创意工具。

3）顾客分析的拓展：发现非顾客之海。除了对"现有"顾客进行分析之外，战略规划者还可以进一步拓展去分析"非顾客"，这里要引用另一个蓝海战略工具——非顾客之海。

非顾客之海强调**"非顾客"至上**，开发非顾客之海，开创新需求，启动产业增长。这里描述的非顾客是没有购买本行业/产业产品或者服务的顾客，而不是没有购买本企业产品或服务但是却购买了同行业/产业竞争对手产品或服务的非顾客。非顾客分为三个层次：①第一层次是准非顾客，这一层次的非顾客徘徊在产业边界，随时可能被他择行业⊖/替代性产业挖走；②第二层次是拒绝型非顾客，这一层次的非顾客曾经主动考虑过使用本行业/产业的产品或者服务，但因为其支付能力有限，又或者是因为他择行业/替代性产业的产品或服务更能满足他们的需要，最终拒绝使用；③第三层次是未探知型非顾客，这一层次的非顾客离本行业/产业最远，他们未经探索也从未被考虑成为潜在顾客，但可能是企业所能开启的非顾客中范围最大的人群，如图3-7所示。

在实践中，拓展非顾客之海需要挑战固有思维，最好的做法是组成跨部门战略规划或者战略创新团队，以头脑风暴的方式共同完成：每名团队成员首先独自思考，列出企业所在行业/产业三个层次的非顾客清单，并且就每个非顾客群体列出他们不愿使用本行业/产业产品或服务的可能原因以及他们正在使用哪些其他行业/产业的产品或服务和可能的原

⊖ "他择行业"是蓝海战略的一个术语，指的是来自不同行业，功能和形式都不同但是目的却相同的产品和服务，即顾客不选用这个行业时，可以选的另外一个行业。例如，对于休闲需求来说，顾客可以选择看电影，也可以选择打游戏，两者满足类似的需求但同一时间只会被选择其中之一。

因；然后团队成员共同就非顾客清单、非顾客使用他择行业产品或服务的原因进行头脑风暴，获得开辟新市场的创意灵感。

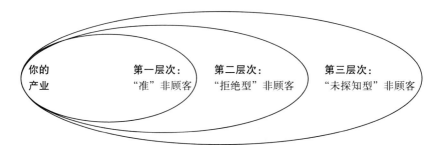

- 第一层次准非顾客徘徊在你的产业边界上，随时准备弃船而去
- 第二层次拒绝型非顾客考虑过你的产业后刻意拒绝了它
- 第三层次未探知型非顾客目前处于看似遥远的市场中

图 3-7　三个层次的非顾客

资料来源：金，莫博涅.蓝海战略 2：蓝海转型 [M].吉宓,译.杭州：浙江大学出版社，2018.

发现非顾客之海，是对顾客分析的拓展，使得战略规划者跳出"现有"行业的视角，转向顾客需求的角度思考，重新定义自己的业务，通过逐渐拓宽原本未覆盖的顾客范围，开拓广阔的新领域。

在判别出"非顾客"有可能被覆盖到之后，战略规划团队同样可以采用上述观察访谈、亲身体验和买方效用定位图等方法，有创造力地检视本企业产品和服务的设计，整合或创新地满足"新"顾客的"新"需求。

4）**神秘力量：商业直觉**。上述种种，都是一些优秀的方法论，其目的都是一样的——洞悉顾客或潜在顾客的需求。好的方法论可以起到指导作用，但我们也不能忽略同样重要甚至很多时候可以化繁为简直指本源的重要力量：**商业直觉**。

我们时常看到卓越的领导者凭借强烈的商业直觉成功获取市场机会。根据诺贝尔经济学奖获得者赫伯特·亚历山大·西蒙教授多年研究成果得出的结论：商业直觉来源于领导者的管理经历，人的大脑对这些经历或者经验的信息进行批量处理，分解为许多模式与原则，储存为人的潜意识；当外在刺激条件发生的时候，这些潜意识就能被调拨处理，帮助人们把复杂的问题简化并形成决策，而商业直觉实际上就是这些模式与原则的意识反映。[⊖]

这些商业直觉通常是非常宝贵的创意来源。在实践中，我们可以应用上述方法积累经历与经验，从而提升我们的商业直觉能力；另外，当我们有了一个商业直觉，也可以通过上述方法去进一步提炼与验证。我们不能忽略商业直觉，也不能只通过商业直觉制定战略规划。商业直觉所迸发的灵感需要与团队和利益相关者论证，并且在实践中验证，所以我们需要综合运用不同的战略规划工具。应用方法论所得的长期积累有助于形成超越方法论的商业直觉；而所形成的商业直觉，在方法论的加持下则如虎添翼。

> **实践中的**
> **建议与提醒**
>
> 值得一提的是，当所有方法论产生的结果被客观呈现时，其解读依然需要依靠商业洞察和直觉，而很多头脑风暴研讨会能产生远远超越"第三方调研"或"客观数据"的效果，其原因在于这些研讨会以足够数量且具有充分代表性和多样性的组织成员的商业直觉集合为基础。所以，应重视商业直觉，被恰当引导的商业直觉集合能爆发出让人惊叹的能量。

3. 分析竞争态势

知己知彼，百战不殆。竞争分析是指识别企业当前和潜在的关键竞

[⊖] 晏国祥. 商业直觉的机理及其运用 [J/OL]. 企业改革与管理，2003(2):46-47. [2022-02-28]. https://www.ixueshu.com/download/b2c79041a7c62f1677e5f98fd925a1d4318947a18e7f9386.html.

争对手以及每个竞争对手的优势与劣势。

（1）**竞争信息的收集**　竞争信息的收集必须遵循合法合规的方式，常用的方式是收集市场上的公开信息，包括：浏览竞争对手的公开网站，关注竞争对手的公众号以及线上相关新闻，收集竞争对手的宣传单，研究竞争对手的年报以及证券公司的企业分析或者行业分析报告（如果竞争对手是上市公司）；观察竞争对手的产品在店内的陈列与促销，购买并使用竞争对手的产品或服务获取实际体验；向客户、行业上游供应商、行业下游批发商或零售商了解其对竞争对手的评价；参加行业论坛与行业协会等。在合法合规的前提下，竞争信息的收集应尽量全面和深入。

（2）**竞争信息的分析**　竞争信息的分析可由企业专人或者专门的团队/部门负责，整理收集到的竞争信息并做出初步分析，然后和参与战略规划的人员以研讨会/工作坊头脑风暴的方式进行补充完善。在实践中，常见的竞争信息分析是指根据企业目前定位及其参与竞争的既定细分市场，针对直接竞争对手提供的产品或服务类别进行比较分析。这种做法的好处是能够对市场上现有主要竞争对手在每个既定细分市场上的竞争态势一目了然，但是企业要注意不要陷入思维定式。如果只盯着竞争对手，复制竞争对手的成功做法是很难超越竞争对手的，并且每个企业的情况不同，只得其形不得其真，容易邯郸学步、误入歧途。因此，我们在此引入蓝海战略中有效的竞争信息分析工具——战略布局图。

战略布局图是另一个实践中可供参考使用的工具。战略布局图把收集到的竞争信息整理成为战略的四个关键组成部分（竞争元素、为买方提供这些元素的水平、企业和竞争对手各自的战略轮廓、成本结构）并以视觉形式来展示，帮助企业俯瞰产业整体现状、了解产业关键竞争元素以及竞争对手之间趋同的程度，企业可以进一步思考通过重组竞争元素开发新的产品或服务，开启价值创新。

战略布局图的重点在于**从客户效用的角度看待竞争对手**，思考如何在对目标客户而言最重要的领域提供更优的客户效用以提供更高的价值，在突出重点的同时,剔除或减少其他次要竞争元素的投入以降低成本。所以,这个工具是在结合客户需求的基础上分析竞争对手。图3-8是战略布局图的示意图,竞争元素可以被看作客户效用领域。

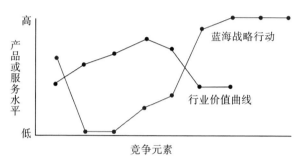

图3-8 战略布局图的示意图

资料来源:Chan K,Mauborgne R.Strategy Canvas[EB/OL].[2022-02-28]. https://www.blueoceanstrategy.com/tools/strategy-canvas/.

以汉庭酒店为例,汉庭酒店成立于2005年,当时我国酒店行业只有两类产品:一类是高星级酒店,价格昂贵,普通人难以承受;另一类是招待所,虽然价格便宜,但是住宿条件较为落后。基于对用户需求与行业情况的分析,汉庭酒店在产品设计上剔除了高星级酒店的豪华大堂、大型会议室、KTV、餐厅等不必要设施。因为出差的人业务繁忙,高星级酒店提供的很多空间和服务他们都没时间享受,于是汉庭酒店把这些都取消了,重点提升差旅人士在安静、卫生、床铺质量方面的感受,在这三个关键领域以远超招待所甚至接近高星级酒店的水平,以及远低于高星级酒店的价格,开创了经济型酒店的蓝海,从而迅速在我国酒店市场中崛起。○

随着竞争对手的跟进,经济型酒店的蓝海很快成为竞争激烈的红海。汉庭酒店面向广大普通消费者,继续其"蓝海战略"就是把酒店最基本

○ 华与华公司.汉庭酒店[EB/OL].[2022-02-28]. http://www.huayuhua.com/index/Anli/show/catid/7/id/36.html,有调整。

的做到极致，寻找一个最关键点并突出加强。在走访了全国各大城市的经济型酒店，与消费者访谈后，汉庭酒店战略规划团队发现相比于"睡眠""安静"这些酒店的硬件设施功能或服务水平要求，客房的"干净卫生"是消费者入住经济型酒店最大的痛点。汉庭酒店开拓的"第二次蓝海"，就是在"干净卫生"上加强，通过压倒性资源投入，把"干净卫生"做到极致，做到比五星级酒店更干净，形成新的蓝海。汉庭酒店"第二次蓝海"创新价值曲线如图3-9所示。

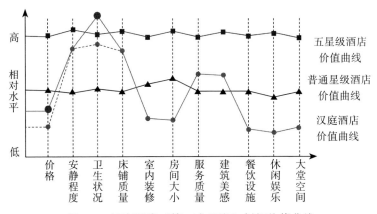

图3-9 汉庭酒店"第二次蓝海"创新价值曲线

资料来源：华与华公司.汉庭酒店[EB/OL].[2022-02-28]. http://www.huayuhua.com/index/Anli/show/catid/7/id/36.html

汉庭酒店采取以下措施加强"干净卫生"：

1）率先与行业领先的洗涤公司达成战略合作，从源头保障毛巾和床单严格洗涤，成本高出10%。

2）行业首创便携式消毒柜，每一个水杯都经过紫外线和臭氧高温消毒10分钟。

3）采用高档清洁剂，使马桶有效除菌率达99.9%。

4）启动内部自检工程。每月将5%质量不达标的酒店或房间下线停售。

因为加强酒店的卫生而增加的成本，汉庭通过适当的提价弥补了，实际上是通过"干净卫生",进一步形成差异化优势,并且实现了蓝海的更高溢价。汉庭酒店在2016年开启"第二次蓝海"战略的探索,在2017年就取得了优异的成果:全年客房入住率上升10%,达到93.5%;开业18个月以上的直营店和加盟店总营收溢价大幅度增长,平均客房收入增长遥遥领先,成为行业第一品牌。

> **实践中的**
> **建议与提醒**
>
> 1)在实际应用中,战略布局图中横轴的竞争元素因不同行业不同目标客户而有不同的选择,并且可以足够细化,而非简单大类,而纵轴的产品或服务水平也可以得到进一步的量化。
>
> 2)战略布局图通过针对客户需求细化领域,打破了传统的分别在高、中、低"竞争集团之内竞争"的思路,在满足目标客户核心需求的同时也可以保持低成本并形成与竞争对手的差异优势。
>
> 3)在实践中,企业战略规划者需要同时看清市场竞争态势,针对客户差异化的关键痛点,集中企业资源,以远超竞争对手的水平进行压倒性的投入;但是企业要想控制成本就不能面面俱到,必须减少或剔除目标客户需求度不高的竞争元素。

4. 评估组织资源

业务与组织整合的战略规划在向外看的同时也向内检视,评估组织资源并结合组织优势,有助于组织接下来在战略设计的步骤中选择组织的竞争赛道,在战略部署的步骤中统帅组织整体发挥合力,从而使业务层面的战略规划得以系统、持续实施。战略是全局性、长远性的谋划及选择。只有组织能抓住的机会，才是真正的机会，这就涉及对组织自身资源和优势的评估。SWOT 与 SOAR 这两个工具都结合了组织外部市场和组织内部现状的分析进行组织评估。

SWOT 是四个英语单词首个字母的组合，代表了优势（Strengths）、劣势(Weaknesses)、机会（Opportunities）、威胁 (Threats)。组织可以使用 SWOT 工具分析外部宏观趋势与客户需求可能带来的机会，预警外部宏观趋势与竞争对手可能带来的威胁，评估并充分利用组织的优势，同时评估组织的劣势并做到事前控制，减少失败的风险。㊀

SOAR 也是四个英语单词首个字母的组合，代表了优势（Strengths）、机会（Opportunities）、愿景（Aspirations）、成果（Results）。SOAR 关注的是组织的优势、可能的机会与开拓创新，激发组织成员对共同愿景的热情并设计战略举措与路径，合力实现意义重大的成果；组织成员在应用 SOAR 的过程中增强彼此的关系并最终提升组织的绩效。㊁

SWOT 与 SOAR 比较如图 3-10 所示。

SWOT	
Strengths 优势	Opportunities 机会
Weaknesses 劣势	Threats 威胁

SOAR	
Strengths 优势	Opportunities 机会
Aspirations 愿景	Results 成果

图 3-10　SWOT 与 SOAR 比较

㊀ MindTools. SWOT Analysis: How to Develop a Strategy for Success [EB/OL].[2022-02-28]. https://www.mindtools.com/pages/article/newTMC_05.htm.

㊁ STAVROS J M, HINDRICHS G. SOAR: Creating Strategy that Inspires Innovation and Engagement [EB/OL]. [2022-02-28]. https://www.soar-strategy.com/what-is-soar.

> **实践中的建议与提醒**
>
> 1）这两个工具都同时关注了外部机会与内部优势的正面影响，但是SWOT尝试同时平衡内部劣势与外部威胁的负面影响，而SOAR则全致力于正向导向，契合市场机会与组织优势，促进组织成员构建共同愿景并激励其前行。在实践中，组织可以根据具体情况选择使用。
>
> 2）在实践中发现，应用SWOT更容易得出防御性导向的战略，而应用SOAR则更容易导出开拓性创新的战略。背后的原因是当人们讨论SWOT的时候，劣势、威胁等负面的元素容易导致负面的情绪，从而束缚创意；当人们讨论SOAR的时候，优势、机会、愿景、成果等正面的元素容易产生积极的情绪，从而激发创意。

3.4.2 战略设计

在战略洞察步骤完成了识别宏观趋势、挖掘客户需求、分析竞争态势、评估组织资源的工作之后，行业趋势、目标市场及相应的客户价值主张、基于客户视角的竞争图景、组织自身的资源及优势等也就大致明了，战略设计也就有了最坚实的基础。

战略设计阶段要做的是，把这些分析的成果具体反映到构成战略的若干关键元素中，通过这些元素的有机组合构建组织独特的商业模式，形成共识并以恰当的方式呈现及沟通，指引组织在竞争中取得优势，走向胜利的未来。一个商业模式描述的是一个组织创造、传递以及获得价值的基本原理。商业模式为组织战略的总体呈现提供了一个框架，包含了以下九大模块。在此，我们引入视图化工具——**"商业模式画布"**[⊖]，如图 3-11 所示。

图 3-11　商业模式画布

资料来源：奥斯特瓦德，皮尼厄. 商业模式新生代 [M]. 经典重译版. 黄涛，郁婧，译. 北京：机械工业出版社，2016.

以下为商业模式画布各模块的简单介绍，实际顺序是从客户细分开始的，也就是画布的最右侧，各模块逻辑描述如下：

（1）客户细分　客户细分是商业模式的核心，企业想要获得的和期望服务的不同目标客户群体，是所有商业模式的核心。

（2）价值主张　企业为某一客户群体提供能为其创造价值的产品和服务，是客户为什么选择该企业而放弃其他企业的原因。换言之，价值主张是企业的产品或服务能给目标客户群体带来什么好处，创造哪些价值，实际上是对客户真实需求的深入描述。

（3）渠道通路　渠道通路是指企业如何与其目标客户群体沟通并建立联系，以向对方传递自身价值主张，可分为直接渠道通路与间接渠道通路。

⊖ 奥斯特瓦德，皮尼厄. 商业模式新生代 [M]. 经典重译版. 黄涛，郁婧，译. 北京：机械工业出版社，2016.

（4）客户关系　客户关系是指企业针对某一个客户群体，未来开发新客户、保留原有客户、增加销售所建立的与客户的关系类型。

（5）收入来源　企业从每一个客户群体获得的现金收益，包含价格机制与收益管理系统。

（6）核心资源　核心资源是指保证一个商业模式顺利运行所需的最重要的资产，包括实物资源、金融资源、人力资源，以及包括技术、知识产权、品牌、客户数据库等在内的知识资源。

（7）关键业务　关键业务是指保证企业商业模式正常运行所需做的最重要的业务活动，主要分为生产销售、提供解决方案、平台服务。

（8）重要合作　重要合作是指保证一个商业模式顺利运行所需的供应商和合作伙伴网络，涉及战略联盟、战略合作、合资公司、供应商-采购商关系。

（9）成本结构　成本结构是指运营一个商业模式所发生的全部成本的结构。

管理者如需进一步了解有关商业模式画布每一个模块、不同商业模式参考以及商业模式画布的具体设计，请参阅相关文献。

实 践 中 的
建议与提醒

1）应用前文讲述的环境扫描、市场洞察的工具与方法，企业可以确定目标市场，并根据目标市场设计价值主张、评估企业的资源与优势、定位企业的关键业务；进一步规划触达目标客户的渠道通路、维护客户关系的方式、识别外部的重要合作伙伴，以及设计企业营利的模式，产出一个完整的商业模式画布。

2）市场洞察阶段准备得越充分，战略设计就越顺畅，但这个过程也不是一蹴而就的：需要经过前期充分的调研分析，以战略研讨会的方式经过头脑风暴构思与优先顺序选择形成具体商业模式的假设，并就商业模式中的关键元素进行市场测试与验证并迭代，在这个过程中商业模式画布的内容也随之修正与更新。

3）在战略研讨会的设计上，可以把空白的商业模式画布做成大海报贴在墙上，参会人员使用便利贴把每个想法贴在商业模式画布的大海报上并头脑风暴；每个元素的头脑风暴完成之后，参会人员从一个能够看到整个商业模式画布大海报的角度再把每个相关元素联结起来再进行一次头脑风暴，这个时候的"联结"会再次激发创意。

4）商业模式画布是战略分析输出的结果，它以书面文字和视觉化方式，把所有战略设计的关键元素都浓缩在一张"画布"（一张PPT）上展示，简明扼要地总结企业各关键利益相关者就战略设计达成的共识，也有助于管理者在"俯瞰"画布的时候，更有战略的全局观。

5）战略一旦确定，在与广泛组织成员沟通的时候，尽量用一两句简单的话语表述，方便组织成员记忆。需要注意的是：有关战略的简单表述需要保持用词一致，确保战略沟通的效果不会因人而异。

3.4.3 战略部署

战略部署是把战略设计有效落实到战略执行的关键转化环节，具体包括目标设定、战略分解、资源配置、行动计划等在组织、团队、个人层面的统筹一致。企业的战略部署可分为两个维度，即时间维度与组织维度：一方面是把企业的中长期愿景目标、战略选择、蓝图规划分解到中短期的运营目标、全局关键举措以及短期的运营计划；另一方面是把企业的整体目标、核心战略、蓝图规划分解到部门、团队以及个人的目标、各部门的支持性战略、团队与个人的行动计划。这个分解的过程就是把方向性蓝图落实到具体的行动，从而使战略可以落地执行。战略部署图如图3-12所示。

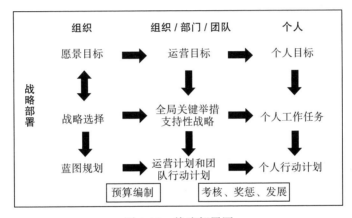

图3-12 战略部署图

1. 愿景目标

愿景目标可以是企业长期的愿景，也可以是企业3～5年的战略目标。

例如：阿里巴巴集团的长期愿景是"我们追求成为一家活102年的好公司"，其2024财年的目标是"推进我们的全球化战略，通过我们的中国消费者业务服务超过10亿消费者，并通过我们的平台创造人民币10万亿元以上的年度消费额"⊖；成立于2000年的隆基绿能科技股份有限公司的愿景是"成为全球最具价值的太阳能科技公司"⊖。

⊖ 来自阿里巴巴集团官网，https://www.alibabagroup.com/cn/about/overview。
⊖ 来自隆基官方网站，https://www.longi.com/cn/culture/。

不管是中期还是长期的愿景目标,都需要鼓舞人心、简单易记、激励组织成员奋发进取。中长期的愿景目标从横向分解为短期的运营目标;愿景目标从纵向分解为战略设计,但是也有些企业先开展战略设计,从战略设计再构建愿景目标,这里可以是双向的。

有些管理书籍会把企业的宗旨使命也作为战略规划的一部分,从而让战略显得更长远、更宏观,但是实际上宗旨使命回答的是"企业为什么存在"以及"企业如何让社会更美好"等对外价值导向的终极问题,而战略规划回答的是"企业如何存在""企业如何在竞争中胜出"等对内价值导向的中长期问题,两者有区分也有关联。本书在 CHANGES 模型的设计上把宗旨使命作为企业存在的基石单独阐述,方便管理者了解这两个方面的各自侧重,从而更好地理解其关联。

2. 战略选择

战略选择是指企业在前端战略设计的步骤中,经过构思与评估后最终选择的战略决定。具体包括应用环境扫描、市场洞察、竞争分析的方法与工具,结合组织评估的方法制定出与竞争对手差异化的竞争战略,甚至是超越竞争思维的蓝海战略,并以商业模式画布的形式归纳总结。对此本章前面已有深入的论述,这里就不再重复。

3. 蓝图规划

蓝图规划是根据战略选择而定的,为了完成企业中长期的战略目标而需要达到的阶段性里程碑,涉及企业资金、人员、设备、产品研发等组织资源的预算与规划。预算可分为资本性预算与经营性预算。中长期(3~5年)预算根据战略蓝图的关键里程碑大致预估。年度预算在过往一年实际费用的基础上,就新一年的运营计划所需的资金做相应预测,并且根据当年实际发生的费用以及运营计划的调整每季度回顾更新。为了配合战略部署,企业需要建立完善的财务预算、核算等财务管理制度。

4. 运营目标

运营目标是企业短期期望达成的目标。短期可以分解到年度、季度甚至月度。大家熟知的目标管理 SMART 原则——具体性（Specific）、可衡量性（Measurable）、可实现性（Achievable）、相关性（Relevant）、时间性（Time-Based）五大原则[一]都需要有所体现。企业最常见的在组织层面的运营目标有营收目标和利润目标，企业通常与全体组织成员广泛沟通的是营收目标，因为一个整体目标容易让全体组织成员记住。在具体管理过程中，企业可以根据平衡计分卡的分类在财务收益、客户满意度、业务流程效率、组织学习与成长的不同维度[二]进一步设定具体运营目标。

5. 全局关键举措

管理者需要基于企业的战略选择与运营目标进一步规划全局关键举措。全局关键举措是指把战略设计转化为可执行的阶段性战略重点和重大行动，通常需要跨部门合作才能完成。全局关键举措甚至可以被称为"硬仗"，是全局战略转化为具体"战役"、具体任务的关键落脚点，是支撑企业实现中长期愿景目标与短期运营目标的保障。[三]各部门共同讨论全局关键举措有助于打破部门壁垒，增强跨部门合作，达成企业共同目标。

6. 支持性战略

支持性战略是企业各个职能部门或者各个业务单元根据企业的核心战略，为了核心战略顺利实施而制定的经营战略或者职能战略，例如销售战略、产品研发战略、生产物流战略、人力资源战略、财务战略、信息管理 IT 战略等。支持性战略通常是中长期的，在此基础上又可以再分解为支持其实现的重要举措。支持性战略以相关职能部门或者业务单元

[一] YEMM G. Essential Guide to Leading Your Team: How to Set Goals, Measure Performance and Reward talent[M].[S.l.]:Pearson Education, 2013: 37–39.

[二] 卡普兰，诺顿. 平衡计分卡：化战略为行动 [M]. 2 版. 刘俊勇，孙薇，译. 广州：广东经济出版社，2013.

[三] 吕守升. 战略解码：跨越战略与执行的鸿沟 [M]. 北京：机械工业出版社，2021.

的成员为主要责任人，必要时跨部门合作实施。

7. 运营计划和团队行动计划

基于企业运营目标和全局关键举措的设定，产生的组织层面运营计划也可以再细化为团队层面（包括本部门团队以及跨部门任务团队）的行动计划。运营计划和团队行动计划包括任务的分解与前后顺序、完成时间、完成标志、实施负责人与相关支持成员、预算分配（如有）等详细信息。如果是重大项目的行动计划还需要准备预案以主动管理可能发生的风险。运营计划和团队行动计划需要根据计划实际完成的情况及时调整与更新。如果计划可能会发生重大改变，则需要提前知会相关决策者并及时召开会议就计划改变达成共识。

8. 个人目标、个人工作任务和个人行动计划

这部分内容强调的是组织成员个人的目标设定、工作任务安排与行动计划必须和组织层面与团队层面的目标、全局关键举措与团队行动计划保持一致。具体实践方法包括：组织成员参与战略部署会议的讨论，自主准备个人目标和个人工作任务的构想并与主管上司讨论确认，制订个人年度、季度、月度工作计划，并且就每个详细任务制订具体个人行动计划，在制订相关计划的过程中与主管上司和团队成员沟通并达成一致。这部分其实是战略部署与员工绩效管理体系的联结，本书第 6 章将有进一步的应用举例。

3.4.4　执行评估

战略的执行评估需要跟踪执行情况、评审执行效果、总结学习经验、链接绩效管理等多方面互相配合。这个步骤同样需要调动员工的积极性，提升执行能力，跟踪监督进展，奖励战略实施成果。本书在第 4 章组织能力、第 6 章制度体系的相关内容中将进一步阐述与举例。本节着重探讨在个人、团队和组织层面，通过制度化的会议机制，有效跟踪监督战

略执行进度的具体做法。

1. 个人层面

战略的执行来源于每一个组织成员在每天的工作中把计划转化为实际行动，因此企业在跟踪执行情况的时候要从个人层面抓起，主管上司具体可通过制度化的会议与每名直接向其汇报的下属员工一起跟踪战略执行的实际进展，及时帮助下属员工解决问题并就更新的目标与计划及时沟通与确认。

具体形式包括：通过每周与下属员工的碰头会，及时了解下属员工任务的具体执行情况并帮助其解决问题；通过每月总结会，帮助下属员工总结相关指标的完成情况并把下个月的工作计划细化；年中的工作总结与个人目标的调整、确认；年度的业绩评估与反馈。

从战略规划角度而言，以上这些会议的讨论内容主要聚焦工作任务的进展与关键指标的完成，并得到第一线员工对战略和计划的反馈；同时，主管上司也需要通过与下属员工的定期谈话，以反馈和辅导的方式帮助其发展和提升计划、执行和解决问题的能力，从而进一步保障战略的执行。

2. 团队层面

这里的团队可以是按职能部门划分（甚至是职能部门内再细分的小团队）的，也可以是由跨部门成员组成的项目团队。

小团队可以每周召开简单的团队碰头会，大团队可以每月、每季度召开团队例会，以帮助团队成员了解其他团队成员的工作进展，从而更好地做好彼此任务的衔接，共同解决团队成员之间可能出现的问题。

对于年中和年度的团队会议，建议增加团队建设的内容，增强团队成员之间的了解与友谊，促进团队成员之间的合作；也建议增加项目复盘与团队复盘的内容，帮助团队成员学习与成长。

团队会议常用的一个工具是"交通灯"汇报，即每个团队成员在汇报其负责任务的进展时以红、绿、黄的颜色显示其进度：绿色表示任务顺利完成；黄色表示任务按计划进行；红色表示任务进展滞后。在实践中有些团队还增加了橘色，表示从目前的状态预测任务可能滞后，做出预警以引起相关人员重视。"交通灯"汇报工具有助于团队会议聚焦在预警问题或者重大问题的讨论上。

3. 组织层面

组织层面的制度化会议通常包括企业高层的闭门会议，例如：CEO 与领导团队的月度、季度会议，用以通报企业整体运营目标完成情况以及全局关键举措的进展，同时由各部门负责人汇报各部门相应目标的完成情况以及重要支持性举措的进展，共同解决跨部门的问题。年中与年度的汇报会议将由 CEO 带领领导团队向董事会或者总部汇报企业总体运营目标、全局关键举措以及财务预算的最新进展，并就新计划周期的运营目标与财务预算与上层决策者讨论以获得审批。

组织层面的制度化会议通常还包括 CEO 面向全体员工的沟通大会，通常在年中和年末（或者年初）面向全体员工召开。全体员工沟通大会的目的是由 CEO 向全体员工沟通企业整体运营目标的完成情况以及全局关键举措的进展，新计划周期的运营目标与运营计划，并且就员工关心的问题现场答疑。全体员工沟通大会有助于全体组织成员快速对组织现状与目标有了解并达成一致，减少层层下达所需要的时间，防止信息被过滤。但是在实践中，企业要注意全体员工沟通大会虽然是战略执行的一个重要部分，但是只是第一步，企业还需要关注"人心"的需求，进一步帮助组织成员诠释变革的意义，鼓励"员工参与"，只有激发出企业中的积极能量才能凝聚组织的合力把战略执行落地。

企业建立制度化的跟踪与评估，既是战略在个人、团队与组织层面得到有效执行的保障，也是绩效管理体系中的关键环节。

3.4.5 形成闭环：反馈与迭代

如前所述，战略规划是动态的过程，从洞察、设计到部署再到执行，一个一个步骤走下来是按照逻辑顺序的，而每一个步骤不仅为下一个步骤提供输入，也为上一个步骤提供反思的机会和反馈。执行评估阶段要在现实中检验前述所有阶段的逻辑和假设，基于现实的反馈尤其是来自客户、组织各部门各层级等最广泛人群的反馈是最强有力的。战略规划者要充分重视这些反馈，不断检视洞察、设计、部署、执行等各环节，做出相应调整。只有这样，才能让战略规划形成可进化的闭环流程，切实与组织内外的现实接轨，通过不断迭代与时俱进，达到最大限度的正确性和有效性。

3.5 实例：三年战略规划过程设计与现场研讨引导

应某企业总经理邀请，我曾帮助该企业进行三年战略规划。根据总经理的描述，该企业过去顺应市场和行业发展趋势，业务发展势头一直不错，但是近年来业务增长乏力，他觉得有必要重新规划企业未来三年的战略，找到新的增长动力。当我向总经理了解企业员工总体士气如何时，总经理表示他的管理团队（包括直接向总经理汇报的各部门负责人）最近人员流动率比较高，他觉得人心有点浮动，担心管理团队的不稳定会进一步影响更多组织成员对企业未来失去信心。基于与总经理和企业HR负责人前期深入沟通，我为企业选择了 SOAR 这个战略规划工具，并且得到了总经理的支持，在引导组织成员制订三年战略规划的同时，我们也需要帮助组织成员建立信心。

3.5.1 前期准备

前期准备包括我与管理团队成员的一对一深入访谈，以及通过问卷形式向更广泛的组织成员收集反馈。

1）一对一深入访谈的目的是帮助管理团队成员重建对企业的信心，并且为企业愿景构建与战略创新构想提供初步输入。如图3-13所示，深入访谈的提纲主要围绕SOAR（优势、机会、愿景、成果）而设计。在访谈的过程中，我进一步邀请每位部门负责人描述其感受到的企业文化，帮助管理团队进一步思考战略规划与企业文化的契合。一对一深入访谈非常有成效，产出了如何进一步强化企业已有核心优势以及进一步进行战略创新的初步思路；同时，管理团队成员都非常认可应用SOAR这个工具来设计接下来的战略规划工作坊，都表示很乐意主动引导跨部门的分组讨论。

- 您认为企业的竞争优势/组织优势是什么？
- 您看到有什么市场趋势可以成为企业业务增长的机会？
- 结合企业的组织优势和市场机会，您认为企业未来的业务战略可以如何发展？
- 如果这个企业是您自己开创的企业，您认为企业必须要做什么去增长业务？
- 请用3～5个词描述目前的企业文化。您最喜欢什么？
- 如果您有三个愿望，您会希望企业成为一个什么样的企业？
- 对于我们接下来要召开的战略规划工作坊，您有什么期望和建议？

图3-13　高管团队成员一对一访谈提纲（案例）

2）在一对一深入访谈的基础上，我进一步聚焦以下三个问题，通过问卷形式向更广泛的组织成员收集反馈：

您认为企业的竞争优势/组织优势是什么？

您看到有什么市场趋势可以成为企业业务增长的机会？

如果这个企业是您自己开创的企业，您认为企业必须要做什么去增长业务？

在和管理团队成员的一对一深入访谈以及向更广泛的组织成员收集反馈中，我都特意放入了"如果这个企业是您自己开创的企业，您认为企业必须要做什么去增长业务？"这个提问，目的是进一步帮助组织成员打破固有思维，以创业者的思维去思考战略创新的机会。可喜的是，问卷形式收集回来的更广泛的组织成员的反馈进一步支持了管理团队成员一对一深入访谈产出的初步思路,同时也增加了新的洞察。

企业 HR 负责人反映,组织成员非常踊跃参与问卷调研,大家都为能够参与组织未来三年的战略规划而激动,开始期待接下来在战略规划工作坊上进一步讨论。

3.5.2 议程设计与现场引导

基于前期访谈和问卷收集的反馈,我向企业总经理和 HR 负责人建议了战略规划工作坊的目的、预期成果与议程设计,并共同完善,如图 3-14 所示。

目的: 1)凝聚组织智慧,探索新的业务增长引擎。 2)提升人员信心与组织士气。 预期成果: 1)企业未来三年战略构思。 2)从战略构思到战略设计的行动计划。 3)从战略设计到战略审批的行动计划。 4)更新当年战略部署的行动计划。 5)有关本次战略会议成果的沟通计划。	主要议程 1)继往开来:组织过往的成功与未来的愿景。 2)展望市场、行业趋势。 3)头脑风暴:这些趋势可能给企业带来什么机会? 4)发掘组织优势。 5)头脑风暴:结合市场机会与组织优势可能带来哪些创新战略方向? 6)凝聚共识:战略构思选项优先排序。 7)聚焦行动:落实相关行动计划。

图 3-14 战略规划工作坊议程设计(案例)

工作坊当天,总经理在启动时与大家回顾了企业过往发展的重大里程碑以及企业成功的关键节点,在会场气氛调动起来之后,与会者共同讨论未来三年企业的愿景目标。

为了进一步帮助与会者拓宽思路,我们邀请了外部演讲嘉宾,分别就行业增长潜力、消费者行为、新零售、新媒体的发展大趋势做演讲分享,在外部趋势演讲的鼓舞之下,与会者以跨部门组合方式对以下问题进行分组头脑风暴:本企业所涉及业务领域,有哪些重大趋势?这些趋势给企业带来哪些机会？

从会前一对一深入访谈以及更广泛的组织成员问卷调研中收集到的有关组织优势的总结被分发到各个小组，现场进一步讨论，然后各小组进一步头脑风暴：市场机会与组织优势相结合，可能带来哪些创新战略方向？现场讨论非常热烈，跨部门的小组讨论激发了丰富的创意灵感，各小组向大会汇报构思的时候都充满了热情，同时从其他小组汇报中获得更多灵感。在引导讨论的过程中，创意不断增加，创意之间也不断产生联结。

在与会者带着早上讨论的热情去午餐的时候，我们快速地把工作坊收集的创意贴纸归类并尽量用与会者原有的语言就每个归类分别提炼一个简单的概述，并与总经理确认，例如"开拓国际市场""市场下沉""开发非顾客蓝海"等。（在这个阶段头脑风暴产生的还不是完整的战略，只是可能的创新的战略洞察或者战略方向，也包括更好地执行现行战略的补充构思）。对创意分类的目的是帮助与会者接下来在有限的时间内有效地提出优先排序的建议。

午餐后工作坊继续，我们向与会者展示了按照创意分类的战略构思选项（已利用午饭时间与总经理确认选项的分类），并邀请大家确认并补充。然后，每个与会者会收到三张选票，每人根据投票的决策原则（业务增长前景、组织资源优势等）独自思考，然后行使个人投票权。总经理与其他组织成员一样持有三票投票权，但是他要最后投票（否则很有可能影响其他人的投票倾向）；同时，总经理还有一张否决票，如果与会者投出了总经理完全反对的选项，总经理可以用否决票把该选项否决。（这个安排旨在安抚总经理担心民主投票结果会否失控的焦虑，但是我也事前特别提醒总经理，行使否决票意味着总经理对大部分参与决策的与会者意见的否定，会对团队士气与团队信心带来严重损害，因此不要轻易使用。）

在投票的环节，从与会者在投票前对投票决策原则的主动澄清、投票前认真的个人思考、在投票板前的徘徊到郑重地把手上的选票贴在对应的战略构思选项上，这些都显示了其对参与战略决定的神圣责任感。

当大家看到最终投票结果的时候，战略构思选项的优先排序就自然很清晰了。然后总经理当众表态支持众人的投票结果，全场欢呼。

工作坊最后的议程是引导与会者制订进一步往前推进的具体行动计划。与会者自愿加入以下拥有不同侧重内容的进一步分组讨论，把行动计划落实到具体时间表、负责人与参与支持的人员名单。

1）准备相应的三年战略规划书（包括财务预算）以及上报董事会审批的行动计划（例如：成立工作小组，根据会议的输出细化每个战略构思选项的市场潜力预测，设计相应的中短期全局关键举措，准备相应的财务预算；与审批决策者沟通，听取其反馈；安排正式的审批会议等）。

2）进一步探索、完善具体战略构思的行动计划（例如：根据战略方向选项，成立跨部门创新团队挖掘全新的客户群需求，并且探索新的商业模式设计）。

3）更新当年战略部署的行动计划（例如，各部门回顾会议讨论的所有构思中对当年各部门战略部署有影响或者有帮助的内容，整理并补充、更新当年本部门行动计划以及相应的个人行动计划）。

4）制订就本次战略规划会议结果与全体组织成员的沟通计划（例如：准备对全体组织成员沟通的信息、沟通方式与沟通时间表）。

每个小组就小组讨论结果在工作坊上做汇报，听取其他与会者的反馈以完善相应行动计划。在此过程中，很多与会者纷纷表示自愿加入相关工作小组或者项目团队，总经理在最后会议总结的时候表示他非常高兴看到集思广益带来的创新力量，也感受到了团队前所未有的对会议结果后续跟进的自愿参与，他唯一提醒大家的是先按捺住激情，遵守会议保密的原则，按照统一的沟通计划与未到场的组织成员沟通。

与通常的企业长远战略规划由 CEO/ 总经理 / 企业战略部门负责完成的做法不同，本案例中，企业总经理与整个管理团队以及关键的中层管理干部共同构思战略规划，一方面大幅度增加了更靠近前线的组织智慧的输入，另一方面也增强了后续战略执行与落地的保障。

需要再次提醒的是，这个战略规划工作坊产出的是对未来战略规划的构思以及对当年战略部署的补充。企业还需要就选择的相关战略构思进行进一步完善，形成明确的战略设计。有关战略设计的步骤，管理者可回顾本章相关内容；我们也将在第 4 章进一步阐述企业组建跨部门团队孵化创新的具体实践。

3.6　小结：战略规划"祛魅"

1）战略是组织为了生存和可持续发展，基于对外部环境和内部条件的综合分析，做出的一系列全局性、长远性谋划及选择，用以指引组织整体协同，聚焦资源及努力，获得竞争性优势，从而实现组织既定目标。

2）把战略规划嵌入组织发展变革全局思维。战略规划的思路可以是从点到面或从面到点、竞争战略或蓝海战略，具体的选择需考量诸如企业所处阶段、行业性质、行业生命周期及竞争格局等因素。

3）战略规划从逻辑和实践上有四个核心步骤：**战略洞察、战略设计、战略部署、执行评估**。每一步的结果都构成对下一步的输入，也存在一定程度的反馈，而执行评估则向前面所有步骤提供反馈，从而使得战略规划过程形成可以迭代进化的闭环。

4）**战略洞察**包括**识别宏观趋势、挖掘客户需求、分析竞争态势、评估组织资源**四个主要环节。其中可指导企业实践的方法及工具包括 PESTAL、观察并与客户访谈、亲身体验、买方效用定位图、发现非顾客之海、善用商业直觉、制定产业战略布局图、SWOT、SOAR 等。

5）基于战略洞察中足够充分的分析，**战略设计**是可以水到渠成的，应用商业模式画布，能够高效引导战略规划者在客户细分、价值主张、渠道通路、客户关系、收入来源、核心资源、关键业务、重要合作、成本结构等重要商业模式元素上进行讨论并形成**组织共识**。

6）**战略部署**是从组织到团队再到个人的推进，在组织层面是愿景目标、战略选择、蓝图规划的逐步细化，它们转化分解为组织层面的短期运营目标、全局关键举措及部门/团队层面的支持性战略、运营计划和团队行动计划，再进一步分解为个人层面的个人目标、个人工作任务和个人行动计划；只有经过这样的部署分解过程，战略设计才能有效转化，从而指导落地执行。

7）**执行评估**注重在组织、团队和个人层面通过制度化的会议机制有效跟踪监督执行进度。此外，执行也会在实践中检验前面所有步骤的逻辑及假设，从一线到高层各级的反馈都是非常珍贵的，需要通过制度化的反馈及检视机制，保持战略及计划不断迭代、与时俱进。

8）需要再次强调的是，战略规划是一门庞大且涉及面极广的学科，工具也非常多，本章根据实践经验总结讲述战略规划的内在逻辑，并基于以客户为中心的理念选择部分行之有效的工具作为示例，旨在帮助管理者做出更加清晰、明确的战略决策，鼓励 HR 管理者、OD 实践者勇于在战略变革的最初阶段介入，促进战略与组织发展变革的整合。

第 4 章

组织能力

组织能力是企业可持续成功的能力。传统的人力资源管理往往只是通过培训的方式尝试提升组织成员的能力,但是常常看不见明显的效果。本章以系统观的角度剖析如何把组织成员的个人能力向团队能力、组织能力递进转化,并着重介绍构建组织能力的方法,旨在帮助管理者根据企业的具体情况,打破传统的组织壁垒,与时俱进地获取与进化出关键的组织能力。

4.1 组织能力的三层递进关系

当看到"能力"这个词的时候,很多管理者可能会联想到"胜任力""培训""人才发展"等人力资源管理的常用词。诚然,这些都是组织管理中常用于员工个人能力提升的。但是,组织发展变革贯穿个人层面、团队层面与组织层面，对于组织整体能力提升而言，每一位员工个人能力的提高固然不可或缺，但远远不足够，个人所组成的团队如何更好地协作，发挥 1+1 ＞ 2 的团队能力也非常重要；更进一步，从组织发展的系统观来说，组织能力并非孤立的因素，必须要以支撑组织战略规划的实现为目的，因此，从组织全局来定义并获取相匹配的能力，使得组织能够具备以变应变的能力，至关重要。因此，我们需要从关注个人能力的发展，扩展到关注团队能力的提升、组织全局整体能力的定义和构建。

上面的道理或许有点抽象，不容易理解，"和尚挑水"的故事我们都很熟悉，这里不妨开开脑洞，借用这个故事：

一个和尚挑水需要提升的是这个和尚胜任挑水这项任务（工作）所需的个人能力。例如：如何用木桶打水，如何使用扁担把水桶稳妥地挑起来，如何在使用扁担挑水行走的过程中使水不会洒出。

一个和尚小组挑水需要提升的是小组中和尚之间合作协调的能力。例如，如果是两个和尚组成的小组，两人如何同时在扁担两头把水桶抬起来，两人如何配合确保扁担在行动过程中不会倾斜，两人如何配合行走使步幅与频率一致，两人如何同步把扁担放下，把水桶平稳放到地面；如果是三个和尚组成的挑水小组，则还要进一步解决可能出现的小组中某个和尚偷懒不努力却可以共享团队成果，另外两个努力的和尚因为不希望被占便宜而减少付出的社会惰化⊖问题，同时还需要提升小组成员共同解决问题、决策等能力，不仅要防止出现"三个和尚没水吃"的结果，还要达成"三个臭皮匠赛过一个诸葛亮"的团队效能。

一个和尚组织（寺庙）解决水资源的能力，需要提升的是寺庙中分管不同事务的和尚小组对水资源运送、使用和处理的协同力，以及对水资源长远供需的重新规划能力。例如：临时组建一个支持小组听取挑水小组的反馈，并且主动在山里查看各种可能的挑水线路，然后与挑水小组

⊖ 利维，阿什凯. 团队中的群体动力学：第 5 版 [M]. 李文超，刘娜，赖葭，译. 北京：北京师范大学出版社，2021.

共同商议挑水线路的优化；炊事小组主动把洗菜淘米用过的水保留下来，交给清洁小组用于庭院打扫从而节省寺庙的总体用水量（因此也减轻了挑水小组的工作量）；寺庙住持召集寺庙各个任务的负责和尚或者寺庙所有和尚，共同商讨根据寺庙的香火（资金）与和尚人数的情况，决定是否需要成立专门的勘探小组寻找新的水源，设计更省力更便捷的挑水工具（可能因此需要训练挑水和尚，使其掌握新的挑水技能），并且成立新的挑水小组或者与其他邻近的寺庙合作增加水源的供应。更进一步，寺庙甚至可以规划铺设自动输水管道，彻底解放挑水小组成员，把人手腾出来用于更有价值的经书整理和翻译工作上，使得组织能力提升到更高的水平。

从这个"和尚挑水"的故事，管理者可以看到，组织能力是在提升个人胜任力的基础上，在增强团队成员合作能力的同时，在组织层面调动各个团队之间的协同力，以及为支撑战略实现而与时俱进地重新规划、定义和获取所需的能力。个人、团队和组织三个层面有不同的侧重，缺一不可。如果继续采用传统的人力资源管理或者培训开发，只关注个人的胜任力，组织成员很容易因为团队动力的相互影响以及组织系统的局限而无法发挥个人的胜任力；如果只是过分强调团队内部成员的合作能力，则很容易产生各团队的本位主义，缺乏大局观，无法看清组织整体的宏大目标、组织与外界的关系，从而得出团队（部门）最优但不符合组织最优的结果。因此，组织要持续发展，就需要在赋能组织成员，提升个体能力的同时，促进个体能力向团队能力与组织能力转化。

诚如《NTL 组织发展与变革手册：原则、实践与展望》中系统理论所强调的，组织是一个系统，当系统的各部分作用之间存在良性互动时，系统产生的协同作用大于系统各部分作用之和。㊀接下来，我们就如何分别提升个人能力、团队能力与组织能力做进一步论述，并结合应用案例

㊀ 琼斯，布拉泽.NTL 组织发展与变革手册：原则、实践与展望 [M]. 王小红，吴娟，魏芳，译. 北京：电子工业出版社，2018.

来进一步阐述组织如何整合这三个层面的能力提升,从而达到:

组织能力＞组织中各团队能力之和＞团队中各成员能力之和

4.2 个人胜任力

4.2.1 胜任力关键要素模型

在企业管理的背景下,个人能力又被称为"胜任力"。该概念由美国哈佛大学心理学家麦克利兰(McClelland)在1973年首次提出,其著名的"冰山素质模型"包括了知识、技能这两种企业可以通过教育和训练来提升(如冰山露出水面)的部分,以及社会角色、自我意识、个性特征、动机这四种个人内在的、难以测量的但是会对个人工作业绩产生巨大影响(如冰山隐藏在水面以下)的部分。其后,美国管理专家露西亚和莱普辛格提出的"胜任力金字塔模型"中强调了行为表现是所有先天内在以及后天培养的能力的外在体现。㊀学习型组织理论的创始人彼得·圣吉提出,心智模式是个人在大脑中构建起来的对外部世界的认知,会影响人们的观察、思考以及行为,因此也指出了心智模式对个体、团队和组织学习成长的影响。㊁

在实践中,胜任力可以简单定义为:**能够胜任某个岗位或某种工作所需要的综合素质与能力**。如图4-1所示,胜任力的关键组成要素包括:①可直接从培训、学习与锻炼中获取的知识和技能;②可测评也可适当调整的个性与动机;③不易觉察的心智模式;④三个要素的总体外在表现,即个体的行为。

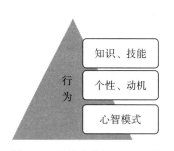

图4-1 胜任力关键要素模型

㊀ 水藏玺,向荣,刘洪良.胜任力模型开发与应用:基于胜任力的人力资源体系构建最佳实践[M].北京:中国经济出版社,2019.

㊁ 包蔚然.第五项修炼实操手册:学习实验室[M].上海:上海三联书店,2005.

4.2.2　提升胜任力的实践方法

1. 知识、技能

知识、技能是比较容易通过培训、学习获取的。这就好比考取驾驶证，我们必须先阅读有关交通规则与驾驶原理的资料并完成笔试（获取知识），然后进行不同路况的驾驶练习并完成现场测试（形成技能），取得驾照之后在日常的驾驶中不断熟练对轮向盘、油门（加速踏板）、刹车（制动踏板）等的操控，并逐渐在不同场景下应付自如（提升技能）。

企业帮助个体组织成员学习知识、提升技能的实践方法通常包括：

1）线上培训，阅读，企业课堂培训，企业派送或者赞助骨干干部去进修、学习 MBA 甚至 EMBA 课程，参加行业论坛。此类方法主要帮助组织成员获取知识。

2）企业培训常用的 70/20/10 法则，强调：70% 的学习来源于实践（例如模拟演练、行动学习），20% 的学习来源于同伴交流，10% 的学习来源于课堂。此类方法主要强调从学习的知识转化为实践中的技能。

3）在岗培训（俗称干中学）、前辈带徒弟、制度化的工作轮岗等，都是强调在工作实践中应用知识、提升技能的方法。

4）使个体组织成员（包括管理者）成为企业讲师，把个人经验沉淀、总结并且传授给其他组织成员，不仅能够提升企业讲师的个人能力，还有助于提升其他组织成员的能力。

2. 个性、动机

个人性格特征、成就动机、行为方式偏好都是比较难改变的内在要素，但是会对个体的行为与工作表现产生巨大影响。虽然它们难以改变，但是可以通过增强个人的内在觉察，提升自我认知与对他人的认知，从而更好地在有需要的时候，特别是与他人互动的时候，调整个人的行为。

企业实践中可参考和应用 MBTI、DISC、领导力沟通风格（Social Style）、VIA 性格测试、克利夫顿优势、成就动机等自我测评工具。这些测评工具通常会结合企业领导力培训或者高管教练来应用。

3. 心智模式

个体组织成员的外在行为不仅受其所掌握的知识与技能、内在性格特征与成就动机影响，还更多地受其潜在的心智模式影响。彼得·圣吉将心智模式定义为：根深蒂固存在于我们心中，影响我们如何理解这个世界，以及影响我们如何采取行动的假设、概念，甚至图像、印象等。㊀心智模式指导着我们的思考和行为。因此，心智模式真正的发展不只是知识储存量的增加和技能的熟练，还应该包括观点或思考方式的质变，帮助个人创建自己的世界，进行观点采择、对自我责任做出解读，特别是面对高度复杂环境展开多角度思考或高度抽象思维的能力，以及获取新观点的能力、包容复杂与混淆不清的能力。㊁

心智模式的发展难度在于它是难以衡量的，往往又是根深蒂固且个体不自知，对个体行为产生巨大影响的。在实践中，给企业高管提供一对一的教练辅导是近年来国内开始应用的帮助高管发展心智与改变行为的发展领导力的举措。根据国际教练联合会（International Coach Federation，ICF）的定义，教练是客户（教练对象）的伙伴，通过创造性地引发客户深度思考的教练辅导过程，激励客户最大化地提升自我认知与发掘职业潜能，以释放尚未开发的想象力、生产力和领导力源泉。㊂

4. 行为

个体行为的改变是胜任力提升的外在体现，可以是因为个体学习了知识，掌握了技能，将其具体应用在工作中，也可以是个体在了解了自

㊀ The Future of Organization Learning. Mental Models Theory and Steps to Manage Them[EB/OL]. (2020-09-20) [2022-11-22]. https://wdhb.com/blog/does-your-company-challenge-mental-models/.

㊁ 贝格. 领导者的意识进化：迈向复杂世界的心智成长 [M]. 陈颖坚，译. 北京：北京师范大学出版社，2017.

㊂ International Coaching Federation. What is Coaching [EB/OL].[2022-02-28]. https://experiencecoaching.com/?utm_source=ICF&utm_medium=direct-link&utm_campaign=icf-to-ec.

身性格特质对他人的影响之后做出的有意识的行为调整，还可以是个体在心智模式改变之后主动做出的行为改变，或是多方面的综合体现。

在实践中，反馈是比较有效的帮助个体成员改变行为的举措，例如：

1）一对一反馈常应用在主管上司对下属工作的反馈，同时也鼓励平级同事之间以及下属向主管上司提供一对一反馈。

2）360度反馈可用于收集被反馈者上司、下属、同事就其行为的反馈，有助于被反馈者认知自己的盲点，通常结合企业领导力培训发展计划或者高管教练辅导进行。

实践中的
建议与提醒

1）传统的培训往往只关注知识与技能，而忽略了胜任力的其他内在影响因素，人员培训后行为改变的效果不明显。综合应用各种提升胜任力的举措，例如应用 70/20/10 培训学习设计原则、个人测评工具、360 度反馈、教练辅导等多种方法，有助于从根本上调动个体学习与改变的意愿，并落实到行动。

2）360 度反馈通常以匿名的形式收集反馈信息，其结果可能与被反馈者的预期差距较大，形成心理落差，甚至被反馈者可能认为结果不准确，从而影响了其改变意愿。建议企业 HR 人员承担起内部教练的角色，帮助被反馈者更有建设性地理解结果并且与其团队沟通后续行动计划。

3）胜任力的提升需要企业系统的整体协同，包括制度、文化等各方面的支持。例如，即使员工有意愿创新，也在企业提供的有关提升创意与创新能力的综合培训学习中掌握了相关知识与技能，但是如果在企业内部创新想法不论大小都需要层层上报，等待严格而漫长的审批，则员工可能会放弃努力。

4）个人胜任力，除了通过培训和开发来提升之外，还可以通过招聘与任用、考核与评估、薪酬与晋升等获得提升。例如招聘，如果在一开始就找到合适的人员，将其放到合适的岗位，那么会达到事半功倍的效果，一个赵子龙的战斗力可以顶很多个普通将军的，而要将一个普通将军培养成赵子龙却非易事。

4.3 团队协同力

如本章开头"和尚挑水"的故事所示，个体能力是解决一个和尚挑水胜任力问题的关键，团队能力是解决两个和尚如何共同抬水以及防止"三个和尚没水喝"的协同合作问题的关键。

团队也是一个系统，团队成员之间良好合作，其协同作用将为团队带来超越团队各成员（包括团队管理者）个体能力之和的整体团队能力。我们在上一节已经着重论述了提升团队成员个体能力的方法。这一节我们将重点论述如何提升团队的**协同力**。我们先来梳理一些组织发展学对团队的定义、对团队动力的描述，在此基础上，我们才能更好地在企业实践中提升团队协同能力。

4.3.1 团队动力

德裔美籍心理学家勒温最早提出了"群体动力"（Group Dynamic）这个概念，用以描述在群体中出现的在复杂社会环境中相互作用的过程，在观察群体对个体影响的基础上，进一步研究每个个体与其他个体以及与整个群体的相互影响；哈佛大学社会心理学教授贝尔斯在2000年进一步提出，任何一个行为都是相互影响的场（Interactive Field）的一部分，我们需要在更大的背景下理解甚至影响行为——个体的、人际的、群体的和外部的情景。[一]贝尔斯的这个观点对于从系统视角诠释个体行为有很大帮助。影响个体、团队、组织的不同元素需要持续地在动态、交互影响的过程中达到相合一致的状态，只有这样个体、团队与组织的效能才能达到最优。

在企业的语境下，我们可能更常用"团队"（Team）这个词取代"群体"（Group）。我们可以把团队理解为结构化的群体，其成员相互依存，协调互动以完成共同的目标与任务。[二]丹尼尔·利维在其著作《团队中的群体动力学》中提出一个团队通常由 3～12 人组成，并且总结了团队的以下特点[三]：

1）共同目标：团队成员拥有共同的目标，并且团队中的每个成员都对这个共同目标负责。

2）人际互动：团队成员之间有直接的沟通与互动，沟通常常被视作团队的重要部分，包括面对面沟通、文字沟通，以及线上通过技术手段的沟通与互动等。

3）相互依存：团队成员需要通过主动合作、整合协调来完成目标，这是团队最重要的特质。

4）相互影响：每个团队成员的角色及行为对其他团队成员以及对整个团队都有影响。

5）团队归属感：每个团队成员都认可自己在团队中的角色并且与团队中其他成员以及整个团队产生情感联结。

6）结构化关系：结构化关系涉及团队的边界、团队成员的角色和分工、规范等。

[一] 孙晓敏. 群体动力 [M]. 北京：北京师范大学出版社，2017.
[二] FORSYTH D. Group Dynamics[M]. 3rd ed. Belmont: Thompson, 1999.
[三] 利维，阿什凯. 团队中的群体动力学：第 5 版 [M]. 李文超，刘娜，赖霞，译. 北京：北京师范大学出版社，2021.

7）个体需求：在团队成员完成共同目标的过程中，团队成员的个体需求也要得到满足，以便发挥每个团队成员的自我驱动力，持续激发团队完成共同目标的热情与坚持。

"团队动力"与"群体动力"在企业实践中没有非常明确的区分，我在给企业培训和辅导时，会更多地采用"团队动力"这个词，因为更易于企业高管或者员工理解，有助于他们将这个概念与其日常企业用语、企业环境相联系，加快应用。

4.3.2 企业管理中常见的团队类型

在企业管理的实践中，常见的团队类型包括企业领导团队、企业重大项目团队、自我管理团队等。

1. 企业领导团队

企业领导团队（又可称为"企业高管团队""企业管理团队"）包括CEO/企业一把手在内的以及向其直接汇报的各部门、各职能、各业务单元的负责人，主要负责企业战略与资源的规划、跨部门的协调、企业方针政策的制定、企业经营目标的完成。常见的企业领导团队的问题是各高管以完成本部门、本职能、本业务单元的目标为首要，忽视了企业整体目标。如果企业领导团队成员没有强烈的团队归属感，就很容易造成下属员工的本位主义，产生企业内部的部门壁垒。

2. 企业重大项目团队

根据项目的具体情况，企业重大项目团队通常由企业跨部门代表组成，负责推进企业某个重大项目的筹备、开展与实施，例如企业 ERP 项目团队、变革项目团队，等。通常这些企业重大项目团队的领导者与成员都由企业管理层任命：团队领导者通常是专职的，向项目的主要发起人（CEO 或者是企业领导团队的某个高管成员）汇报，负责企业资源的协调与团队的决策；团队成员可以是专职或者兼职的。项目的时间跨度通常至少一年。企业重大项目团队经常要面对的挑战是对项目团队领导者的要求很高，他/她需要有丰富的业务经验并且在企业内部有较大的影响力，往往是企业的高绩效、高潜力人才。把高绩效、高潜力人才调离日常业务运营岗位可能会对现有业务产生影响，也涉及项目完成后该高绩效、高潜力人才的下一步职业规划，需要把业务的短期目标与长期发展需求、人才储备与继任规划、团队成员绩效考核等制度体系更好地衔接。

3. 自我管理团队

自我管理团队通常由企业跨部门代表组成，与上述企业重大项目团队不同，自我管理团队倾向于就某个企业变革或者创新课题进行探索并提交建议，例如很多企业的行动学习团队、创新孵化团队等。《HR如何推动企业战略创新、转型与战略落地：实现企业可持续复苏》调研报告指出，将近60%的参研企业采用跨部门团队孵化创新。自我管理团队的成员可以是自我推荐的也可以是企业任命的，但是自我管理团队的领导者通常由团队成员自行选出而非企业任命；团队决定由团队成员共同协商，团队领导者在团队中多承担引导者与支持者的角色。自我管理团队领导者与成员通常是兼任的，也就是说，自我管理团队领导者与成员必须在完成日常工作的同时完成自我管理团队的任务，因此，自我管理团队探索某个课题的时间跨度不宜太长，否则很容易导致团队成员精力疲惫难以持续。在实践中，建议自我管理团队持续1～3个月，最长不超过6个月。自我管理团队需要企业更多的支持以进行团队建设，企业的最佳实践是给自我管理团队提供团队教练辅导，帮助团队在短时间内快速组建、融合，促进团队的合作、激发团队的创意。

以上三类团队都属于团队动力所定义的团队的范畴。要注意的是，企业的语境中我们也常常把"整个组织""组织架构中的业务单元或部门"也统称为"团队"：主管人员的绩效目标往往通过对"团队"成员分解来完成,"团队"的人数有可能超过12人,甚至达到成百上千人,但是"团队"成员之间可能没有直接的互动。例如企业销售部门拥有分布在全国各地的销售主管与销售人员;销售目标从销售部门负责人、销售经理到一线销售人员层层分解,销售主管与其下属的销售人员之间有直接互动,但是向同一个销售主管汇报的分散在不同地方的销售人员之间没有太多互动,他们通常独立完成自己的销售任务。这种组织架构中的业务单元或者部门内的成员只有经分解后的个人目标而没有团队共同的目标,团队成员之间也缺乏紧密互动、相互依赖、相互影响的关系,严格上来讲,这种组织架构中的业务单元或部门不是团队动力所定义的团队。但是,本章的内容对这些"团队"的日常管理或者"团队带领"也有同样积极的作用,本书讲述的原理、方法对它们也同样适用。

4.3.3 提升团队协同力:阶段、方法与工具

不论是企业领导团队、企业重大项目团队、自我管理团队,还是企业组织架构中的业务单元或部门,任何团队的组建都需要时间磨合,因此都不能做到一开始就高效合作与产出。从企业管理的角度来看,我们需要尽量缩短团队磨合时间,加快团队融合的速度,提升团队的效能,只有这样才能提升业务效率,达成业务目标。因此,我们需要了解团队从组建到高效运作的过程以及团队动力的特点,然后有针对性地加以引导。

塔克曼和詹森开发的团队发展阶段理论描述了团队发展的五个主要阶段:创建期(Forming)、磨合期(Storming)、稳定期(Norming)、高效期(Performing)和解散期(Adjourning)。⊖在创建期与磨合期,团队的合作能力不够,效率也很低,但这是团队发展的必经阶段。因此,在实践中,如果我们能够帮助团队克服创建期与磨合期的困难,快速进入稳

⊖ LEVI D, ASKAY D. Group Dynamics for Teams[M]. 5th ed. Thousand Oaks: SAGE Publications, 2017.

定期与高效期，那么就能充分发挥团队效能，使团队成员快速成长。

基于辅导多个团队的实践经验，我把提升团队协同力的关键总结为以下四点：建立互信，明确目标，解决分歧，促进融合。

1. 建立互信

创建期是团队开始形成的阶段。在这个阶段，团队成员内心会对团队以及接下来的团队任务（项目）有点期盼，同时因为还不是很清楚团队任务以及背景，所以感到有点紧张；如果团队成员彼此不认识的话，团队成员之间往往会表现得比较客气，大家都在观望，在拘谨的状态下一点点试探该如何表现以及与其他团队成员互动，会议上大多数时间选择沉默，有想法也未必马上说出来。

这个时候可以适当地给团队成员讲解任务（项目）的背景以缓解其对未知的焦虑，但是不要让团队马上进入任务（项目）的讨论。我在辅导多个团队的实践经验中发现，如果团队还没有做好"心理建设"与"过程建设"，就直接进入"任务建设"，会导致后续磨合期更长，严重影响团队效能；看似快速开展工作，实则欲速不达。

在创建期帮助团队破冰的关键是帮助团队成员建立互信，就目标（团队使命、团队目标、团队成员个人目标）、组成（团队成员组成、团队成员个人特长、团队成员个人工作方式偏好）、团队结构与领导力（团队结构与分工、团队成员对队长领导力的期望、团队成员对集体领导力的期望）、团队规范（团队沟通、决策等方式）等关键团队元素达成共识，并以团队章程的形式呈现，如图4-2所示。

（1）增进彼此的了解　　建立互信最早来自我知道你是一个什么样的人，特别是更深层次的了解。因此在团队创建阶段，我们要花适当的时间引导团队成员互相分享个人的情况，不仅有工作上的信息（工作经验、工作特长），还包括个人爱好、个人特长（即使与工作没有直接关联）、家庭情况，甚至价值观；条件允许的话，可以引导团队成员完成工作偏好风格的自我测评（例如 MBTI、DISC、社交风格自我测试等）并与团队成员分享。应用欣赏式探询的对话也是一个帮助团队成员在积极情绪调动下建立互信的非常有效的方法，请参阅第 2 章中有关欣赏式探询的理论介绍与团队建设应用举例；团队成员共同为团队命名、创造团队口号与团队徽标，都是非常有趣并且有助于团队建设的活动。

团队章程（Team Charter）

团队名称：_____

目标	团队使命		团队目标		团队成员个人目标	
组成	队长 团队成员		团队成员个人特长		团队成员个人工作方式偏好	
团队结构与领导力	团队结构与分工		团队成员对队长领导力的期望		团队成员对集体领导力的期望	
团队规范	我们如何沟通合作？	我们如何做决定？	我们如何解决分歧，管理冲突？	我们如何确保团队会议高效？ 我们如何克服远程工作的挑战？	我们如何帮助每个成员达成团队目标以及个人目标？	我们如何庆祝成功？

图 4-2　团队章程模板

（2）**团队的使命**　团队的使命不是团队的任务（项目）目标。团队的使命强调团队为什么存在，团队为所在的组织创造什么价值，从而支持组织宗旨使命的达成；同时团队的使命也包括团队为团队成员创造什么价值，从而支持团队成员个人价值的实现。团队成员共同讨论团队使命，会让每个团队成员都能感受到自我超越的激情，以及与其他团队成员之间共同完成不平凡的、有深远意义的任务产生的强烈归属感。花些时间引导团队成员思考并讨论团队的宗旨使命，将有助于增强团队成员的自驱力与自豪感，增强团队信任的原动力。

（3）**个人的目标**　团队的宗旨使命是利他的，个人目标则是利己的。这两者并不矛盾，而是相辅相成的。让每个团队成员有机会与其他成员分享自己在实现团队任务目标的同时希望实现的个人目标。当团队成员承诺帮助彼此实现个人目标的时候，个体与个体之间以及个体与团队之间的互相"利益支持"会进一步增强彼此的信任与依赖。

（4）**团队的结构** 根据我的经验，"分治－合聚"是团队运作的高效结构：把团队成员分配到不同的小型工作小组，每个工作小组主导其中一项分解任务的研究、分析与建议，再由该工作小组向整个团队汇报，听取全部团队成员的反馈。以12人的团队为例，可以把团队成员按照任务分解分为3～4个小组、每组3～4人。分治－合聚使得任务以小组为单元快速推进，然后小组向团队提交初步构思，同时也凝聚整个团队的集体智慧完善小组的初步构思。如果是自我管理的团队，团队需要尽快选出团队领导者（队长），即使团队领导者与团队成员之间不存在正式的工作汇报关系，或者团队领导者的级别未必比团队成员更高，明确团队领导者的责任，也有助于促进团队的整体协调、推动团队任务的完成。

（5）**团队的规范** 团队规范是团队成员充分表达如何共同开展工作并达成共识的体现，包括：团队如何沟通合作，如何做决定，如何消除分歧、解决冲突，如何确保团队会议高效，如何克服远程工作的挑战，如何帮助每个成员达成团队目标以及个人目标，如何庆祝成功，等等。在讨论团队规范并达成共识的过程中，团队成员明确了对彼此的期望，也为接下来共同完成任务奠定了行为准则方面的基础。例如，有的团队约定，团队成员加入视频会议需要打开摄像头，以提升远程会议讨论的效率。

2. 明确目标

在团队创建阶段，当团队成员通过以上方法建立一定程度的信任，团队成员之间的互动开始比较自如，这个时候团队就可以开始共同讨论任务（项目）的目标与规划了，讨论结果可以形成项目章程。如图4-3所示，项目章程包括以下两部分重要内容：

1）实践中可以应用项目管理的方法与工具，就项目的范围（目的、目标、产出/交付、时间、预算、范围）、项目的计划（开展项目的方法、主要里程碑、主要任务分解与时间表）、项目细分任务的具体负责人与参与者[⊖]（这部分的内容与团队章程中的团队结构内容相通）进行讨论和规划。

2）从组织发展的角度看，团队是一个系统，团队也是组织这个更大的系统中的一个组成部分，因此，我们需要在项目管理的基础上增加与组织系统相关的部分作为整体团队任务（项目）规划，这包括利益相关者的识别与沟通、组织内外资源的获取与协同、团队任务（项目）成功完成的评估指标。组织发展变革的项目，可参考本书第 9 章组织发展变革的效果评估方法。

项目章程（Project Charter）

团队名称：_____

项目范围	项目目的	项目目标		项目产出/成果/交付
	项目时间范围	项目预算		项目范围之外（out-of-scope）
项目计划	开展项目的方法	主要里程碑		主要任务时间表
分工合作	项目团队成员的分工	团队教练的角色		业务教练的角色
关键利益相关者	谁是关键利益相关者？	关键利益相关者的期望是什么？		团队如何与利益相关者沟通汇报？
扩展资源	需要哪些扩展资源？		如何获得/触达这些资源？	
项目评估	评估指标分类 1	评估指标分类 2	评估指标分类 3	评估指标分类 4

图 4-3　项目章程模板

3. 解决分歧

团队成员在共同完成任务的过程中难免会遇到有不同意见的情况，

⊖ GIDO J, CLEMENTS J, BAKER R. Successful Project Management[M]. 7th ed. Boston: Cengage Learning, 2018.

项目团队特别是自我管理团队在合作中面临很多挑战。团队要高效消除分歧，可以从创意构思与团队决策两个环节入手。

（1）创意构思："创意叠加－头脑风暴"法　首先，把意见分歧看作产生创意的机会。在实践中，可以有意识地暂缓解决分歧，而是先用不同想法碰撞新的火花。这里给大家分享一个在实践中被多次验证是更高效、更结构化的"创意叠加－头脑风暴"引导方式：

1）每个团队成员就团队需要解决的问题或者需要完成的任务，分别单独思考可能的解决思路，把每个想法都写下来。

2）每个团队成员就自己的想法向团队汇报，一次汇报一个想法；对每个团队成员提出的想法，其他团队成员（包括领导）都不能质疑、否定，但是可以提问、澄清。

3）前两步是常规的头脑风暴。"创意叠加－头脑风暴"会要求团队成员就每个汇报的想法进一步思考并且必须说出这个想法有何优点，可以延展成为什么样的新想法（至少一个新想法）。

在多轮的头脑风暴的过程中不断激发团队的智慧，叠加整合成越来越多的新创意。

> **实践中的建议与提醒**
>
> 1）这个方法特别适用于需要大量创意产生多种思路的情况，比一般头脑风暴的时间要长，团队会议需要预留足够的时间，以及准备足够的便利贴，每个想法都用一张便利贴记录，方便后续整理。
>
> 2）在讨论的过程中，如果团队成员的一些想法可能存在局限，先记录下来，但是不要讨论，不要因为可能的局限打断"创

> 意叠加-头脑风暴"的节奏，很多疑似问题在不断叠加整合创意的过程中会变得不再是问题，或者等头脑风暴全部做完以后，团队再回头集体讨论如何突破某些想法可能存在的局限。

（2）团队决策：思路整合法　当团队已经有足够多的创意选项之后，团队可以采用适当的方法进行团队决策。在实践中，可以结合思路整合法、名义群体决策法、KT法[⊖]等多种决策方法引导团队成员参与共同决策。

第1步：团队把通过头脑风暴得到的不同想法整合成不同创意选项。

第2步：团队列出引导决策的关键要素，例如成本、收入、时间、影响面等，团队可以进一步考虑赋予每个决策关键要素一定的权重以区分不同要素的相对重要性。

第3步：团队就列出的决策关键要素，评估每个创意选项的利弊并且共同讨论。

第4步：给予每位团队成员一定数量的选票，可以匿名或公开进行投票，也可以分几轮进行直至最后选出合适的创意选项。

第5步：如果是重大的或者复杂的团队决策，还可以先对每个创意选项按照每个决策关键要素打分（1～10分），把每个决策关键要素的得分乘以权重再汇总就得到该创意选项的总得分，然后根据总得分排序做出最终选择。

⊖ KOLB J A. Small Group Facilitation: Improving Process and Performance in Groups and Teams [M]. Amherst: HRD Press, 2011.

> **实践中的建议与提醒**
>
> 1）实践中，很多团队迫于时间压力很容易直接从第 2 步跳到第 4 步，但事后发现欲速不达。第 3 步是消除团队分歧、凝聚团队决策的重要环节，只有经过充分的信息分享与讨论，团队成员后续才能做出适宜的投票决定。
>
> 2）这个团队决策的方法需时较长，比较适合重大团队决策。对于比较简单的团队决策，可以考虑团队领导者决策或者采用少数服从多数的决策方式。
>
> 3）建议企业中的部门领导或者业务领导在行使正式领导决策权之前，善用以上第 1～3 步与部门成员共同讨论，有助于完善决策与增强部门成员对决策的信心并落地执行。

4. 促进融合

团队成员在刚开始进入团队任务内容的时候，可能会发现项目比预想困难。合作的过程中仍然会出现角色不清的混乱，再加上任务的时间压力，团队成员会感到焦虑，或者对不同成员工作付出的"不均衡"感到不满，这个时候，团队成员之间很容易出现冲突。冲突的表现可能是在团队会议上直接表达反对与不满，也可能是间接地把不满放在心里、做出怠工行为。团队成员会期望团队领导者来解决这些问题，但是团队领导者（特别是自我管理团队的领导者）可能因为感觉自己没有职位权力或者感觉自己没有能力而不做裁决。这个时候可以引导团队成员通过团队效能反馈的方法帮助团队增强互信，促进融合。

在实践中，团队效能的评估可以通过收集团队成员在以下四个方面的反馈，帮助其了解团队的总体效能，发现团队合作中存在的问题，共同解决。

1)任务:团队的使命、目标、项目规划、进展、评估指标。

2)过程:解决问题、集思广益、冲突管理、团队决策、团队沟通。

3)机制:团队结构、分工、考核、奖惩、反馈。

4)情感:凝聚力、信任、情绪梳理、个人的成长与团队的共同成长。

企业 HR 管理者或者 OD 实践者可以主动承担团队教练(Team Coach)或者团队引导者(Team Facilitator)的角色,具体的引导过程如下:

1)与团队领导者共同制订团队效能评估方案,确定评估的目的、过程、参与人员、选用的问卷、活动预期成果。

2)邀请团队成员匿名完成问卷调查。

3)汇总分析问卷调查结果并与团队领导者就接下来的团队会议安排达成共识。

4)引导团队成员集体讨论汇总报告:团队最需要集中关注哪些领域;以及就团队效能中集中、突出的问题,分析原因,共同讨论解决方案。

> **实 践 中 的**
> **建议与提醒**
>
> 1)设立团队引导者或者团队教练的角色,有助于跨部门的项目团队快速成功磨合、成为高效团队,鼓励企业 HR 提升作为教练或者引导者的能力,勇于担当。
>
> 2)团队效能反馈用于团队共同完成任务的过程中,通常在观察到团队磨合出现问题时介入,以增强团队的融合。
>
> 3)团队效能反馈集体讨论的议程设计要以积极正面的方式结束,例如,可以给每位团队成员准备一份小礼物(团队合照或者带有团队徽章的小纪念品等),鼓励团队成员通力合作

> 完成接下来的团队任务。
>
> 4）在团队任务完成后，用团队复盘的方法评估任务并且总结经验。

有必要指出的是，建立互信、明确目标、消除分歧、促进融合这样一个过程，不仅是团队协作能力提高的过程，同时也是所有成员学习、个人能力成长的过程。

4.4 组织能力：战力的体现

依然借用本章开头"和尚挑水"的故事，组织能力致力于解决寺庙发展与所在环境水源供应的问题，超越了一个和尚挑水的胜任力问题，也超越了和尚挑水小组的团队协作问题，从更广阔的系统角度评估组织与外部环境的交互，更长远地解决组织存在与发展的问题。对于企业而言，组织能力更是企业解决如何在市场竞争中持续获胜问题的关键。

战略管理、人力资源管理和组织管理等领域都对组织能力有描述，例如：

1）在达成战略目标、为利益相关者创造价值的过程中，组织所擅长的方方面面都可以称为能力，它包括组织如何通过整合了的基础流程、结构、激励机制、技能、培训和信息流来组合员工的集体智慧和行动。[一]

2）组织能力体现为组织整体发挥的战斗力，是一个组织竞争力的基因，也是一个组织在某些方面能够明显超越竞争对手、为客户创造价值的能力。[二]

[一] 尤里奇，克雷先斯基，布鲁克班克，等.赢在组织：从人才争夺到组织发展[M].孙冰，范海鸿，译.北京：机械工业出版社，2019.

[二] 杨国安，李晓红.变革的基因：移动互联时代的组织能力创新[M].北京：中信出版社，2016.

3）组织能力的组成要素包括物质资源、知识资源、数据资源、人力资源、外部价值网络资源等。㊀

诚然，物质资源、数据资源、技术资源等都可以是广泛定义的"组织能力"的一部分，或者从更大的范围来看，组织能力也可以是组织所有禀赋和要素的终极体现。但是，过于宽泛的"一切皆组织能力"的定义无助于深入讨论。以 CHANGES 模型已经是一个关于组织发展变革的系统模型为基础，本书论述的组织能力可以聚焦地描述为：**组织能力是企业整体运作、为客户与社会提供价值、产出组织绩效的综合能力，体现在组织从产品及服务开发、营销、供应到售后支持等所有业务与管理活动中，是企业在市场竞争中赢取可持续胜利的战力呈现**。组织能力具体包括了前面所述的个人胜任力、团队协同力在组织层面的体现，以及进一步拆解的组织层面的关键业务/专业能力和组织管理能力，例如研发能力、市场策划宣传能力、销售管理能力、平台整合能力、领导力、创新力等。

我没有采用"组织能力"的广泛定义，是希望能够帮助管理者在 CHANGES 模型下深入掌握"组织能力"的底层逻辑，本章内容有助于管理者进一步联结战略规划、制度体系、组织文化、组织架构等 CHANGES 模型的其他关键元素，建立全局观与系统观，管理者可在此基础上形成自己对"组织能力"的广义理解。

更进一步，我不是要告诉管理者"什么是企业关键组织能力"的标准答案，而是向管理者提供如何确定与获取关键组织能力的原理与实践方法，帮助管理者根据企业的具体情况，规划与发展适合本企业的组织能力。如图 4-4 所示，管理者根据企业战略确定与获取关键组织能力分为三个主要步骤：①从战略来定义关键组织能力需求；②评估组织能力现状；③获取关键组织能力。接下来分别就这三个步骤的具体实践方法进行举例说明。

㊀ 施炜. 企业进化：长期战略地图 [M]. 北京：机械工业出版社，2020.

图 4-4　根据企业战略确定与获取关键组织能力

4.4.1　从战略来定义关键组织能力需求

诚如我们前文所述，战略是企业的一致性经营方向，并决定了企业的关键业务与关键资源。企业需要在战略的基础上明确什么是关键组织能力需求。不同的企业即使处在相同的行业，因为战略不同，所需要的关键组织能力需求也可能不同。

例如，同在制药行业的两家企业：A 企业的战略是自主研发新药，因此关键组织能力需求是技术研发；B 企业的战略是构建大健康生态，因此关键组织能力需求是平台整合。

这里所指的组织能力既包括相关业务能力/专业能力，也包括跨专业的领导力。明确关键组织能力需求的方法可以通过共创工作坊的方式，凝聚组织智慧与共识。

以我曾辅导的某企业"战略－组织能力"研讨为例，我帮助该企业设计了共创工作坊并且现场引导讨论。该工作坊由企业的高管团队以及跨部门的骨干干部参加，主要讨论内容包括：

1）战略的共识：由企业 CEO 向与会者讲解企业的愿景与战略，并给时间让与会者提问、补充建议，从而完善战略并且达成广泛组织成员对战略的共识。

2）关键组织能力：与会者组成跨部门小组，分组讨论企业需要哪些关键组织能力，才能支撑战略的实现，在所有小组均在大会中汇报并充分讨论后，形成大会决议。

3）成立会后的跨部门工作小组，负责落实大会决议并推进相应的举措。

共创工作坊的讨论气氛非常热烈，从澄清战略引入对组织关键能力的讨论，与会者不仅对企业需要哪些关键组织能力达成共识，并且共创如何获取与发展这些关键组织能力的思路与解决方案。这个讨论共创的过程，极大地激发了高管团队与跨部门骨干干部对企业后续相关举措落地执行的热情与持续支持。

> **实践中的**
> **建议与提醒**
>
> 1）通过行为描述的访谈设计企业胜任力模型，或者以通用胜任力模型为基础改编设计企业胜任力模型，可能是大多数企业人力资源管理的常规做法。这个做法的弊端是花费时间长而且与企业的战略连接性不强，最终容易陷入人力资源推动而非业务推动的困境，不容易被组织接受。
>
> 2）企业可参考上述实例的方法，先引导从战略到关键组织能力的集体讨论并达成主要共识，在此基础上再细化，从而建立胜任力模型。结合第 2 章中介绍的欣赏式探询方法将对营造和谐积极会议氛围和提升效率起到很大的促进作用。实际上，在正确理念的指导下，组织发展各个领域都可用此方法。
>
> 3）建议企业采用与广大利益相关者共创的方式，在条件许可的情况下，尽量覆盖更多利益相关者，在合适的情况下，甚至可进一步邀请外部客户、外部合作伙伴加入讨论或者分别听取其建议。这有助于企业打破固有思维，增强对外部环境反

> 应的敏捷性。
>
> 4）上述"战略-组织能力"研讨的实例中，会后成立了负责跟进的跨部门工作小组，这个工作小组属于自我管理团队。应用本章上一节所阐述的团队动力与团队辅导的相关方法，能够帮助工作小组快速组建并成为高效团队。对于企业而言，这是一种推动组织创新的过程，对于参与工作小组的成员而言，这也是个人能力提升的过程。

4.4.2 评估组织能力现状：方法与实践

一旦关键组织能力需求明确下来，我们就可以进行组织能力现状的评估了。具体有两种方法可评估组织能力现状。

1. 关键人员访谈

企业 HR 或者 OD 人员可以通过与企业高管一对一的访谈，与需要提升关键组织能力的组织成员代表进行一对一访谈或者小组座谈，获得对方关于组织关键组织能力现状的反馈，以及如何获取或者提升这些关键组织能力的建议。这个方法的好处是简单快捷，特别适合只是明确了关键组织能力的方向但还没有建立具体胜任力模型的企业。

2. 结合胜任力模型与个人发展规划（IDP）系统全面评估

这个方法通常适用于大型企业，并且这些企业已经建立了相对完善的胜任力模型以及个人发展规划（Individual Development Planning，IDP）系统。这些企业通常针对不同职能和岗位的员工，都建立了相应的专业领域胜任力模型和领导力胜任力模型，员工在刚到任或者每年与上级经理讨论个人职业发展期望时，与上级经理共同做出对个人在专业领域胜任力与领导力胜任力的评估，并且共同探讨个人的发展规划。相关数据会在讨论后输入企业内部系统。人力资源部门随时可从内部系统调取并分析相关数据，进行人才盘点、继任者规划，以及对关键组织能力发展现状和需求、宏观培训需求等进行分析，如图4-5所示。这个方法的好处是可以更全面地评估组织关键能力的现状和需求，并且能够针对细分部门、细分层级的不同人群进行深入分析，更系统地与企业其他重要人力资源管理制度体系联结。

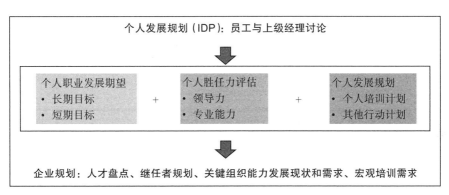

图4-5　胜任力模型的应用：联结个人发展规划与企业规划

> 实 践 中 的
> **建议与提醒**
>
> 1）关键人员访谈的方法比较便捷灵活，适用于所有规模的企业，但是要注意因为访谈者的人数有限，所以对组织能力现状的评估容易以偏概全。
>
> 2）结合胜任力模型与个人发展规划系统全面评估的方法更完备，但对组织系统依赖性较强，需要企业建立胜任力模型与个人发展规划系统，企业前期投入较大，更适用于大型企业。另外，需要注意这种方法收集到的数据容易受制于组织中现有

的胜任力框架，不容易分析出企业对新组织能力的需求。

3）两种方法可以结合运用，在全面评估组织能力现状的同时，也有机会洞察新的组织能力需求。

4.4.3 获取关键组织能力：5个主要途径

根据对关键组织能力现状评估与需求的分析，企业可以根据自身情况选用获取关键组织能力的途径。

1. 外部招聘

从外部招聘有相关经验的专业人才或者高管，是企业普遍采用的途径。利用这个途径可以快速获取组织迫切需要但是当下内部缺乏的能力，以满足企业快速扩张的需求。

外部招聘的挑战在于外聘高管对企业文化"水土不服"，具体如何帮助外聘高管快速融入企业文化的实践方法请参阅本书第7章。

2. 内部培养

内部培养的主要好处是能够持续地发展组织需要的能力，以满足企业的长期发展，并且通过内部培养成长起来的组织成员通常对企业文化的认同感更强，对企业的忠诚度和稳定性更高。企业主要通过校园招聘、管理培训生制度等甄选高潜力人才（重视领导力），然后加以重点培养；企业也可以面向社会招聘有一定工作经验但并非资深的人员加入，然后按照企业内部培训发展机制培养他们。（请参阅本章第1节有关个人能力提升的方法，这里不再赘述）。

内部培养的局限是时间长，而且也会带来企业文化固化的挑战。因此内部培养通常只有大型企业才会采用，并且很多大型企业也试图在内部培养的机制上，适当通过外部招聘引入人才的方法加以平衡。

3. 兼并收购

这个方法通常在企业已经发展到比较大的规模，希望通过兼并收购补充或增强现有组织能力的欠缺部分，或获取新的组织能力，快速进入一个全新业务领域时应用。

例如，为了扩展电子邮箱产品的能力，腾讯在 2005 年收购了当时唯一有能力与微软 Outlook 抗衡的 Foxmail，由来自 Foxmail 的张小龙负责整合出后来的 QQ 邮箱，补足了腾讯在电子邮箱方面的短板；之后张小龙更是成功开发出腾讯新一代通信平台——微信，为腾讯巩固社交软件霸主地位立下汗马功劳。㊀

兼并收购的挑战在于不同企业文化之间的融合，我们将在第 7 章中进一步阐述有关文化融合的实例。

4. 策略性转移

根据业务战略需求或者以提升管理效率为目标，而采取的在不同地区转移、配置组织能力的方法即策略性转移。这个做法曾被很多跨国企业采用，一度成为全球化的普遍态势。

例如，作为新能源汽车先锋的特斯拉公司，其最早的生产能力在美国，但受美国人力资源、投资环境和生产效率等制约，一直无法实现大规模生产，持续亏损。直到特斯拉公司决定在上海建立超级工厂，从建厂到投产到量产，只用了一年的时间，中国举世无双的制造能力使得特斯拉公司成功抓住了新能源汽车的浪潮，终于扭亏为盈，不但坐稳了新能源汽车先锋的地位，股价更是从 2019 年最低 35 美元冲到 2021 年最高 2140 美元，成为当时全球市值第一的汽车制造商，将丰田、大众等老牌

㊀ 大白商业评论. 腾讯收购 Foxmail 13 周年　互联网变了　张小龙没变 [EB/OL]. (2018-03-17) [2022-11-23]. https://www.sohu.com/a/225740526_675473.

汽车商远远甩在了后面。[一]

近年来，曾经的"地球村"观念被贸易保护的思潮侵蚀，某些发达国家出现了一定程度的逆全球化的倾向，这对企业关键组织能力在全球范围内的策略性转移增加了困难。但那些务实的企业并未停止脚步，即便面对逆全球化的暗流，它们也仍会采用策略性转移的方法谋求发展。我国幅员辽阔，地域差异巨大，充分利用国内不同地域优势的策略性转移能力对企业发展而言至关重要，而随着我国企业在世界范围内开疆拓土，它们在全球视野下转移能力、配置资源的步伐越发坚定。

5. 平台共享资源

平台共享资源不仅是超越传统雇佣关系的新型组织形式，也是对关键组织能力强有力的补充形式。诚如《变革的基因：移动互联时代的组织能力创新》中所述，在互联网时代，企业借助网络平台把过去由企业聘用员工来提供的组织能力，以自由自愿的形式外包给非特定大众网络的"众包"形式，或者邀请企业产品的购买者和使用者参与企业营销与产品设计的"粉丝共创"形式，都使得企业把社会中有闲暇时间、富余资源、智能特长及兴趣爱好的人员聚合"为企业所用"成为可能。[二]

例如，成立于 2001 年的全球性网络 InnoCentive 开放创新平台，有来自约 200 个国家的 40 万名注册科研人才帮忙解决世界各地的企业研发难题。来自美国礼来公司、宝洁、陶氏化学等全球领先的研发企业的人才在该平台上张贴各种研发挑战，涉及化学、生物学、生物化学和材料科学等多个学科，涵盖制药、生物科技、农业综合、消费产品、塑料/聚合物、食品/调味品/香料、基础化学品、多样化化学品、石油化学制

[一] 搜狐. 埃隆马斯克宣布卸任后 一波三折的特斯拉产能风波再受质疑[EB/OL]. (2018-10-06) [2022-11-23]. https://www.sohu.com/a/257948342_157493.

[二] 杨国安，李晓红. 变革的基因：移动互联时代的组织能力创新. 北京：中信出版社，2016.

品、特殊化学品等行业。目前已有超过 2000 项挑战在该平台上获得了超过 16 万项次的解决方案。㊀

从战略出发定义关键组织能力需求、评估组织能力现状、获取关键组织能力，这样一个构建组织能力的流程，充分体现了组织发展变革的全局思维：组织能力的构建及发展以支持战略规划实现为根本目标，并与组织结构互为参照，选择最优的实现方式。

本节不采取常规形式，去具体介绍某个预设的或者当下流行的组织"关键能力"，而是阐述发展组织能力的正确流程，是因为具体的"关键能力"会随着时间和环境变化而变化，但正确的流程与方法论却可以帮助企业以变应变；流程中采用我们一贯倡导的"共议共创"形式，则是 CHANGES 模型的灵魂——凝心聚力理念的体现。

4.5 实例：综合运用组织发展方法与工具，赋能孵化创新

某企业是所在行业的翘楚，企业也一直以执行力强这个组织优势而自豪。但是近年来在国际知名品牌和国内后起品牌的双重追击中，该企业增长持续停滞并且开始有下滑趋势，企业需要进行战略创新，寻求新的业务增长点，但是企业管理者却迟迟无法打开局面。我帮助这家企业进行了组织诊断，发现这家企业的执行力优势已成为组织创新的束缚，企业管理团队与中层管理者都已经习惯于听上级指令去执行既定战略，虽然有创新的热情，但是缺乏敏捷创新的能力。基于这个组织诊断的结果，我为该企业设计了组织敏捷创新能力提升的综合方案，如图 4-6 所示。

㊀ 中国国际科技交流中心. 2020 全球百佳技术转移案例 29：InnoCentive 开放创新平台 [EB/OL]. (2021-04-16) [2022-11-23]. https://www.ciste.org.cn/index.php?m=content&c=index&a=show&catid=98&id=2354.

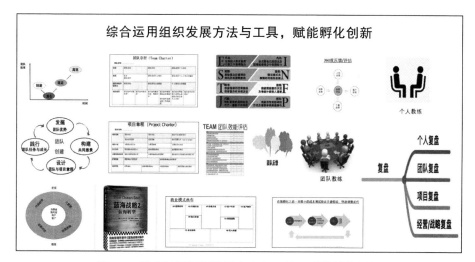

图 4-6　综合运用组织发展方法与工具，赋能孵化创新

综合方案包括以下内容：

1）提升战略规划能力的培训，包括课堂研讨、商战模拟、案例分析等。

2）发展领导者心智模式，提供360度领导力反馈、一对一的高管教练等。

3）运用行动学习，组建创新孵化团队，把能力转化为应用与商业成果。

其中，运用行动学习，把能力转化为应用与商业成果的过程综合采用了战略设计与团队教练的具体方法与工具，如图4-7所示。

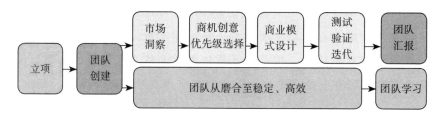

图 4-7　行动学习孵化创新：整合战略设计与团队教练的过程

1）全面辅导团队组建，帮助团队成员建立互信、明确目标、解决分歧、促进融合，快速完成从磨合到稳定、高效的过程。

2）支持团队利用客户访谈、市场调研等方法获取市场洞察，就商机创意进行"创意叠加-头脑风暴"，就创意优先级共商共创并做出选择，设计可行的商业模式，并且快速测试、验证、迭代，提交商业创新建议。

3）引导团队成员定期进行个人复盘、团队复盘与项目复盘，萃取学习经验，在提升组织创新能力的同时，提升组织的学习能力。

正如CHANGES模型中七个元素不是割裂的，这个实例中企业不仅要提升组织能力，而且要建立机制确保创新的投入与持续，包括：团队成员的选拔、每年继任者规划与人才评估发展的流程衔接；以每年的财务预算确保资金投入，资金并非单纯用作培训，而是作为对创新的投资；全面衡量团队成员反馈、能力提升、人才梯队发展和保留、商业应用的有效性。当每一批创新孵化团队成员进一步在日常工作中应用所学，指导他们各自的工作团队在各地蓬勃开展小型创新项目时，企业的创新文化就会如燎原星火，使企业焕发生机。

4.6 小结：从个人能力向团队能力、组织能力递进转化

1）本章强调了从个人能力向团队能力、组织能力递进转化的重要性，剖析了组织能力是包含个人胜任力、团队协同力，以及组织整体运作、为客户与社会提供价值、产出组织绩效的综合能力。

2）胜任力是指能够胜任某个岗位或某种工作所需要的综合素质与能力，包括：可直接从培训、学习与锻炼中获取的知识和技能，可测评也可适当调整的个性与动机，不易觉察但是可以进化的心智模式，以及这三个要素的总体外在表现，即个体的行为。

3）提升胜任力需要针对其不同的组成要素，综合运用多种手段和方法，包括但不限于培训、行动学习、自我测评、360度反馈、高管教练辅导等，根据不同的个体和不同的需求有针对性地组合应用各种手段和方法。

4）企业管理中常见的团队类型包括企业领导团队、企业重大项目团队、自我管理团队等。团队能力的重点在于团队成员之间的协同合作；了解团队动力有助于克服团队创建阶段与磨合阶段的挑战，使团队快速融合成为稳定、高效的团队，提升团队合作能力。

5）HR 管理者或者 OD 实践者可以主动承担团队引导者和团队教练的角色，综合运用团队章程、项目章程、分治－合聚结构、创意叠加-头脑风暴、思路整合法决策、团队效能评估与反馈等多种 OD 方法与工具，帮助团队建立互信、明确目标、解决分歧、促进融合。

6）组织能力可拆解为在组织层面的关键业务/专业能力和组织管理能力，以及个人胜任力与团队协同力在组织层面的体现。组织能力的构建又包含三个有逻辑顺序的步骤：从战略来定义关键组织能力需求、评估组织能力现状、获取关键组织能力。

7）明确关键组织能力从企业战略开始，最佳的实践方法是引导企业关键利益相关者共议共创，并基于此建立胜任力模型。评估关键组织能力现状的方法包括：关键人员访谈、结合胜任力模型与个人发展规划（IDP）系统全面评估。获取关键组织能力的 5 个主要途径是：外部招聘、内部培养、兼并收购、策略性转移、平台共享资源等。

8）本章着重介绍组织能力构建的方法论，以支持战略规划为导向，与组织结构互为参照，最终选择最优的实现方式。这是因为对于组织而言，具体的"关键能力"会随时间和环境的变化而变化，只有掌握正确的方法论，才能做到以变应变；同时，方法论中持续倡导的"共议共创"，则是 CHANGES 模型中"凝心聚力"这个灵魂要素的一贯体现。

第 5 章

组织架构

组织架构为企业的高效运营提供强韧支撑。人们在看到"组织架构"这个词的时候可能会联想到"部门和岗位如何划分?""谁向谁汇报?""如何解决企业部门之间的问题?""本企业采取什么样的组织架构最合适?""企业改组如何能做到平稳过渡?"本章将从组织发展变革全局思维的角度,通过对组织架构的本质,组织架构模式的具体适用情况,如何设计合适的组织架构,如何打破部门壁垒、跨越传统的组织边界开拓资源等方面提供思路。

5.1 组织架构的本质

管理者可能时常看到组织架构(组织结构)这个词,我们先来看看其不同的定义:

1）组织以各种岗位角色为基础形成它的结构，组织结构是对具体岗位角色的模式化管理。[一]

2）组织结构是组织运行系统的框架，是组织内部进行价值创造的基本秩序，组织结构支撑组织有序运行。[二]

3）组织流程关注的是横向分工体系，层级则指向纵向分工体系，两种体系相互交织形成组织结构。[三]

4）组织结构是指组织的总体工作在各子单元的分解与体现，以及各子单元是如何协调起来完成组织任务的。[四]

综上所述，**组织架构的本质是组织内部的分工、协同与权力的分配，是组织系统运行的支撑框架，体现了组织以何种方式分配其功能或任务，包括横向的分工与纵向的分工，使得不同的分工模块因专注而达到高效，同时又能协同一致形成合力，实现组织的战略目标。**

本书所讨论的组织架构，主要关注组织内部的功能分配与层级设计，在用词上与"组织结构"相似。特别提醒的是，有其他观点认为，广义的组织架构可以进一步包括股权结构、董事会、监事会等顶层设计；[五]也有不同的观点认为这些顶层设计是关注组织与投资者关系的公司治理的内容，不属于组织架构范畴，建议对公司治理方面内容有兴趣的管理者可以另行阅读相关书籍。

接下来，我们会着重阐述目前常见的组织架构模式，并就其利弊分析、实践中如何设计、选择与有效实施展开讨论，帮助管理者对组织架构有一个总体的了解。

[一] 布里克利，史密斯，齐默尔曼. 管理经济学与组织架构：第4版 [M]. 张志强，王春香，张彩玲，译. 北京：人民邮电出版社，2014.

[二] 杨少杰. 组织结构演变：解码组织变革底层逻辑 [M]. 北京：中国法制出版社，2020.

[三] 丛龙峰. 组织的逻辑 [M]. 北京：机械工业出版社，2021.

[四] CUMMINGS T G, WORLEY C G. Organization Development & Change[M]. 11th ed. Boston: Cengage Learning, 2019.

[五] 佚名. 公司管理架构是什么？管理架构和组织结构有什么区别 [EB/OL].(2020-07-06)[2022-11-22]. http://www.yjcf360.com/licaijj/696091.htm.

5.2 常见的六种组织架构模式

具体的组织架构模式反映了组织内部的功能或任务细分（横向的部门关系）与权力分配（纵向的汇报关系）的设计。组织架构随着时间的推移衍生出不同的模式，没有说哪一种组织架构模式就是最好的。不同的企业因其所处行业、发展阶段、业务战略、企业文化等不同而选择相应的组织架构模式。同时，信息技术的进步对组织架构选择也有一定促进作用。不管是传统的组织架构，还是智能互联网时代新兴的组织架构，关键都是组织架构的设计要与组织发展变革 CHANGES 模型的其他元素相合、一致。

需要特别留意的是，在企业的实践中，具体组织架构的设计可能综合了某几种模式，但是只采用了其中一种的名称。因此，可能不同的企业采用了同一种组织架构模式的名称，其内涵却不尽相同，这种情况很容易造成混淆与误解。在此，我们先按照简单的划分来逐一论述，帮助管理者掌握底层逻辑，以便在此基础上综合应用。

5.2.1 混沌型组织

混沌是指模糊、不分明但是又浑然一体的景象。我们可以用以比喻企业在初创阶段，创业核心团队成员凭借创业热情，通常一人身兼数职，角色分工界线模糊且可能存在职能重叠的组织架构与状态。在这个阶段，通常是按照创业核心团队成员的个人特长自然划分其工作重点的，同时又因为初创企业没有太多资金聘请很多员工，常常由企业创始人决定大小事务，创始人也身体力行地与其他员工一起身兼多职、执行决定。因为人员非常精简，虽然分工模糊且没有清晰的组织架构图与岗位说明，但是创业核心团队也能够有序运作。

混沌型组织架构的权力分配基本上集中在主要的企业创始人身上，并且企业创始人既是决策者也是决策的执行者。

混沌型组织架构简单灵活，创业团队人数规模不大，"每个人都掰成几个人用"，通常团队中的每个人都能独当一面，在各自主要负责的领域优势突出，自带创业梦想和为企业生存而奋斗的自我驱动；同时由于团队规模不大，沟通非常充分，容易凝聚共识齐心协力。特别地，通常创业团队对创始人个人优势非常认可，因此团队能够对市场变化快速做出决定，保持灵敏的反应。这种组织架构的局限在于对关键人员的严重依赖，关键人员流失将会对企业产生巨大影响，甚至可能影响企业存亡。

> **实践中的**
> **建议和提醒**
>
> 1）选择"三观一致"并且在业务/专业能力上互补的创业团队核心成员，根据核心成员的能力优势大致分工，是混沌型组织架构高效的关键。
>
> 2）创始人与创业团队明确创建企业的意义是什么，共同构建与个人梦想紧密相连的企业宗旨使命，通过使命感驱动持续的创业热情，具体实践方法可参阅第 8 章。
>
> 3）除了精神层面使命感的驱动之外，初创企业还需要通过合适的股权设计，与创业团队的关键人员形成真正的利益共同体，防止核心成员感觉"利益分配不公"而消磨了共同奋斗的热忱，或者创业团队内讧。

5.2.2　职能型组织架构

企业从创业阶段向专业化阶段转型时，通常会采用职能型组织架构，这个时期企业通常专注于单一产品线或服务线，企业的规模还不算大。职能型组织架构把企业按照主导业务流程划分为不同业务职能部门（例如研发、生产、储运、销售、售后服务等）以及对所有主导业务流程的职能部门提供支持的辅助职能部门（例如人力资源管理、财务管理、公共关系、后勤行政等）。在各职能部门内，根据企业的规模再细分职能或者增加职位层级。

如图 5-1 所示，职能型组织架构只有单一的汇报线：企业总负责人（例如总经理）全面领导各职能部门。职能型组织架构的权力主要集中在总经理岗位，通过一定的授权分配到各主要业务职能和辅助职能部门负责人，由各职能部门负责人全面领导其部门成员。

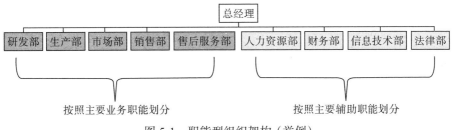

图 5-1　职能型组织架构（举例）

职能型组织架构主要通过分工细化，提高各部门专业化水平从而提升部门内效率，在企业总负责人的领导下，各职能部门合作，共同完成组织价值创造。这种组织架构的有利之处在于能够提升企业各方面的专业化水平，从而实现企业规模扩张。其弊端是随着企业规模进一步扩大，企业总负责人的精力有限，未必能够及时关注新业务、新市场的开发；同时，各职能部门可能更关注内部职能效率，容易产生部门壁垒。

实 践 中 的
建议和提醒

1）职能型组织架构需要落实到岗位说明书，用规范的形式对组织内各类岗位的主要内容提供定义性说明。岗位说明书针对岗位，并非任职者；岗位说明书应包括岗位基本信息、岗位概述、岗位职责、任职要求等关键内容。

2）职能型组织架构的主要优点是专业化产出的高效率，因此企业需要持续投入以培养各职能部门的专业能力，具体的能力获取与提升方法请参阅第 4 章。

3）在按照主导业务流程划分各主要业务职能部门（例如销售部门、生产部门）的同时，设立支持职能人员作为业务伙伴（例如 HRBP），有助于建立支持部门与业务部门的伙伴关系，促进跨部门合作。

4）职能型组织架构的主要弊端是容易产生部门壁垒，企业可在绩效管理体系设计上增强各部门成员参与企业总体战略部署与目标分解的讨论，在奖金机制设计上同时考虑个人绩效奖金与企业绩效奖金，并且定期举办跨部门沟通合作的培训、跨部门的团建活动等，综合应用各种方法促进各部门合作共同完成企业目标。

5.2.3 事业部型组织架构

事业部型组织架构通常开始于企业的扩张阶段，例如在地域上的扩张、新产品线新业务的扩张、新客户群体的开拓等；这种组织架构通常也适用于企业开始进入业务种类多元化甚至开始进入国际化市场的阶段。这种组织架构通常会有企业总部与事业部的区分。

事业部型组织架构仍然是单一的汇报线结构，是集权与分权相结合的模式，体现在企业总部与事业部的权责分配：企业总部负责企业总体战略规划、整体预算审批、关键人员任命、各事业部绩效评定等管控职能，也承担对各事业部赋能的职责；事业部主要负责具体某个市场的开拓与销售，执行企业总部制定的战略规划，开展日常运营活动，完成相应的经营目标。事业部结构又可分为简单事业部、全业务链事业部两种细分模式。

1. 简单事业部

如图 5-2 所示，简单事业部的人员配置通常以销售与售后服务人员为主，辅以少量人力资源与财务人员支持事业部的运作。简单事业部通常不是独立法人机构，但是独立核算，有人、财、物的使用权。㊀

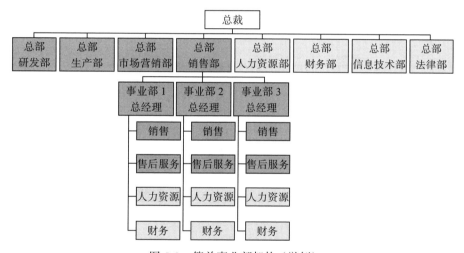

图 5-2　简单事业部架构（举例）

2. 全业务链事业部

如图 5-3 所示，全业务链事业部的人员配置通常是研发、生产、营销、客服等业务职能，以及人力资源、财务等支持职能的全面配置，同时总部也保留了支持职能。全业务链事业部也可以称为业务单元，各自负责相应的产品和特定的市场，具有从研发、生产到销售的全部职能。全业务链事业部具有比简单事业部更大的经营权限，是独立核算、自负

㊀ 尹隆森. 组织结构与职位设计实务 [M]. 北京：人民邮电出版社，2004.

盈亏的利润中心。

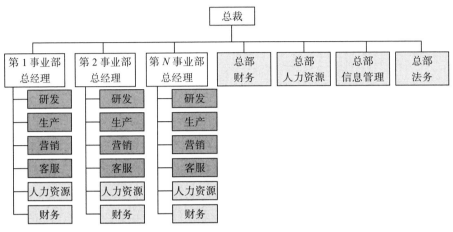

图 5-3　全业务链事业部架构（举例）

事业部可根据企业具体情况按照地域划分、按产品/业务划分或者按关键客户划分。事业部型组织架构，其有利之处在于能够促进企业快速抢占特定细分市场并且持续专注市场变化，灵活应对，保持业绩增长；但是其弊端在于不同事业部可能职能重复，存在不同事业部之间缺乏协调甚至出现内部竞争等问题，例如一家企业不同事业部的销售人员去拜访同一个客户甚至为了抢单而互相攻击，这种情况会让客户感觉这家企业很混乱并无所适从。

实践中的
建议和提醒

1）事业部型组织架构的优点是有助于企业快速扩张、进入全新的市场领域，因此清晰设定每个事业部的销量、利润等经营目标，给予相应的授权，明确激励政策，有助于发挥事业部型组织架构的优势。

2）通过内部发展和外部招聘培养具有"总经理"特质的人才梯队，培养和发展有能力、有担当、合适的事业部负责人（通常被称为"事业部总经理"）；进一步实现事业部总经理调任机制，有助于增强事业部之间的协调，并且为集团总部高管职位储备人才。

3）设立不同事业部之间定期碰头检视共同客户协同效应的机制，由跨事业部团队完成对关键客户的销售或者项目，构建企业文化促进各事业部员工对企业的总体认同，这些方法与机制都有助于防止和消除事业部之间各自为政的问题。

当业务进入多元化并且大规模发展，特别是当企业进入虽然行业生态体系相关联但是业务形态与性质却差异巨大的领域时，企业会在事业部型组织架构的基础上进一步组建事业群（Business Group，BG），每个事业群由多个事业部（业务单元）组合而成并且配备相应的支持性职能。事业群可以是独立的法人机构，与事业部相比，拥有更独立自主的经营权与资源配置权。但是，从组织架构的底层逻辑来说，事业群仍然保持了事业部的性质，以上有关按事业部划分架构的内容仍然适用。

5.2.4 矩阵型组织架构

矩阵型组织架构是在事业部的基础上，增加业务单元中各职能与总部职能的对应关系。通常是在业务发展到一定成熟的阶段，组织规模比较大时采用，是平衡了集权与分权的组织架构模式。

矩阵型组织架构是双汇报线结构，其目的是取得职能型组织架构与事业部型组织架构的平衡。其特点是结构中的结点岗位有两条汇报线，一条向业务汇报（通常是向业务单元的总经理汇报），另一条向职能汇报（通常是向研发、市场、人力资源、财务、信息技术、法务等集团总部职能的负责人汇报）。图 5-4 显示了从某个业务单元的角度看到的双汇报线；图 5-5 显示了从整个组织的角度看到的，由多个业务单元与总部职能部门组成的矩阵。

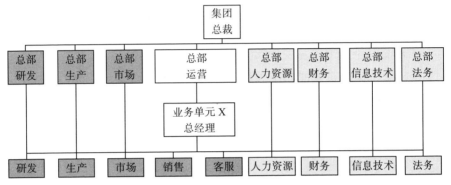

图 5-4　矩阵型组织架构之某业务单元角度（举例）

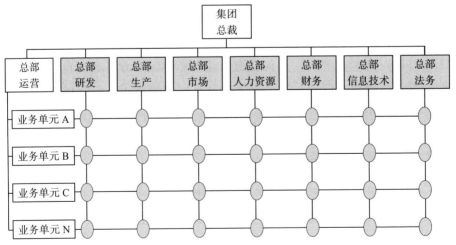

图 5-5　矩阵型组织架构之组织全面矩阵（举例）

矩阵型组织架构的有利之处在于促进企业对外部市场、业务、客户保持重视的同时，也帮助岗位角色的专业化提升与成长，特别是担任支持性职能岗位的人员可以超越事业部的范围，在企业集团层面有更广阔的职业发展前景；业务单元内部的创新或者优秀实践做法，可以通过职能领导者或者职能岗位人员的跨事业部调动得到传播；有助于企业提升关键职能的流程标准化，减少各业务单元在同一个流程上因为重复试验而导致的资源浪费。很多大型企业，特别是跨国企业都采用了矩阵型组织架构来提升组织效率、加强组织管控。

矩阵型组织架构的弊端在于只有内部高度协调才能有效运行，具体体现在两个方面：第一，当矩阵型组织架构中业务单元领导者与总部职能部门领导者有不同意见的时候，如果他们不愿意直接对话，而是期望他们共同的下属（也就是矩阵结构中结点岗位的人员）作为其传声筒去说服对方，这往往会让结点岗位人员感觉里外不是人、无所适从，而意见的分歧不能快速得到解决；第二，总部职能部门可能会为了标准化而要求所有事业部实施完全一致的标准流程或者统一制度，而忽略了不同业务单元由于市场差异、业务差异而具有的人员与组织差异，过度的标准化容易降低各业务单元对市场的反应速度以及灵活性。

实 践 中 的
建议和提醒

1）区分集团总部与业务单元的职责范围：集团总部主要负责长期战略规划、资源配置、相关职能的专业赋能，以及促进集团内各业务单元互相学习；业务单元主要负责日常经营，确保对当地市场快速做出反应。

2）培养矩阵型组织架构中关键岗位（包括业务单元领导者、总部职能部领导者、结点岗位人员等）的综合能力，例如协调能力、冲突管理能力、会议管理能力、团队决策能力等。

3）对业务单元领导者的绩效考核与奖金政策中，不能单纯评估其所领导的业务单元的绩效，还需要有一定比重的集团总部绩效，这样有助于业务单元领导者在专注于完成本业务单元目标的同时，也保持集团总部视角的大局观。

4）两条汇报线根据企业不同发展阶段的战略重点应该有主次之分，又可称为实虚之分，实线汇报的主管将负责下属结点岗位人员的日常管理，在听取虚线汇报主管的反馈后做出绩效考核。通常，结点岗位实线向业务汇报，虚线向职能汇报。

5）在企业改组的过渡期间，可能出现结点岗位实线向支持性职能汇报，虚线向业务汇报的情况；但此情况的持续时间不宜过长，否则业务单元总经理无法获得与其责任相匹配的足够的授权，每个日常决定都需要协调不同的职能领导，业务单元总经理将很难主导工作。

6）实践中越来越多的跨国企业以全球供应链来部署生产职能，例如，在中国境内的工厂不仅供应国内市场，还供应国际市场，国内的生产职能有可能不再向中国业务单元总经理汇报，而是向全球总部的供应链职能总经理直接汇报。

5.2.5 平台型组织架构

平台型组织架构以在组织内部建立资源共享的平台架构为主要特点，在原有组织架构中集权与分权的权力分配基础上增加了平台，由平台为事业部、业务单元提供服务与赋能，强调发挥平台作为枢纽的共享与协同作用。其中，平台的管控与战略规划职能通常以专业指导、预算审批、双汇报线等形式，体现一定程度的企业总部集权；而平台的服务与赋能功能则通常以服务水平协议或者内部交易结算协议等形式，体现企业总部对各事业部、业务单元的充分授权。

实践中，平台型组织架构通常又可分为共享中心型架构、网络型架构。

1. 共享中心型架构

当事业部型组织架构或者矩阵型组织架构发展到一定阶段，企业规模较大，企业会发现事业部（或者业务单元）之间会出现部分通用职能重叠的情况，例如采购、物流、客服、人员招聘、财务记账等，这些重叠的通用职能导致资源的浪费、成本的增高。企业从原来每个事业部（或者业务单元）具备采购、研发、生产、销售、物流、售后等全功能，转变为事业部（或者业务单元）只保留与产品经营直接相关的研发、营销职能以及支持性职能的核心人员，把通用职能放到企业的共享中心上，如图5-6所示，成立相应职能的共享中心。随着企业的进一步发展，平台在着重服务和赋能现有事业部或业务单元的基础上，可以进一步增加孵化创新的职能。

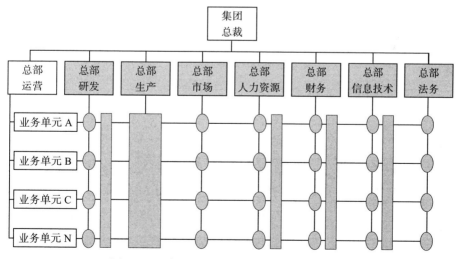

图5-6 平台型组织架构之共享中心型（举例）

共享中心型组织架构的好处在于：减少资源浪费，降低企业成本；通过平台的集中化专业运作，提高效率；把企业的客户资源在各个事业部、业务单元整合协同；把战略性创新孵化放到平台上，有助于保证对创新的持续投入与尝试，打破企业忙于现有主营业务而无暇创新的困境。

共享中心型组织架构的弊端在于两点。一是共享中心可能过分强调流程的标准化与统一性，失去对不同业务、不同市场的灵活支持。二是如何界定哪部分的职能留在事业部或者业务单元，哪部分的职能集中到共享中心，这需要根据企业的具体情况量体裁衣。例如，同样是研发职能，可以将通用的基础技术类研发职能放到共享中心上，而将与产品或者市场紧密相关的应用类研发职能保留在各业务单元中。

> **实践中的建议和提醒**
>
> 1）发挥平台作为枢纽的共享与协同作用，平台需要区分四种不同的功能：服务、赋能、管控与战略性规划。
>
> 2）服务功能是指通过把通用的专业技术模块化、把重复性事务流程化，成为各个事业部、业务单元资源共享的服务，例如人员招聘、工资奖金计算发放、订单流程与系统、仓储与物流、生产制造、管理信息与报表、客户关系管理系统、大数据分析等。
>
> 3）赋能功能是指相应的共享中心需要通过培训、发展、辅导等方式持续赋能组织成员，提升业务团队和平台成员相关专业能力；赋能功能还强调服务流程的优化。
>
> 4）管控功能是指通过建立相应的制度体系，对组织各单元的运作以及各单元的协同进行合适的规划、授权、利润分配、内

> 部审计、人才储备与关键岗位继任者规划、高管选拔与任命、定期检阅并优化相关流程,并且对服务功能的流程提供专业规范的指引。
>
> 5)战略性规划功能包括企业中长期的战略规划、品牌建设的长期投入规划、需要企业长远投资的基础研发、孵化创新业务的战略性投入等。

2. 网络型架构

平台型组织架构的另一种形式是网络型架构。在《变革的基因:移动互联时代的组织能力创新》一书中,这种架构又被称为市场化网络组织结构。它在企业内部组建多个直接面对不同客户的小型业务团队并形成闭环运作(见图 5-7),通过共享平台向各个小型业务团队提供专业能力、知识、数据共享等服务,小型业务团队内部则通过责权利统一的制度来自我驱动,企业各部分结点通过市场化机制来协调。⊖ 这种架构在国内相关书籍中也被称为"大中台、小前台的组织结构",或者"平台"被细分为"中台"和"后台"。不管叫法是什么,网络型架构的本质都是在平台资源共享的基础上,通过合适的机制,赋能小型业务团队,使其高度自治,对市场做出敏捷反应。

网络型架构的优点在于企业无须拘泥于既有流程,可以根据客户需求快速形成相应的业务流程。因为企业内部各部分结点是通过市场化机制来协调的,每个结点都可以对其他结点提出需求,因此网络型架构的"客户需求"既包括外部客户需求,也包括内部客户需求。这种架构可以在充分发挥企业内部跨单元协同力的同时,提升外部客户的满意度。

⊖ 杨国安,李晓红.变革的基因:移动互联时代的组织能力创新[M].北京:中信出版社,2016.

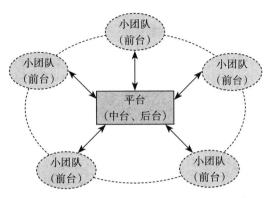

图 5-7 平台型组织架构之网络型架构（举例）

网络型架构的挑战在于如何持续激发多个小型业务团队的自驱力，使其自我管理，各个小型业务团队的高效运作需要强大的平台功能作为支持，包括完备的信息管理系统、清晰的平台支持流程等。

> **实践中的**
> **建议和提醒**
>
> 1）小型业务团队由能够完成该业务的跨职能团队成员组成；团队在平台支持与充分授权的情况下形成业务闭环；团队的规模建议在3～12人，便于团队自我管理。
>
> 2）配合责权利对称的制度体系，激发小型业务团队的工作自主性与自驱力，促进小型业务团队对市场的快速反应与敏捷作战，相关制度体系的设计请参见第6章。
>
> 3）领导者的思维转变：企业领导者需要超越过往的管控思维，向服务、赋能与战略性规划的思维转变，也需要从过往沉浸在运营管理的具体流程向通过制度赋能与文化驱动转变，领导者的工作时间应该更多地花在企业长远规划、创新孵化方面。

5.2.6 平行架构

平行架构是指在不改变企业现行正式组织架构的情况下,在企业内部抽调人员组建临时工作小组或者短期项目团队的一种结构形式。这些临时工作小组或短期项目团队负责推动企业重大项目的实施或者为解决企业某个具体问题而进行分析与出谋划策。[一]加入平行架构的企业人员在继续完成其正式组织架构中的日常工作之外,还额外承担平行架构的短期任务,例如IT项目的实施、研究如何改善某个业务流程、构思与孵化创新项目等。平行架构的优点在于不增加企业额外人员编制成本,在日常运营的同时,进行关键项目的推进、变革与探索创新,可作为任何正式组织架构的补充。

平行架构获得的整体授权体现在团队需要完成的项目范围设置上,具体视企业情况与项目情况而定。而平行架构内部(团队内部)通常是充分授权的形式,特别是自我管理的团队,可由团队成员自主选出队长、自主决定如何分配工作。

平行架构的有利之处在于:①鼓励组织成员参与企业重大项目或者变革举措的设计、建议与推动实施的过程,凝聚组织成员的智慧、凝心聚力共创成果;②通常平行架构的团队成员来自跨部门的员工代表,团队成员在共同完成平行架构任务的同时拓宽视野,了解整个企业的整体运作,打破部门壁垒;③当企业把平行架构与行动学习相结合,在解决企业具体问题的同时,提升企业员工的沟通、团队协作等能力;④平行架构的应用最早专注于解决具体问题,近年来有被广泛用于企业创新孵化的趋势。《HR如何推动企业战略创新、转型与战略落地:实现企业可持续复苏》的调研结果显示:45%的企业表示会按照业务需求组建临时性创新团队,开展例如"创意实验室(Idea Lab)"的探索、试验与迭代创新。

[一] Employee Involvement: Parallel Structures, Multiple-level Committees [EB/OL]. [2022-02-28]. https://www.zeepedia.com/read.php?employee_involvement_parallel_structures_multiple-level_committees_organization_development&b=52&c=36.

平行架构的局限集中在两方面：第一，参加平行架构的人员既要履行正式组织架构中的工作职责，也要完成平行架构中的额外任务，精力有限，难以长期持续；第二，参加平行架构的人员可能事前互相不熟悉，并且平行架构（临时工作小组、短期项目团队）中的决策形式、职责分配与正式组织架构不同，人员需要学习和适应的过程才能共同高效完成任务。

> **实践中的建议与提醒**
>
> 1）某个平行架构的设置时间不宜过长，一般建议在3个月左右，尽量不超过半年，以确保平行架构中的组织成员精力充沛地同时完成日常工作与平行架构中的任务。
>
> 2）对参与平行架构的组织成员，除了给予日常工作考核奖励之外，还可以专门设置针对完成平行架构任务的认可与奖励，具体形式可以根据完成任务的难度以及成员对于组织的贡献来设定，例如项目奖金、股权激励、组织内部表彰宣传等。
>
> 3）一般进入平行架构团队的都是组织内的高发展潜力员工，平行架构让他们可以从组织的高度了解业务和组织内部情况，并锻炼跨部门协作的能力，因此平行架构事实上成为组织识别与培养各部门关键人才的好机会。在实践中，平行架构可以与人才发展、继任者规划等机制很好地结合。
>
> 4）为平行架构中的团队提供教练，能够帮助团队快速组建达到高效融合，一般的团队教练在组织里通常由HR担任，注重团队动力与团队建设；管理者可回顾第4章中有关团队动力与教练辅导工具、方法的具体阐述与应用实例。

5）对于业务创新孵化项目，组织可以任命内部或者外部熟悉业务战略规划的业务高管或者相关专家担任业务教练，辅导团队通过客户访谈、市场调研等方法获取市场洞察，引导团队就商机创意进行头脑风暴，就创意优先级做出选择、设计可能的商业模式，并且快速测试、验证、迭代与业务密切相关的内容。

6）如果团队教练同时掌握业务领域的方法与工具，或者业务教练具备团队动力等方面的知识和技能，则这两个角色可以合并，合并角色有助于更高效地赋能团队，推进和完成创新孵化的任务。

5.3 实例：组织架构在企业不同发展阶段的演变

我们可以在《组织结构演变：解码组织变革底层逻辑》书中看到，华为从1987年成立到现在30多年的发展历程中，根据其业务发展战略的演变，组织架构主要经历了以下几种模式。[⊖]

阶段1：创业阶段（1987—1991年）

这个阶段，任正非先生与另外几名核心成员创业成立华为。华为从贸易业务开始，经过几番市场选择后开始代理单位用小型交换机，至此才算正式进入了通信行业。如图5-8所示，这个时候华为的组织架构简单灵活，市场需要什么，华为就卖什么，以确保企业的生存。

阶段2：专业化阶段（1992—1995年）

这个阶段华为的核心战略是自主研发、自主控制生产，并以运营商用通信设备为主营业务进行研发、生产与销售。如图5-9所示，组织架构

⊖ 杨少杰.组织结构演变：解码组织变革底层逻辑[M].北京：中国法制出版社，2020.

相应地向直线职能型转型。在这个阶段,华为的销售额从1亿元增长到15亿元,员工数量也达到800人左右,跻身全国电子行业百强。

图 5-8　华为的直线型组织结构

资料来源:杨少杰.组织结构演变:解码组织变革底层逻辑[M].北京:中国法制出版社,2020.

图 5-9　华为的直线职能型组织结构

资料来源:杨少杰.组织结构演变:解码组织变革底层逻辑[M].北京:中国法制出版社,2020.

阶段3:多元化阶段(1995—2003年)

这个阶段华为的业务战略是从原有单一的研发、生产、销售交换机产品逐渐进入移动通信、传输等多类产品领域,华为将自己定位为提供全面通信解决方案的企业。如图5-10所示,组织架构相应地从职能型向事业部型转变,这给华为的多元化、全球化战略提供了有力支撑。1998年,华为销售规模已接近90亿元,员工总数接近8000人。

阶段4:集团化阶段(2003—2017年)

随着集团化战略与海外市场的拓展,华为在2004年首次进入全球500强并且持续高速发展。华为的组织架构在这个阶段演变为矩阵型组织架构,如图5-11所示,事业部进一步划分为两类:战略性事业部与地区公司。两者都拥有完全独立的经营自主权，独立经营，独立核算，承担实际利润责任；同时总部职能机构代表集团对企业资源进行统一管理，对各事业部、子公司、业务部门进行指导和监督。

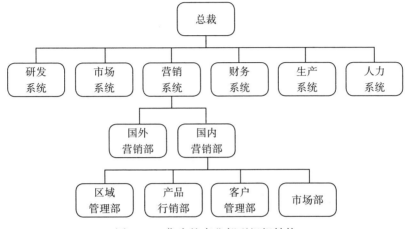

图 5-10　华为的事业部型组织结构

资料来源：杨少杰.组织结构演变：解码组织变革底层逻辑[M].北京：中国法制出版社，2020.

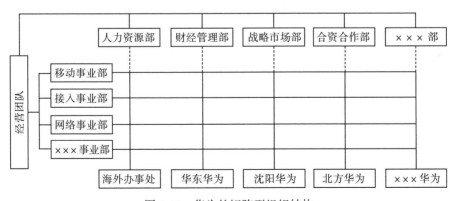

图 5-11　华为的矩阵型组织结构

资料来源：杨少杰.组织结构演变：解码组织变革底层逻辑[M].北京：中国法制出版社，2020.

阶段5：平台化阶段（2017年至今）

2017年，华为已晋升为全球100强，成为国际化大企业。由于业务构成越来越多元与复杂，组织架构在原有产品事业部矩阵型组织架构基础上转化为产品事业群（BG）矩阵型组织架构，并开始向平台型组织架构转化。如图5-12所示，集团职能平台聚焦业务的支撑、服务和监管，向一线提供及时、准确、有效的服务，在充分给一线授权的同时也加强监管，并且设立平台协调委员会，以推动平台各部门优化执行运作、简化跨领域运作、强化协同。[⊖]

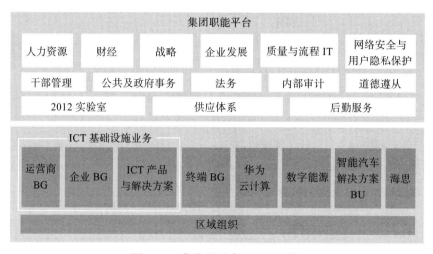

图5-12 华为的平台型组织架构

资料来源：华为.公司治理概述[EB/OL].[2022-05-19]. https://www.huawei.com/cn/corporate-governance.

综上所述，从华为组织架构的演变，我们可以看到，无论是最初支持创业阶段野蛮生长的直线型组织架构，支持核心业务自主研发、生产、销售一体化战略的职能型组织架构，支持多元化国际化战略的事业部组织架构，支持集团化与国际市场复杂运营的矩阵型组织架构，还是现行

⊖ 华为.公司治理概述[EB/OL].[2022-05-19].https://www.huawei.com/cn/corporate-governance.

平衡一个跨国集团总部对业务单元充分授权赋能与适度监管的平台型组织架构，都体现了组织架构在各个阶段对业务战略重点的强力支撑。

5.4 跨越常规边界的组织模式

跨越常规边界的组织模式指的是把组织部分业务职能或者支持职能交由非组织直接聘用的人员或者服务机构完成，组织通过服务协议、平台客户反馈等灵活的方式对相关人员或者服务机构进行服务质量的控制，具体可包括劳务派遣、外包、众包、从竞争到竞合等多种业务形式或者组织模式。

5.4.1 劳务派遣

劳务派遣是指用工单位与劳务派遣单位签订劳务派遣协议，劳务派遣单位派遣人员到用工单位从事用工单位安排的工作内容的一种用工形式，其最大的特点就是劳动关系与用工关系相分离，表现为被派遣劳动者与劳务派遣单位有劳动关系但无用工关系，与用工单位有用工关系但无劳动关系。[1]根据《中华人民共和国》劳动合同法的规定，劳务派遣一般在临时性、辅助性或者替代性的工作岗位上实施。临时性工作岗位是指存续时间不超过六个月的岗位；辅助性工作岗位是指为主营业务岗位提供服务的非主营业务岗位；替代性工作岗位是指用工单位的劳动者因脱产学习、休假等原因无法工作的一定期间内，可以由其他劳动者替代工作的岗位。

例如，快消品行业的经销商销售代表岗位、制造业旺季增加的生产或者搬运工人岗位等，都是比较常见的采用劳务派遣用工形式的岗位。

---

[1] 110网律师.劳务派遣与劳务承包、外包、分包的法律区别[EB/OL].(2014-06-06)[2022-11-22]. http://www.110.com/ziliao/article-498775.html.

劳务派遣的有利之处在于把招聘、解聘等烦琐的用工手续交由有资格的专业劳务派遣机构负责，企业在实现临时性、辅助性或者替代性工作岗位灵活用工的同时，也可以对劳务派遣员工的日常工作进行直接管理。劳务派遣的局限主要在于用工单位应当严格控制劳务派遣用工数量，不得超过政府规定的用工总量比例；如果劳务派遣单位没有妥善履行雇主责任，用工单位需要承担连带责任。

5.4.2 外包

外包是指企业将价值链中原本由自身提供的具有基础性、共性、非核心的流程或者支持功能剥离，改由通过购买第三方提供的服务来完成。根据转移对象的不同，可以分为制造业外包和服务外包。[一]

制造业外包的知名例子是全球体育用品知名企业耐克，企业内部专注于上游的产品研发与下游的品牌营销，而把中游的生产流程全部外包给符合质量要求的生产厂家，节省了大量的生产基建资产、设备购置费用与人工费用，从而能够以较低的成本与对手竞争，实现其全球化战略。[二]

服务外包的例子比比皆是，如律师顾问、猎头招聘、外包的电话客服中心（Call Center）等，承接服务外包的合作机构可能直接取代企业原有的部门，或者成为企业原有部门的职能、人员的扩充，提供支持。

外包的一个特点是由特定的接包企业自行安排人员，按照发包企业的要求完成相应的业务或职能工作内容。其优点在于减少发包企业的固定管理成本，保持组织敏捷与灵活性，由专业的外包公司（接包企业）提

[一] 华律网.服务外包的定义是什么 [EB/OL]. (2020-03-13)[2022-11-22]. https://www.66law.cn/laws/346771.aspx.

[二] JPKOAE12.耐克生产外包案例分析 [EB/OL].(2017-08-29)[2022-11-22]. https://www.docin.com/p-2005270702html.

升相应流程或服务的效率；其挑战在于发包企业仍然需要对外包公司提供的产品或服务进行严格的质量控制，在与外包公司建立长久合作的同时也要防止受制于人。

5.4.3 众包

众包（Crowdsourcing）指的是一个组织把过去由企业员工或者企业某职能部门执行的工作任务，以公开邀请的形式外包给非特定的，而且通常是大型的大众志愿者的做法。⊖众包既可以是一种补充现有组织能力的方式，例如宝洁公司既有内部产品研发部门，也通过众包的方式邀请世界各地众多科学家自愿参与新技术、新产品的研发以增强其研发能力（详情请参阅本书第4章），同时，众包也可以成为一种相对独立的组织形式。

例如出行平台的签约司机、外卖平台的网约骑手等都是企业将以往内部运输部门或者物流部门的工作任务以众包方式交给市场的"大众志愿者"。企业依靠移动互联网强大的技术平台支撑、及时的客户反馈、严格的服务完成速度与质量奖惩制度，来对这些众包人员进行"虚拟"管理。

众包的好处在于企业能够以相对小的核心团队撬动外部庞大的资源，以随需随用的方式，以低到接近零的边际成本获得资源的可伸缩性，实现指数型组织的增长。⊜其挑战在于往往需要借助强大的互联网技术及平台发挥其巨大的资源撬动优势，同时由于面对非特定的大众人群，其服务质量甚至安全性可能存在隐患，需要企业加强防范与管理。

⊖ SHENK E, GUITTARD C. Crowdsourcing: What can be Outsourced to the Crowd, and Why[A/OL].(2009-12-07)[2022-11-22]. https://www.researchgate.net/publication/40270166_Crowdsourcing_What_can_be_Outsourced_to_the_Crowd_and_Why.

⊜ 帕劳，拉皮埃尔，伊斯梅尔. 指数型组织实施手册[M]. 黄静，译. 杭州：浙江人民出版社，2019.

5.4.4　从竞争到竞合

跨界颠覆打破了行业的边界，也造就了跨界合作的机会，甚至组织之间的竞争也可转化为前所未有的竞争对手之间的协同合作，带来更多的商机与更大的市场空间。

以沃尔玛和京东的合作为例，传统零售巨头沃尔玛在中国一直尝试电商转型的战略，但是这并非易事，直到2016年10月，沃尔玛与京东以及达达－京东到家形成联盟，沃尔玛入驻京东到家平台，以合作协同的方式实现突破。沃尔玛具有通过仓储与采购把运营成本降到最低的优势，但是其传统零售聚焦于门店的战略却让沃尔玛在门店到消费者的最后一环处于短板；而达达－京东到家是由京东旗下"京东到家"与众包物流平台"达达"合并而成的独立公司，覆盖中国数百个城市，拥有超过300万名配送员。从竞争到竞合的联盟，实现了多方共赢：据统计，沃尔玛的每单配送成本下降过半，并且业务实现了迅猛增长；而沃尔玛带来的用户流量以及强大的上游供应链资源，也给京东带来更多的用户流量，以及加速国际化的采购优势，同时也吸引了永辉超市、华润万家等超过11万家线下门店入驻京东到家平台，使得达达－京东到家的用户覆盖面进一步扩大。⊖合作联盟为广大消费者提供了超市便利、生鲜果蔬、手机数码、医药健康、个护美妆、鲜花、蛋糕、服饰、家居、家电等海量商品的更多消费选择，也带来约1小时配送到家的即时消费服务体验。⊜

这个案例可以说是"外包"与"众包"的整合，并且在同行竞争对手中创新应用的组织模式。从竞争关系到竞合关系的转变，是跨

⊖ 陈春花，赵海然. 共生：未来企业组织进化路径 [M]. 北京：中信出版社，2018.
⊜ 京东到家. 海量商品　多品类覆盖　约1小时送达 [EB/OL]. [2022-02-28]. http://www.jddj.com/#.

越组织边界的另一重大突破,不仅在组织之间做到取长补短,实现多方共赢,而且创造了共同把市场做大的机会,为消费者创造更多的价值,提供更好的服务体验。当然,在实践中,企业在与同行建立竞合联盟的时候需要特别注意,不能违背反垄断法与反不正当竞争法的相关规定。

5.5 组织架构设计的五大原则

以上阐述的是目前比较常见的组织架构模式,可以看到每种模式都有其利弊。企业需要根据自身所处的发展阶段、行业特点、业务战略、商业模式、竞争优势等不同因素选用适合的组织架构模式,切忌盲目跟风,简单照抄标杆企业的组织架构。企业在设计适合自身情况的组织架构,遵守以下五大主要原则。

5.5.1 原则1:形式应服从业务需要

组织架构应该服务于业务需要。例如,如果企业的商业模式已经得到市场验证并且业务在高速发展,而企业创始人还是大事小事一起抓或者一人身兼多职,这种混沌型组织架构,将不能支撑企业的持续发展,而建立职能型组织架构将有助于企业从创业阶段向专业化阶段转型;如果企业已经有一定规模,需要开拓某个地区市场或者某个产品/服务等新业务,通过事业部型组织架构充分授权将有助于在新市场上的快速扩张;如果企业业务已趋于稳定和成熟或者企业的规模很大,矩阵型组织架构更有助于资源的协同与集团化管控。如果客户需求多样,市场多变,网络型组织架构更能激发一线人员的自驱力,从而对市场做出快速反应。本书把常见的组织架构及其通常适用情况、该组织架构的利与弊、实践中所需支持系统综合,见表5-1。

表 5-1 常见组织架构比较

常见组织架构	通常适用情况	利	弊	支持系统
混沌型	小型创业组织	市场反应快速灵敏	关键人员流失对企业影响巨大	创业热情，股权设计
职能型	企业从创业组织向专业组织转型；通常专注于单一产品线或服务线	专业化程度高、专业效率高	随着企业规模扩大，企业领导者关注的重点范围有限，组织可能重点关注内部职能效率而与市场脱节	明确的汇报关系，正式的岗位说明书，培养专业能力，连接企业总体目标、整体战略与部门的绩效管理体系
事业部型	企业成长、扩张阶段	专注特定细分客户群，推动业绩增长	不同的事业部之间可能功能重复；事业部之间可能存在内部竞争	明确销量、利润指标分配与激励等绩效管理体系；培养真正的总经理群体；企业文化建设
矩阵型	企业成熟阶段，通常是大规模企业	在专注于客户和产品的同时，也重视岗位角色专业化	只有内部高度协调才能有效运行	投入培养跨部门跨职能的协调能力、冲突管理能力、会议管理能力、团队决策能力
平台型（共享中心型）	集团化企业需要资源整合	降低企业成本、客户资源协同，提升集中创新	共享中心过分强调流程标准化与统一性，无法灵活支持不同业务、不同市场	作为枢纽的平台具备四种不同的功能：服务、赋能、管控与战略规划具有明确的流程、内部协议、内部交易结算
平台型（网络型）	客户需求多样，市场竞争激烈，需要企业对市场做出快速反应	对市场做出敏捷反应，企业价值与客户价值融为一体，运行效率高	小型业务团队数量庞大且分散，难以通过常规的方式管理，领导者各自担心失控，高度依赖平台的综合能力	务水平协议，内部交易结算"责权利"对称的制度体系；强大的信息管理系统
平行架构	临时从正式组织架构中抽调人员组成任务小组	集中企业内部最优资源完成关键任务；帮助员工了解企业整体运作，打破部门壁垒	任务与本职工作的冲突；任务小组成员缺乏足够时间磨合	团队选拔、组建；成员绩效考核与奖励机制；团队教练辅导

5.5.2 原则 2：以客户为导向、以流程为中心

现代组织管理提倡将以客户为导向、以业务流程为中心的理念作为组织架构设计的基本思想。正如《组织结构与职位设计实务》中的描述，首先以满足客户需求、增强用户体验为目标设计企业的主导业务流程，然后在此基础上进行组织架构设计，根据主导业务流程初步划分业务职能部门，再辅以支持性职能（例如人力资源、财务、后勤行政、公共关系、法务等）部门设置，并根据业务量的大小适度分解或合并。㊀如图 5-13 所示，这是在波特价值链模型的思路上改编呈现的以客户为导向的业务流程，始于客户需求洞察，基于此进行产品设计、原材料采购、生产、仓储物流、销售、客户服务等主要业务流程。虽然说互联网业务形式与传统业务形式有很大不同，但是其业务流程的核心思路是类似的：同样都要始于对客户需求的洞察，基于此进行产品研发与运营。只是与传统业务流程相比，互联网业务突出了生产环节和流通环节被大幅压缩、产品周期短等特点。不管是传统业务的企业还是互联网业务的企业，都需要明确企业的核心业务流程，在此基础上设计相应的组织架构。

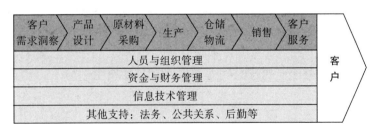

图 5-13 以客户为导向的业务流程

5.5.3 原则 3：管理幅度与管理层次体现组织权责分布的意向

管理幅度又可称为控制幅度，指的是直接向一个主管经理岗位汇报工作的下属岗位的数量，如图 5-14 所示。考虑到主管经理需要完成自身

㊀ 尹隆森.组织结构与职位设计实务 [M].北京：人民邮电出版社，2004.

岗位的业务要求，以及在带领、管理下属时需要给每个下属分配合适的辅导时间，还要分配解决团队分歧、促进团队协作的时间，从实践总结的经验来看，建议管理幅度为3～9人比较合适。管理幅度过小或者过大都会导致组织效率低下。如果管理幅度小于3人，企业需要评估主管经理岗位是否必要；如果管理幅度大于9人，企业需要评估是否下属岗位划分过细，是否需要重新组合。

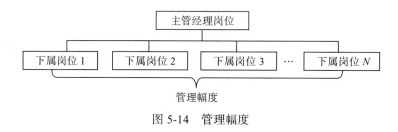

图 5-14　管理幅度

管理层次指的是企业的组织架构中向企业最高业务负责人（通常是CEO）直接汇报和间接汇报的总层数，如图5-15所示。管理层次会影响企业内部沟通的效率，层数越多，上下沟通的过程越慢，沟通信息越容易被过滤。但是管理层次也受管理幅度的制约，在实践中我们通常先确定管理幅度，再确定管理层次。如果是中小型企业，通常管理层次为2～3层；如果是大规模企业，通常管理层次为4～5层；如果是有下属企业的大型集团甚至是跨国公司集团，管理层次会更多。

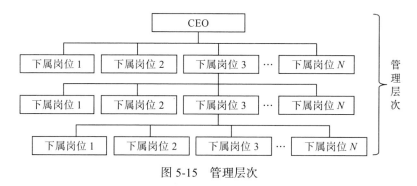

图 5-15　管理层次

管理幅度与管理层次的设计体现了组织权责分布的意向，反映了企业中心化或者去中心化的导向。在市场变化日益加快的时代，企业总体应该以去中心化为导向，在管理层次上尽量做到扁平化，但是也需要考虑管理幅度的合理性。

5.5.4 原则4：满足主营业务与创新业务发展

企业在成长与进化的过程中需要时刻警惕两个严峻的挑战：一是来自竞争对手（特别是跨界竞争对手）的随时冲击甚至颠覆；二是体现企业技术、产品、业务等生命周期的S曲线极限点到来后，企业的效率或者增长将会呈下滑趋势。如图5-16所示，第二曲线创新理论强调企业要持续增长和延长组织生命线就需要不断孵化创新，在第一S曲线到达极限点之前创造第二曲线。正如本书第1章强调企业需要"以变应变"的重要性，组织架构的设计需要确保企业赢在当下和未来，组织架构需要在支撑现有核心产品、服务、市场竞争及延伸的基础上，支持企业未来业务战略与业务模式的持续创新。

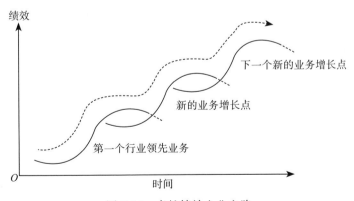

图5-16 卓越绩效企业之路

资料来源：李善友. 第二曲线创新[M]. 2版. 北京：人民邮电出版社，2021.

《HR如何推动企业战略创新、转型与战略落地：实现企业可持续复苏》的调研结果显示，企业在战略转型和创新孵化中，所面临的最主要挑战是企业成员忙于日常运作，无暇顾及创新；如果企业一味要求现有业务组织架构中的人员创新，在完成现有业务指标的沉重压力下，他们是很难做到两头兼顾的，而现有业务的组织架构以及对现有业务的绩效考核，会让组织成员很自然地把工作重心放在现有业务而将创新摆在次要地位。理想的状态下，企业设立独立于现有主营业务之外的专门负责创新的部门，有助于集中资源进行对创新的探索与尝试；如果企业暂时做不到设置独立的创新部门，采用平行架构组建短期跨部门创新团队，提供团队教练辅导，并且建立相应的投入与激励机制，也是可行的方式，也能够促进持续的创新孵化（具体请回顾第 4 章的实例）。

5.5.5　原则 5：穿透组织的边界

组织的边界包括组织内部不同人员等级之间的垂直边界，不同职能领域之间的水平边界，组织与外部供应商、客户、社群大众等的外部边界，组织内部与外部兼有的不同文化、不同市场之间的地理（文化）边界。一方面，这些组织边界让组织的运作更有序并且可以在相关领域保持专注；另一方面，这些组织边界容易产生组织内部部门之间的壁垒，以及组织内外之分的思维阻碍。组织的边界将一直存在，组织需要做的是通过组织设计使组织的边界具有更强的可穿透性，从而让组织运转得更流畅、更协同、更高效。㊀

企业在组织架构设计的基础上可以配合 CHANGES 模型其他元素，综合应用，例如：

1）在渗透垂直边界方面，企业可以采用更扁平化的组织架构设计，辅以充分授权、信息共享、领导力提升、鼓励组织成员广泛参与等制度

㊀ 阿什肯纳斯，尤里奇，吉克，等. 无边界组织：移动互联网时代企业如何运行 [M]. 姜文波，刘丽君，康至军，译. 北京：机械工业出版社，2015.

体系、组织能力,凝心聚力各方面的配合。

2)在打破水平边界方面,企业可更多地在组织架构上采用平行结构,成立跨部门跨职能的小团队来推动企业的重要举措,同时在战略规划过程与绩效管理体系中建立共同愿景与共同目标,通过薪酬奖励的制度体系激励共同目标的达成。

3)在重新界定外部边界方面,企业可打破固有思维,更多地尝试外包、众包、从竞争到竞合等灵活用工的组织形式。

4)在跨越地理(文化)边界方面,正在或者准备走出国门走向世界的中国企业可以考虑采用事业部型结构进行海外扩张,然后在企业达到一定规模后考虑矩阵型或者平台型组织架构平衡业务扩张与总部监控,同时建立全球范围内共享的宗旨使命与企业文化,建立甄选与培养发展全球化管理人才的制度体系,提升对各国市场洞察、文化尊重等组织能力。

5.6　实例:一个跨国集团组织架构设计的具体方法

某跨国集团有多个产品品类、品牌,在不同国家有当地市场运营。集团总部希望推行市场部门与销售部门的架构重组,目的是把原属于各个当地市场的品牌管理职能集中到几个区域中台,增强品牌管理与营销战略的统一性,赋能各个当地市场的销售前台使其更敏捷地运营。基于此,在中国和亚洲其他市场的组织架构设计中,该集团主要采取了以下方法:

1)传统的组织架构调整通常由总部做出决定,再交由当地市场落地执行。与此相反,该集团成立了由负责各个当地市场业务的总经理与总部相关职能负责人组成的变革团队,变革团队成员共同分析研讨集团总部意向在当地市场落地的可行性,共同设计相应的业务流程与组织架构,并且就变革带来的利弊充分进行讨论,最终由变革团队就更新的组织架构设计与业务流程达成共识后才实施。

2）变革团队深入收集并且全面分析各个当地市场的重要业务信息与数据，包括企业在当地销售的产品品类组合、品牌组合、当地消费者的购买与产品使用偏好、当地主要销售渠道、当地市场主要竞争对手、当地市场增长潜力等。在此基础上，变革团队共同评估哪些产品品类、品牌管理适合集中到中台，发挥中台的协同作用，哪些业务适合继续留在当地市场（前台），以保持对当地市场的敏捷反应。

3）更进一步，变革团队对各个当地市场现有的组织架构与现行的业务流程进行了深入的分析，在中台协同作用可带来的成本节省效益与保持对当地客户需求敏捷反应中取得平衡。

4）另外，集团采用了网上公开信息搜索检阅等合规方法，对竞争对手和相类似行业企业的组织架构进行调研，调研结果给变革团队带来了更多组织设计的洞察。

5）综合所有对外对内的数据分析，变革团队进一步就组织架构不同设计方案的利弊进行讨论，并且综合评估每个方案可能产生的风险、风险防控需要的手段与成本，从而进一步完善组织架构与相关业务流程的设计。

6）在组织架构设计完成之后，集团决定在部分区域市场开展新架构的试点，变革团队进一步准备了相应的宣传沟通计划、新架构中人员的部署计划，并且在试点市场邀请当地业务骨干干部与相关部门代表，共同参与新架构与新业务流程如何顺利实施的深度工作坊，与当地市场更广泛的组织成员共同设计适合当地的新业务流程。

7）试点市场实施了一段时间之后，变革团队与试点市场的关键人员进行了复盘，萃取了试点中的经验，对原有的组织架构设计根据复盘结果重新做了调整，之后才全面推广。

这个案例中企业所采用的方法与过程，可以给其他企业参考与启发，特别是正在或者准备走出国门的我国企业，为其如何设计有效的组织架构管理跨国业务提供借鉴。

5.7 小结：通过分工与协同，为组织运行提供强韧支撑

1）组织架构的本质，是组织内部的分工、协同与权力分配，是组织系统运行的支撑框架，体现了组织以何种方式分配其功能或任务，包括横向的分工与纵向的分工，使得不同的分工模块因专注而达到高效，同时又能协同一致形成合力，实现组织的战略目标。

2）常见的企业内部正式组织架构模式可分为混沌型、职能型、事业部型、矩阵型、平台型等。每种组织架构模式各有利弊，企业需要根据自身所处行业、发展阶段、业务战略、企业文化、组织能力等关键考量因素，选用适合的组织架构模式。本章也给出了实践中应该注意的事项，供管理者参考。

3）平行架构是企业内部非正式组织架构模式，不增加企业额外人员编制成本，可作为任何正式组织架构的补充，在企业内部抽调人员组建临时工作小组或者短期项目团队负责推动企业重大项目的实施，近年来有被广泛用以进行企业创新孵化的趋势。

4）跨越常规边界的组织架构指的是把组织部分业务职能或者支持职能交由非组织直接聘用的人员或者服务机构完成，具体可包括劳务派遣、外包、众包、从竞争到竞合等多种人员形式或者业务形式，企业可以根据自身情况结合内部组织架构综合应用。

5）企业采取哪种组织架构不存在标准答案，企业可以评估不同模式组织架构的利弊，并遵循五大原则来设计适合自身情况的组织架构：①形式应服从业务需要；②以客户为导向、以流程为中心；③管理幅度与管理层次体现组织权责分布的意向；④满足主营业务与创新业务发展；⑤穿透组织的边界。

6）组织架构设计必须在 CHANGES 模型的系统全局观下，以实现组织战略为目标，并必须顾及组织文化、组织能力、配套制度体系等关键元素，以及科技发展程度等做出适当的安排，并根据环境的变化及时调整。

7）本章给管理者提供了两个有关组织架构的应用实例：实例 1 侧重帮助管理者回顾不同企业发展阶段可能适用的组织架构模式；而实例 2 则侧重帮助管理者理解组织架构设计的方法与过程。将两个不同的角度相结合，将有助于管理者在企业中的具体实践。

第 6 章

制度体系

制度体系是企业践行CHANGES模型各关键元素的体制保障,把抽象的理念转化为组织成员可以共同遵守的具象标准,并通过有形机制的执行,形成组织合力。管理者应以开放的心态向标杆企业学习,但是也切忌生搬硬套,否则就如削足适履。本章着重讲解根据企业具体情况,设计合适的制度体系的实践方法,并以企业最普遍适用的绩效管理体系为实例,帮助管理者深入掌握,以求应用。

6.1 企业经营发展的体制保障

管理学界有一个著名的故事,讲的是七个一起生活的人如何分粥。原本的规则是每人轮流给大家分粥,但出现了参差不齐的情况:品格较好的人,倾向于平均分配,让所有人都喝上粥;品格不好的人,则倾向于给自己分多一点，给其他人分少一点。运行一段时间后，"老实人吃亏"的感受使得原来品格较好的人，也改变了行为，最后出现了这样的局面：每个人都在自己负责分粥的那天吃得特别饱，其他日子都是饿着肚子。后来规则改为：分粥的人必须让其他人先拿，自己最后一个拿，如果分得不均匀，分的人就拿到最少的一碗粥，于是，大家基本能做到公平分配了。一个很小的改动，使得分配结果更合理，还产生了更多意想不到的组织行为方面的效果。虽然这是个故事，但从中也能看出，好的制度设计，不仅能打破事情结果单纯依赖个人品格的限制，还能改变每个人的行为，以最低成本产生对集体的最优效用。

6.1.1 把抽象的理念转为可执行的规定和准则

不以规矩，不能成方圆。**企业制度体系是企业正常经营与持续发展的体制保障**。制度体系的目的在于把无形的企业文化、经营理念、工作方法论、管理经验等变成共同遵守的有形标准，通过正向和反向激励（奖惩机制）为人们树立准绳，从而使得抽象的理念变成可执行、可操作的规定和准则，并逐渐形成组织成员的行为习惯，产生方向一致的组织合力。

企业文化、宗旨使命带来的是理念上的改变，它们只有变成有形的制度规则才能指导、引导与规范组织成员的行为；而且，人们习惯了某种制度规则，自然也就表现出相应的一致性行为，体现的正是某种企业特有的文化或理念。

6.1.2 企业制度体系四大特征在实践中的应用

本书总结了管理实践中企业制度体系呈现的具象化、导向性、体系化、时效性的特征，正是这些特征使得企业各种宏大的理念得以在具体运营中得到真正的反映与执行，也使得制度体系本身在延续的基础上得以适时更新。

1. 具象化

与企业文化、宗旨使命所表达的抽象理念或者极为概括精炼的文字表述不同，企业的制度体系是具象有形并且明确细化的，通常会以详细、明文规定的方式发布，鼓励什么、反对什么、具体如何做，都非常清晰明了；这种具象有形与明确细化，使得制度体系的准确度非常高，不存在太多的模糊空间。通过明确、有形、细化的机制与明文规定来确保广大组织成员的一致认知与行动，这对于规范行为乃至统一思想、形成合力，大有裨益。

以全球著名的快餐集团麦当劳为例，麦当劳通过全球整齐划一的标准化管理，确保其经营理念在世界各地近3万家连锁餐厅得到一致实施，对餐厅设施与装置的具体要求，各类食材的厚度、温度、操作方法与时间控制等量化的饮食操作流程等也都设立了详细统一的标准。例如，严格标准化甚至量化的食材操作标准：①薯条采用"芝加哥式"炸法，就是先炸3分钟，出餐前再炸2分钟，从而令薯条更香更脆；②可乐和芬达的温度为4摄氏度，因为试验结果表明饮料在4摄氏度时味道最为甜美；③面包厚度规定为1.7厘米，因为这个厚度入口味道最佳；④牛肉饼一律重47.32克，直径6.65厘米，厚0.85厘米；⑤烤面包55秒，煎肉饼1分45秒；⑥放置超过7分钟的薯条、放置超过10分钟的汉堡包被果断地扔掉。⊖在如此明确细化的标准下，麦当劳在全球各地的餐厅都能出品口味一致的食品，即使餐厅人员变动，也能快速培训上岗。

2. 导向性

企业制度体系的导向性体现在通过奖励机制/惩罚机制的正/负激励，对相关的员工行为给予鼓励或者约束，包括：①明确表述哪些行为

⊖ 天行健企业管理. 麦当劳的标准化与检查督导的案例 [EB/OL]. (2015-03-23)[2022-11-22]. https://www.leanchina.cn/alfx/985.html.

或者哪些结果是企业鼓励的以及可以获得哪些奖励；②明确表述哪种行为或者结果是企业不允许、违反规定的，以及会遭到哪些惩罚。

例如，企业的奖金制度把个人奖金与个人绩效和企业整体绩效挂钩，其目的就是引导员工在关注本职工作的同时也关注跨部门的合作以达成企业整体目标。更进一步，晋升那些具有企业倡导的行为特征的人才也是一种导向，引导更广泛的员工学习与跟进。这种引导性可促进员工的行为与企业方向保持一致，同时给予他们在实践中逐渐理解与认同企业目标的机会。

又如，企业的员工手册上声明员工不能在办公场所或者生产仓库重地抽烟，违反者会被纪律处分甚至解雇。这种约束性还隐含在关于制度的培训、宣传、贯彻当中，让员工潜移默化地接受某种制度的规定，甚至使得员工能够互相提醒、互相监督，让企业制度得到更广泛的执行。

3. 体系化

制度是成体系的，涉及企业内的方方面面，常被称为制度、条例、办法、程序、流程、规程、要点、细则、守则、机制、规则等，不一而足。通过完整的制度体系，企业理念从不同角度得到明确，从而形成全方位并且不易产生歧义的表述，并最终落到实处。虽然每个或者每类规章制度都有其侧重的内容，但它们不应该是孤立的，需要相辅相成，企业制度形成体系有助于发挥制度的真正效用并且形成合力。

再以麦当劳为例，在前述具象化的餐厅管理标准之上，辅以为了贯彻标准化而进行的检查督导制度：在各个区域设置营运督导，对辖区内分店的销售情况、员工服务、仪容仪表、店面环境、卫生情况等进行检查与监控指导，甚至对照每个岗位操作检查表逐个检查所有岗位，看店员是否按操作规程进行操作。正是这两者相辅相成的标准化管理与监督体系，确保了麦当劳全球运营的规范化与成功。

4. 时效性

制度体系是企业发展中一切理念和设计的落实，因此企业制度体系的时效性就体现在同时具有两个特性：延续性和与时俱进。总体上的延续性不仅体现在保持底层理念不变，还体现在企业赖以成功的知识和经验的沉淀与传承。与时俱进则体现在，制度体系应随着企业发展而不断进化，一旦各相关要素发生了变化，制度体系的相应部分就要更新以适应变化，这种更新在某些方面甚至可能是非常显著的。

同样以麦当劳为例，2017 年麦当劳在中国宣布与中信股份、中信资本以及凯雷投资集团达成战略合作，成立的新公司（金拱门中国管理有限公司）拥有麦当劳在中国的特许经营权。我们可以明显看到麦当劳在中国市场的本土化战略转型：产品本土化，在保留其传统汉堡包产品的基础上大量引入适合中国消费者口味的粥类、米饭类等中式菜品；市场开拓下沉到中国的三四线城市；在供应渠道、订餐渠道、促销策略等方面加大本土化力度。⊖ 我了解到，金拱门中国管理有限公司的标准化管理与督导制度仍然在执行，但是其制度的具体内容（例如食材的操作规程）已根据新的战略与产品要求做出相应调整。

更进一步，企业制度体系要做到与时俱进，就需要在制度的设计上能够促使制度自我更新，也就是说，制度体系的更新，也是可以通过制度体系去促进的，比如规定什么情况下或者多长时间必须检视并更新，以确保制度体系与时俱进，以变应变；一个有趣的事实是，即使是鼓励创新这样的理念，都可以依赖貌似"固化"、不那么具有"创新感"的制度去保障。

⊖ 李雯婷. 麦当劳的中国本土化营销策略分析 [EB/OL]. (2018-04-13) [2022-11-22]. https://www.fx361.com/page/2018/0413/3392152.shtml.

6.2 企业制度体系的有机组成

企业的制度体系是组织成员在企业实际经营活动中必须共同遵守的制度、准则、规定、条例、程序、流程、规程、守则、机制等的总称。

6.2.1 企业制度体系的分类与应用

企业制度体系包括企业治理与企业管理两个组成部分。

1)**企业治理**旨在解决所有权和控制权分离所产生的代理问题,通过相关制度,保障所有者对经营者的监督,明确各管理实体之间的权利和责任,[一]例如公司章程、独立董事的任职程序等。

2)**企业管理**旨在解决如何高效实现经营目标的问题,通过资源分配、用权与授权、激励与规范员工行为、计划与实施的跟踪等制度或机制,保障企业的战略规划得以实现以及日常经营得以顺利进行。

基于我们的关注点是组织发展变革,本章侧重阐述建立企业管理层面制度体系的实践方法。

如前所述,企业制度体系庞大复杂,全方位多层面,如果有需要,完全可以是事无巨细的,而且对于不同的企业而言,制度体系有很强的独特性,每家企业制度体系的名称和内容可以都不一样。基于此,我建议在实践中把相关的制度体系按照一定方式分类,以便理解并且聚焦讨论。从企业实践经验来看,企业管理的制度体系大致包括以下内容:

1)运营流程,例如产品研发流程、产品发布上市流程、销售订单流程、采购审批流程、生产管理流程、质量检测流程、处理客户反馈或客户投诉的流程等。

[一] 潘玉涛. 公司治理在企业管理中的作用及定位探讨 [J/OL]. 企业改革与管理,2018(24):12-21. https://kns.cnki.net/kcms/detail/detail.aspx?dbcode=CJFD&dbname=CJFDLAST2019&filename=QYGG201824006&uniplatform=NZKPT&v=o0JBiOCyH6luU401FO3Ty2sF6TK3_jOT5XQjogp8u0wJuscLMHOFngYdIClZzOOW.

2）管理体系，例如战略与资源规划、绩效管理体系、财务管理系统、管理信息系统等。

3）规章制度，例如企业员工手册、安全生产条例、差旅标准、鼓励员工举报企业内部人员违规并且保护举报者不被打击报复的制度等。

4）管控机制，例如各级人员相关授权审批的权限、决策的机制，内部审计的机制等。

5）奖惩机制，例如薪酬制度、奖金制度、奖励制度，或者对于违反规定而导致的纪律处分的制度等。

6）创新机制，这个往往是很多企业缺乏的，企业管理者不能只口头鼓励创新，然后就期待创新自然发生，企业还需要通过创新机制的建立确保创新资源（包括财务资源与人力资源）的持续投入、创新的尝试、创新效果的评估与复盘等。

6.2.2 制度体系在不同企业发展阶段的侧重

这里有必要提醒的是，制度体系设计在实践中的平衡性。例如，只是靠管理者依据个人偏好做决定或者每次就具体问题做个别处理来管理企业，那么企业的管理者会陷入事无巨细都要管的"救火"状态，而企业员工也会无所适从，企业管理会因此深陷无序的状态。制度体系使得企业管理从"人治"走向"法治"，变无序为有序；但是如果企业片面地追求大而全的制度体系，也可能导致管理刻板，抑制员工积极性，更进一步，倘若不能保持与时俱进，或在执行过程中陷于僵化，就容易落入扼杀组织创新的困境。组织发展实践中，制度体系的设计需要在这两者之间取得平衡，并且针对企业不同的发展阶段应该有相应的侧重点。

1）当企业在初创阶段的商业概念和商业模式得到市场验证之后，企业进入快速发展阶段。这个时候企业就要开始对自身的运营系统进行基础建设，让日常运营有效进行，例如：明确人员招聘和培训上岗、销售、生产或服务交付、运输、收款等业务流程，建立会计、记账、信息等基础系统。

2）当企业进一步从创业型组织向专业化组织转型，企业就需要进一步开发管理系统以支持长期发展，例如战略与资源规划、绩效管理系统、企业规章制度、沟通机制、决策机制、激励机制、管控机制等。

3）当企业的业务多元化并且组织架构支持集团式管理的时候，企业需要在以上的基础之上进一步设计集团总部与事业部或者子公司之间的管控激励机制、事业部或者子公司之间的协同机制、继任者规划、人才发展系统、持续的组织创新孵化机制等。

举一个小例子，当一个企业在初创期间规模不超过百人的时候，企业的CEO会参与所有岗位的招聘面试，并且审批每个新员工录用时的具体工资水平，甚至针对每个新员工的具体情况决定相应的奖金、股权或者具体福利。

但是，当这个企业已经发展到几百人甚至几千人的时候，企业的CEO就不可能再继续原来的做法，这个时候就需要建立相应的甄选流程与候选人录用审批制度，例如：规定每个岗位的候选人必须被一位HR经理以及两位相关部门的经理面试；列明决定录用候选人的薪资水平时应该考虑的要素，并制定相关的企业政策；界定哪些情况下HR部门与用人部门就可以共同决定候选人的选择与录用，哪些情况下需要上报CEO审批。这样就可以通过制度体系来规范企业大部分用人决定，加快人员招聘与到岗的速度，同时也保持CEO对关键岗位或者特殊用人条件的管控。

当这个企业达到一定规模，进入集团化管理以后，可能就需要进一步建立企业内部招聘、甄选、人员调动的制度与机制，促进人才资源在集团内部自由流动、人员发展与继任者规划更好地结合。

同样，制度体系不是孤立的元素，需要与企业的战略、架构、能力、文化等CHANGES模型的其他方面协调一致才能发挥强大力量、产生积极效果，也是CHANGES模型其他元素得以实现的最关键保障。

6.3 制度体系设计的具体方法与实践

如前所述，企业的制度体系涵盖业务运营、管理体系、监管监控机制、激励机制等多方面，而且需要根据企业所在行业、发展阶段及企业文化等各种因素具体而定。因此，企业的制度体系不能简单全盘照抄成功企业，否则很容易出现"橘生淮南则为橘，生于淮北则为枳"的情况，因为不适合企业而失败。本书总结了实践中常用的设计组织制度体系的方法：经验总结、对标参照、流程优化、试验迭代、内部共创等。这些方法同样适用于企业对现有制度体系的改善与优化，既可以单独使用，也可以综合使用。接下来就介绍每种方法的具体应用，供管理者根据企业具体情况选择。

6.3.1 经验总结法

企业要从初创阶段向专业化阶段转型，就需要开始规范化管理，将日常运营的业务流程标准化有助于提升流程效率、降低失误，即使操作相关流程的企业人员发生变动，也能够通过简单培训，使新人能迅速上岗，投入相关工作。

通常的做法是引导相关流程的操作人员以个人或团队形式对流程操作进行回顾与复盘，提炼总结标准流程。这个方法简单易行，适合比较简单的流程。这一方法依赖于做出总结的个人，所以在实践中识别该流程绩效特别优秀的员工，会有助于提高最终产出的质量。此外，考虑到任何流程都不是独立存在的，以个体经验总结出"标准流程"后，与其所在团队进行讨论和确认，甚至邀请与该流程相关的其他团队成员共同探讨，有助于提高标准流程的适用性与接受度。

6.3.2 对标参照法

对标参照法能够解决"万事起头难"的困境，帮助企业快速打开思路，设计组织内部相应的制度体系。同时，对标参照法也可以帮助企业看到与成功企业的差距，从而进一步优化企业的制度体系。对标参照法具体又可分为两种方法：参照国际标准、国家标准和行业标准，参照成功企业实践。

1. 参照国际标准、国家标准和行业标准

企业参照国际标准、国家标准和行业标准，制定相应的标准化流程。例如，国际标准化组织（International Organization for Standardization，ISO）是标准化领域国际性非政府组织，目前建立了 23 948 个标准，这些标准几乎全面涵盖了技术与制造标准[一]；其中 ISO 9000 质量管理体系可以帮助企业实施并有效运行质量管理体系，是质量管理体系通用的要求和指南，我国在 20 世纪 90 年代将 ISO 9000 系列标准等同采用为国家标准，随后各行业也以 ISO 9000 系列标准作为行业标准。[二]

例如中国国家标准就对研究开发知识管理模型、研发资源管理（创意、情报、标准、文档、试验数据、知识产权，研究开发及管理人员、合作伙伴、客户及供应商）以及研发活动管理（规划、设计、试验、试制）[三]提供了非常详尽的指导，其中《知识管理体系第 2 部分：研究开发》可供企业参照以制定内部具体的研发管理体系。其他国家标准，例如《公司治理风险管理指南》《工业企业供应商管理评价准则》《企业知识产权管理规范》《电子商务管理体系要求》等也都给企业提供了非常好的参考与指引。

[一] ISO. About Us [EB/OL]. [2022-02-28]. https://www.iso.org/about-us.html.

[二] ISO9000 质量管理体系 [EB/OL]. [2022-02-28]. https://baike.baidu.com/item/iso9000%E8%B4%A8%E9%87%8F%E7%AE%A1%E7%90%86%E4%BD%93%E7%B3%BB/1622247?fr=aladdin.

[三] 全国知识管理标准化技术委员会. 知识管理体系 第 2 部分：研究开发 [EB/OL]. (2018-02-01)[2022-11-22]. http://c.gb688.cn/bzgk/gb/showGb?type=online&hcno=F17A4315C048E4BFC4BEF2C7E555C546.

> **实践中的**
> **建议与提醒**
>
> 1) 国际标准、国家标准或者行业标准的制定过程有比较严谨的论证与审批，可分为强制性标准与建议性标准。对于强制性标准，不管组织规模大小，企业都必须要达标合规；对于建议性标准，企业可以根据自身具体情况与发展阶段决定是否采纳以及采纳多少内容。
>
> 2) 当企业发展到一定规模，积累了一定经验并希望持续提升管理能力，或者企业在业务开发上需要展示企业的产品质量、技术规范或者管理能力，企业可以考虑进一步认证相关标准，由国家或者国际认可的认证机构来进行审核；认证的过程有助于企业找到差距持续提升，认证的结果也有助于企业对外的品牌宣传。

2. 参照成功企业实践

参照成功企业实践，可以通过阅读成功企业案例、检阅相关领域实践调研报告、参观访问标杆企业、访谈成功企业管理人员等多种方式进行，其目的在于借鉴成功企业的实践经验，正如鲁迅先生所提的"拿来主义"，吸收成功企业的长处为我所用。

> **实践中的**
> **建议与提醒**
>
> 1) 在学习成功企业经验的时候，我们要做到知其然并且知其所以然。只有了解成功企业是在什么样的背景下设计制度体系

的，以及它们在实施中曾碰到哪些问题，又是如何解决的，我们才能融会贯通，结合本企业的具体情况，设计出适合本企业的制度体系。

2）在实践中，最好挑选与该业务流程相关的人员，成立学习小组来共同研究、学习标杆企业，共同讨论本企业的具体落实方式。"拿来主义"并不是"抄来主义"，切忌只把外界的"最佳做法"简单抄下来成为本企业制度文件。只有经过消化吸收，结合本企业特点因地制宜，才能确保设计出的业务流程适合本企业的具体情况。

6.3.3 流程优化法

业务流程与管理流程标准化只是第一步，企业需要在实践中持续检视具体流程，以提升效率，减少损耗，降低成本，提升客户满意度。我在实践中运用过很多，效果显著，现在举例说明其应用。

1. 现场巡视

现场巡视的方法起源于日本丰田汽车公司，管理者通过巡视生产车间了解生产现场的具体运作。这种现场巡视使管理者能够看到他们在会议室里做出的规划与实际工作现场情况之间的区别，并且与实际流程操作人员互动，从业务现场收集反馈。[⊖]这个方法随后成为六西格玛管理、精益管理的重要方法之一。

现场巡视强调的是在业务流程发生的现场观察与聆听，例如：生产企业管理者在生产车间观察生产线上的工人操作、在仓库观察物料的进

⊖ KANBANIZE. Gemba Walk: Where the Real Work Happens[EB/OL]. [2022-02-28]. https://kanbanize.com/lean-management/improvement/gemba-walk.

出与储存；日用品企业管理者在商场观察产品的陈列，以及促销员与客户的沟通与销售；餐饮企业管理者在餐厅观察服务员处理客人等候、清洁桌面、点菜、上菜、结账整个服务过程，等等。具体选择观察什么业务流程，企业可以根据自身情况而定。

> **实践中的建议与提醒**
>
> 1）现场巡视可以由企业管理人员单独进行，也可以由企业的流程优化工作小组成员共同进行。现场巡视的时间可长可短，巡视的频率也可以根据企业的具体情况而定。现场巡视的管理人员也可以选择不披露身份，从而可以观察到现场最真实的情况，也可以获得现场工作人员或者客户最真实的反馈。
>
> 2）现场巡视过程中，管理人员如果发现业务流程标准没有被严格执行，不要马上批评现场工作人员（除非是涉及安全的重大失误），可以在现场向工作人员做适当的、不带评判的询问，了解更多的信息作为流程优化的输入；在离开现场后，把观察到的要点或者相关信息带回给相关管理团队做深入的探讨。

2. 5个为什么

"5个为什么"不仅是流程优化的方法，也是分析问题、解决问题的工具。我们在看到问题发生时，可以通过多次问"为什么"来探索这个问题的根本原因，从而制订对应的解决方案，从根本上解决问题，通过制定或者更新相关的制度，防止问题再次发生。通常问3～5个"为什么"

就能找到问题的根源，因此这个方法被称为"5个为什么"。[①]在实践中，这个方法可以单独使用，也可以结合现场巡视等其他方法一起使用。某企业针对工作中发现的问题和业务流程，通过不断地询问"为什么"，不仅解决了个别员工的问题，并且更全面、更系统地检阅与更新了业务流程、岗位设计等制度体系，从而可以防止类似问题再次发生，具体见表6-1。

表6-1 5个为什么（举例）

次数	为什么	可能的原因	可能的解决方案
1	为什么工作中出现问题？	某员工在执行工作流程中出现了失误	向该员工反馈，如果情节严重甚至给予警告处罚
2	为什么该员工出现失误？	该员工使用的工作流程指引没有根据新的设备要求及时更新操作规范	对该工作流程指引进行修正，更新操作规范
3	为什么工作流程指引没有及时更新？	工程部在安装新设备的时候，没有与生产部交接好有关工作流程指引更新的内容	问责相应的部门，明确工程部和生产部在安装新设备的业务流程中各自应该承担的责任
4	为什么工程部没有与生产部交接好工作流程指引更新的内容？	工程部以为生产部会负责更新指引，而生产部以为工程部会负责更新指引，结果两个部门都没有落实；类似的情况在过往其他设备改造过程中也发生过	全面检查工程部与生产部在有关设备安装、使用、维护、改造等所有流程中的环节，把相应的职责明确到部门，落实到具体岗位，并完善流程执行的监察机制，形成制度
5	为什么类似的情况发生过但是没有引起管理层的足够重视，及时改善？	相关部门认为当时发生的问题已经解决了，这就可以了，受影响的员工也担心把问题上报会受到责罚	建立问题上报的机制，包括：每个部门负责人需要及时上报发现的问题、解决问题的方案、问题的解决进度等；建立复盘机制，引导相关人员在解决每个问题的同时总结经验并且推广成功经验；开设意见箱、直线电话、邮箱等直接沟通渠道，鼓励员工上报发现的问题和改进建议；设置奖励，鼓励员工发现问题、解决问题

---

① MINDTOOLS. 5 Whys: Getting to the Root of a Problem Quickly [EB/OL]. [2022-02-28]. https://www.mindtools.com/a3mi00v/5-whys.

> **实践中的**
> **建议与提醒**
>
> 1）"5个为什么"方法强调的是不停留在问题的表面，通过多次问"为什么"探询问题的根本原因。通常问5个为什么就能找到核心问题，但是在实践中我们不要局限于这个数字，有些时候可能问了3个为什么就找到答案了，有些时候可能要超出5个为什么。
>
> 2）在问每个为什么的时候，都不要只停留在一个答案，需要尽量头脑风暴，找出多种产生这个问题的可能原因，然后挑选一个或者几个可能的原因再分别进行下一层"为什么"的探询。因此，在实践中，由相关人员一起头脑风暴会更好。
>
> 3）另外，"5个为什么"可能对于相对简单或者中等复杂度的问题比较有效。如果面临比较复杂的问题，或者在使用"5个为什么"的过程中发现产生问题的根源比较多面而且发散，我们就需要结合其他更系统化解决问题的方法来应对了。

3. RACI

RACI 最初被称为"决策权矩阵"，也被称为"责任图表"，是企业业务/管理流程标准化与优化过程中常用的工具，用以明确企业中参与完成每个任务的个人或团队/部门的不同角色和责任。R 代表执行任务，A 代表负全责，C 代表被咨询，I 代表被通知，RACI 定义见表 6-2。⊖

⊖ RACI SOLUTIONS. What is RACI : An Introduction[EB/OL]. [2022-02-28]. https://www.racisolutions.com/blog/what-is-raci-an-introduction.

表 6-2 RACI 定义

要素	意义	主要内容
Responsible	执行任务	谁执行该项任务，谁就具体负责任务执行、解决问题。同一个任务中可以有一个 R 单独执行或者数个 R 共同执行该任务。谁负责具体执行并完成该项任务
Accountable	负全责	谁对完成该任务的结果负全责，通常只有经其最终同意或签署之后，任务才得以进行；或者任务如果没有被顺利完成，这个角色需要承担后果。同一个任务中应该只有一个 A，以避免责任不清晰
Consulted	被咨询	谁要被咨询，通常是拥有完成任务所需的信息或能力的专家或者重要的利益相关者；C 提供的建议可以由 A 或 R 决定采纳或者不采纳；同一个任务中可以有一个或者数个 C，但是尽量控制在必需的范围内而不是盲目包括可有可无的 C
Informed	被通知	谁要被通知，即需要被及时通知任务完成结果的人员，通常是需要根据这个任务的结果开展他们相应工作的人

在实践中，我们可以把业务/管理流程分解成多个任务，然后针对每个任务，就参与的人员或者部门用 RACI 来明确职责。对于重大的流程设计，建议采用工作坊的形式引导有关参与部门或者人员充分讨论并达成一致。应用 RACI 的步骤如下：

1）辨识整个流程，分解成各项任务，将它们记录在 RACI 表的左侧。

2）辨识参与整个流程或者任务的所有人员、部门，将它们记录在 RACI 表的上方。

3）完成 RACI 表的方格单元：辨识每个参与人员、部门的角色。

4）检查各个角色：同一个任务是否只有 1 个 A？同一个任务是否有太多 C？

以一家已经实施了 HR 三支柱架构的企业招聘流程为例。从表 6-3 中，我们可以看到在这个招聘流程中，作为业务伙伴的人力资源经理（HRBP）主要负责招聘需求审批与参与候选人的面试；用人部门主要负责提供岗位说明与招聘要求，进行面试并且做最后人员录用的决定；作为共享中心的招聘专员（HRSSC）主要负责招聘信息的发布、初步筛选与安排面试。在整个招聘过程中，清晰表述每个参与方在每个环节的责任有助于提升多方合作的效率。

表 6-3 RACI（举例）

招聘环节	用人部门	作为业务伙伴的 人力资源经理（HRBP）	作为共享中心的 招聘专员（HRSSC）
招聘需求审批	R	A（有些企业这个 A 会上升到 HRD 层面）	
提供岗位说明与招聘要求	A,R	C（有些企业 HRBP 可能会与用人部门共同完成该步骤，这里就显示为 R）	I
发布招聘信息	C,I	C,I	A,R
初步筛选	I	I	A,R
安排面试	C,I	C,I	A,R
面试	A,R	R	I
决定录用	A,R	R	I

> **实 践 中 的**
> **建议与提醒**
>
> 1）企业在战略调整或者架构改组后，一定要更新相应的业务流程以及 RACI，帮助各部门明确相应的职责以及流程衔接，否则很容易导致调整后的战略或者改组后的架构在具体的流程实施中无法落地。
>
> 2）在业务流程以及 RACI 更新的过程中，如果只是由一个主要部门牵头做出新的 RACI 然后用邮件通知各部门，效果往往不理想，因为各部门的相关人员往往根本没有打开邮件，或者打开了邮件却因为信息量太大而无法吸收，因此更新后的业务流程及 RACI 根本没有被落实。
>
> 3）在实践中召集共同完成某业务流程的各部门人员参加工作坊，共同讨论业务流程的任务分解并且就 RACI 的分工达成共识，会特别有助于收集各部门的反馈，明确各个流程环节的衔接与职责分工，增强新业务流程的落地执行性，组织发展变革过程才会更顺利、更有成果。

6.3.4 试验迭代法

精益创业倡导通过设计最小化可行产品，以及快速试验进行验证式学习，让组织以"快速反馈循环"的方式整合新学的知识，实现敏捷的自我调整。㊀这也同样适用于企业在重大制度体系上进行创新，企业可以先在小范围进行试验，快速检验效果，听取反馈，不断迭代完善。正如我国的改革开放，先在经济特区试验，成熟后全国推广。

可惜的是，我看到很多企业在进行重大制度体系调整或者创新的时候，往往用一刀切的方法。

例如：某企业在完成市场对标之后，发现销售员工的奖金激励制度与市场的普遍做法有所不同，于是马上下令修改所有销售员工的奖金激励制度，在实践中新制度带来新问题，于是又重新修改。频繁地修改制度容易导致员工认为企业管理混乱，失去对新制度的信心。

这个例子中，如果企业先在小范围的局部市场进行新奖金激励制度的试验，及时聆听一线人员的反馈，完善新制度的设计，之后再全面推广，新制度就更能发挥对战略的支持作用以及落地执行的有效性。

6.3.5 内部共创法

内部共创法是邀请相关部门、相关员工共同参与设计、建立、更新企业制度、政策和业务流程的方法。内部共创法具体包括：一对一访谈，举办小型座谈会共同讨论，举办工作坊深入研讨，派员参观访问标杆企业然后组织讨论、学习、应用，派员进行现场巡视然后组织讨论如何改善，等等。

企业在采用以上建立或优化制度体系的方法时都可以结合"内部共创"，通过聆听员工的反馈完善制度流程的设计，通过集思广益凝聚组织

㊀ 莱斯. 精益创业 2.0 [M]. 陈毅平，译. 北京：中信出版社，2020.

的智慧，通过增强员工对新政策、新制度的认同感实现落实执行，这也是 CHANGES 模型中凝心聚力的核心体现。

6.4 制度体系设计的三大原则

6.4.1 以战略为起点

战略给整个企业指明了一致性经营方向，而制度体系是企业经营的保障，因此，任何企业的制度体系设计都必须以支持企业业务战略为起点，只有这样才能为战略的实施保驾护航。

海底捞创建于 1994 年，历经 20 多年的发展已经成长为国际知名餐饮企业。截至 2021 年 6 月 30 日，海底捞在全球开设 1597 家直营餐厅，业务遍布中国、新加坡、韩国、日本、美国、加拿大、英国、越南、马来西亚、印度尼西亚及澳大利亚等地。海底捞的品牌理念是通过精心挑选的产品和创新的服务，创造欢乐火锅时光，向世界各国美食爱好者传递健康火锅饮食文化。⊖ 在强调从顾客体验出发，创新性地为顾客提供愉悦的用餐服务的战略之下，海底捞以制度规定所有门店服务员都有免单权。不论什么原因，只要员工认为有必要，都可以给顾客免费送一些菜，甚至免掉一餐的费用。⊜

海底捞设置所有门店服务员都有免单权的这项制度，为其用餐服务战略在数千家门店中得以落地执行提供了强有力的保障。这项制度的设计是基于对门店服务员的充分信任与充分授权，使得门店服务员在碰到就餐顾客不满时，可以快速安抚，通过免单这种最大胆的方式向顾客传

⊖ 海底捞. 品牌故事 [EB/OL]. [2022-02-28]. https://www.haidilao.com/about/brand.
⊜ 陈春花. 海底捞的"实"就是体现在这 4 个方面 [EB/OL]. (2018-09-28)[2022-11-22]. https://www.sohu.com/a/256623616_661663.

达最坚决的信息："我们非常重视你的满意度。"结果是顾客反复光顾并向朋友推荐，海底捞业务高速增长。这种做法在同业眼中或许显得过于激进，因为在它们那里，这通常是个别管理人员偶尔才能做出的例外决定，海底捞却赋予每一个员工免单权并作为正式的制度。但这正是从其"提供最佳顾客体验"的战略出发，配合其他同样为了实现最佳顾客体验的设定。对于员工而言，免单权不仅是一个可以选择的权限，更是一种传达了顾客体验至上的企业文化。这时战略与文化不再只是几个激动人心的词语，更是可落地、可操作的制度保障，体现在所有一线员工对顾客用餐满意度的及时反应上，这成就了海底捞的独特性和竞争优势。

6.4.2 责权利统一

现代管理学阐明的"责权利相统一"的原理体现了责任、权力与利益均需统一，责任者既是责任的承担者，也是权力的拥有者与利益的享受者。一方面，强调责、权、利三者必须对等匹配；另一方面，强调在逻辑上是由责到权再到利的顺序。[○]组织制度的设计同样需要遵循责任、权利、利益统一的原则。

1）责：在制度上明确每个岗位的职责，体现组织架构设计的岗位职责说明书只是阐述职责的第一步，前面介绍的RACI是对岗位职责特别是对跨岗位跨部门衔接职责的更进一步澄清。从结果导向来看，"责"也体现在绩效考核系统中关键绩效指标的量化上，例如营收、成本、利润等财务指标，以及留存率、活跃度等产品/用户相关指标等。

2）权：在制度上明确每个岗位可获得的授权，具体可以包括财务审批权、招人用人权、业务决定权等。如果某个岗位的权力过大，则容易滋生贪污或者存在决策失误的风险；如果岗位的权力过小，则会束缚相关人员乃至相关部门的行动力以及对市场做出快速反应的能力。制度设

[○] 鲁贵卿. 管理中的"责权利"平衡之道 [EB/OL]. (2016-05-20)[2022-11-22]. http://www.doc88.com/p-3019721164509.html.

计必须在其中取得平衡。

3）利：在制度上明确利益分配的机制，具体可以包括与短期业务成果挂钩的奖金激励、与长期业务成果挂钩的晋升机会、股权激励等。如果可分享的利益过少或者实行平均主义的分配方式，容易导致责任人缺乏业务进取的动力；如果可分享的利益过多，特别是短期利益过多，则可能导致责任人急功近利或者做出牺牲企业长期利益去获得短期利益的失当行为。制度设计也必须在激励与控制方面兼顾好。

以韩都衣舍为例，从2006年创业到2015年，就已经实现12.6亿元的年销售额，在线运营18个服装品牌，全年上线超过1.8万款新衣，拥有员工2600余人。韩都衣舍成功的关键是针对传统服装企业常见的经营问题（例如产品设计周期长，试制成本高，进而导致新产品创新能力弱、设计单一等），将传统服装企业的设计、视觉采购、销售等部门加以整合，构建起以产品小组制为核心的"单品全程运营体系"。在该运营体系当中，由产品小组负责产品设计、网上导购页面制作与货品管理三个非标准环节，依托企业的供应链、IT、仓储、客服等平台支持，对一款衣服的设计、营销、销售承担责任，以实现企业对市场竞争与消费者需求的快速反应。⊖⊜

产品小组一般由设计师（又称为"产品开发专员""选款师"）牵头，由页面制作专员与货品管理专员支持组成的小团队（通常是三人小组）。这个单品全程运营体系的高效运作离不开产品小组制责、权、利的高度统一。

1）在责任上，每个产品小组都需要承担明确的销售任务指标。韩都衣舍设有专门的企划部，通过数据分析和对行业的预测，做全盘产品规划。企划部在每年10月与产品小组讨论下一年度的销售额、毛利率和库

⊖ 韩都衣舍：服装行业运营模式的创新者[EB/OL]// 商务部2015—2016年度电子商务示范企业案例集. [2022-02-28]. http://dzsws.mofcom.gov.cn/anli15/detal_13.html.

⊜ HR SEE. 再解韩都衣舍的"小组制"的组织结构[EB/OL]. (2021-01-01)[2022-11-22]. http://www.hrsee.com/?id=1782.

存周转率三个考核指标，制订生产计划和销售计划。企业会根据各产品小组的考核指标分配资金和资源。

2）在决策权力上，产品小组可在企业规定的最低定价基础上，自主决定产品定价、生产数量、具体款式和促销时机等。每个产品小组会根据企业提供的各种参考数据预估销售量和备货量，在向工厂下订单时遵循少量多次的原则，灵活控制库存。

3）在利益分配上，韩都衣舍按照产品小组完成销售指标的情况设立小组奖金，奖金提成根据毛利润和库存周转率计算，即（销售额－费用）× 毛利率 × 提成系数 × 库存周转系数（销售额完成率）。产品小组内奖金分配，由组长决定，报部门经理和分管总经理批准。

另外，韩都衣舍还设立了内部竞争的机制，例如：每日销售排名；两年内目标完成率低于85%或90%的小组将无法获得奖金，这些小组会逐渐瓦解，组成新的小组；组员可根据个人意愿选择独立，组建自己的小组，形成内部人才的自动优化配置。

韩都衣舍产品小组制的运作规则如图6-1所示。

◆ 小组的责、权、利
  – 责任：确定销售任务指标
    • （销售额、毛利率、库存周转）
  – 权力：
    ① 确定款式
    ② 确定尺码以及库存深度
    ③ 确定基准销售价格
    ④ 确定参加哪些活动
    ⑤ 确定打折节奏和深度
  – 利益：业绩提成
    • （销售额－费用）× 毛利率 × 提成系数 × 库存周转系数（销售额完成率）
◆ 产品小组更新自动化
  • 每日销售排名
  • 新小组向原小组贡献培养费（奖金的10%）

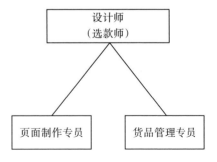

图6-1 韩都衣舍小组制的运作规则

资料来源：丛龙峰. 组织的逻辑 [M]. 北京：机械工业出版社，2021.

从韩都衣舍的案例中可以看出，每个产品小组都需要承担明确的销售额、毛利率、库存周转等考核指标，同时每个小组又获得在产品设计、库存深度、基准销售价格以及促销等方面的充分授权。企业通过业绩提成的利益共享以及每日销售排名等竞争机制，极大地驱动了小组成员自我管理的积极性。由此，我们可以看到制度体系与组织架构相契合所发挥的协同效应，制度体系不仅促进战略实施，也保障组织架构的高效运作。

6.4.3 刚柔并济

当人们说起制度体系的时候，往往第一反应是制度是一个强调标准化的东西，因而可能会僵化。在企业管理中，需要同时赋予制度以刚性与柔性，刚性强调用制度体系的管理取代因人而异、因事而异的不规范管理，柔性强调保留适当的政策灵活性。

例如，华为在全球的代表处，一般情况下都按照统一的职位级别制度配员，但是如果是在试点国家开拓新市场，华为会高配，通过安排更有经验、能力更强、级别更高的人员攻克新市场，改革出样板后在进一步全球推广的时候就恢复为统一的职位级别制度[一]。

如果企业希望保持制度体系设计的刚柔并济，可以考虑采用情景规划的方法，事前根据可能出现的不同情景设计相应的制度，这样既避免了一刀切的制度僵化，也避免了无章可依的各自为政，特别有助于全球化运营的企业或者多元化经营的集团总部平衡总部与业务（市场）单元的授权与管治。而要预知制度应用的不同情景，就必须在制度设计的过程中让来自不同层面的广泛的利益相关者参与，尤其是第一线员工的参与，而这也是 CHANGES 模型的核心元素"凝心聚力"在制度共创上的体现。

[一] 邓斌. 华为管理之道：任正非的 36 个管理高频词 [M]. 北京：人民邮电出版社，2019.

以上阐述了制度体系的设计方法与原则，希望能够作为管理者的参考，帮助管理者设计适合本企业的制度、流程、机制。

6.5 实例：绩效管理体系设计与落实机制

很多企业高管常常问我：要提升绩效，企业却没有充足的预算给员工涨工资以调动积极性，又很难把业绩不好的员工换掉，怎么办？有类似提问的高管很多，可见以组织发展变革的系统观去解决绩效管理中碰到的问题是企业的普遍需求。我们接下来就以绩效管理体系的构成与实践方法举例说明。

绩效管理体系是贯彻企业上层战略设计落地到基层战略实施，促进企业各部门横向协同，激励、影响和驱动企业员工实现企业目标的制度体系枢纽。绩效管理体系系统化地联结战略部署、人员发展体系、奖惩制度、岗位设计、业务与管理流程、衡量系统，从而引导组织成员的行动实施与行为表现，实现个人目标与组织目标的统一。绩效管理体系设计如图6-2所示。

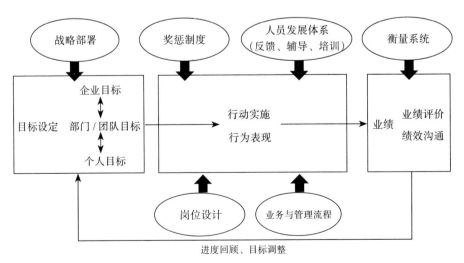

图 6-2　绩效管理体系设计

6.5.1 战略部署与目标设定

在第3章中,我介绍了战略洞察、战略设计、战略部署与执行评估4个战略规划步骤,战略部署在绩效管理系统中是"目标设定"的导入。这个过程中,让组织成员有机会充分讨论并理解战略部署,对于实现企业目标到部门/团队目标的分解,并且对于落实到个人目标非常重要。

战略部署是把经审批的战略目标、战略选择、蓝图规划分解与转化为执行的过程,强调企业、部门/团队、个人的目标与行动的一致性。常见的企业年度战略部署流程与方法通常通过战略部署启动会议、各部门内部预备会议、跨部门战略部署大会、各部门战略部署会议、个人目标会议等一系列会议机制进行,每个会议的目的与参会人员见表6-4。

表6-4 战略部署与目标设定的会议机制

会议	会议目的	参会人员
战略部署启动会议	澄清与确认企业中期、短期(当年)目标 讨论中期、短期(当年)必须跨部门通力合作的全局关键举措(初步构思) 确定后续战略部署会议的安排	CEO/总经理 企业领导团队成员/各部门负责人
各部门内部预备会议	传达企业中期、短期(当年)目标与初步构思的全局关键举措 讨论支持性战略与支持性重要举措(初步构思) 讨论各部门的关键绩效评估指标	部门负责人 向部门负责人直接汇报的干部 部门内其他员工代表(如合适)
跨部门战略部署大会	澄清与确认企业中期、短期(当年)目标 完善与明确中期、短期(当年)必须跨部门通力合作的全局关键举措 完善各部门的支持性战略与支持性重要举措 确定各部门的关键绩效评估指标 制订具体行动计划 制定个人目标(初步构思)	CEO/总经理 企业领导团队成员/各部门负责人 向部门负责人直接汇报的干部 部门内其他员工代表(如合适)
各部门战略部署会议	传达企业中期、短期(当年)目标与全局关键举措 传达各部门的支持性战略与支持性重要举措 传达各部门的关键绩效评估指标 进一步完善具体行动计划 制定个人目标(初步构思)	部门负责人与本部门全体员工 可邀请其他关系比较紧密的相关部门的代表适当参加
个人目标会议	确定个人目标、个人关键行动计划、绩效考核指标	员工个人 主管上司

> **实践中的建议与提醒**
>
> 1）以上系列会议通常需要在每年12月或者次年1月全部完成,以确保全体员工尽早明确企业的战略部署,并制定相应的个人目标与具体行动计划,尽快开展工作。
>
> 2）其中"跨部门战略部署大会"的重点是确保与会者不仅对企业整体目标和全局关键举措有统一认识,而且对各部门分别制定的支持性战略与支持性重要举措有所了解,彼此反馈,达成共识。这个会议对打破部门壁垒、防止各职能各自为政非常关键。
>
> 3）企业也可根据具体情况考虑把"各部门内部预备会议"与"跨部门战略部署大会"合并,或者"各部门内部预备会议""跨部门战略部署大会"和"各部门战略部署会议"合并在连续的几天完成。合并会议的好处是减少沟通环节,有助于员工对企业目标与全局关键举措的理解一致,在更短的时间内共同完成跨部门与本部门的战略部署。
>
> 4）如果要合并会议,需要注意的是参加会议的人数会相应增多,对会议议程的设计与现场讨论的引导要求更高,而且连续会议的天数以不超过3天为宜,以防与会者精神疲惫或者企业日常运作受影响。

6.5.2 衡量系统

衡量系统指的是用于评估目标完成情况的一系列业绩指标的设定,以及评估的方法。业绩指标,也常被称为绩效指标。在实践中,建议企业从以下三个角度分别理解绩效指标的内涵从而综合应用。

1. 新平衡计分卡的五个维度

企业通常最关注营收、利润的业绩指标，在此基础上，罗伯特·卡普兰和大卫·诺顿在其《平衡计分卡：化战略为行动》书中提出了企业不应该简单地从财务角度评价组织的表现，而应该采取包括客户、内部流程、学习与成长、财务四个维度的平衡计分卡的概念，⊖旨在提供一个全面的框架帮助企业把企业愿景和战略转变为一套连贯的业绩指标，为企业的战略实施提供评价机制。

本书在此基础上提炼出**财务收益、客户满意、组织健康、流程效率**四个维度，并且增加了**持续创新**这个维度，从而形成了五个维度的新平衡计分卡，如图6-3所示。新平衡计分卡帮助企业既关注短期财务收益，也关注持续创新投资与未来的长远发展；既关注外部客户需求，也关注组织成员以及内部流程效率的持续提升。这个整体框架促使企业各部门不仅关注结果，还重视实现结果的过程，不仅着眼当下，还放眼未来，同时有助于打破部门壁垒，明确企业的整体目标以及整体目标之间的相关性，为将目标分解落实到具体部门、团队与个人提供了全面的指引。

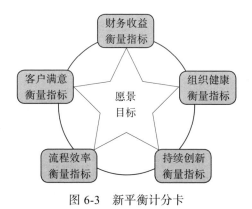

图 6-3 新平衡计分卡

⊖ 卡普兰，诺顿.平衡计分卡：化战略为行动[M].珍藏版.刘俊勇，孙薇，译.广州：广东出版社，2013.

2. 成果指标与过程指标

绩效指标又可以区分为成果指标与过程指标。其中，成果指标反映企业运营情况并且由企业各个部门共同产出；过程指标体现战略部署的关键任务和行动计划的进展情况，还包括对企业关键业务活动完成情况监测的指标。

1）**成果指标**：通常财务收益类指标，例如企业营收、利润指标，都属于成果指标，[一]但是成果指标也包括非财务收益类指标，例如在客户满意维度常用的市场占有率指标、在组织健康维度常用的企业员工流失率指标、在流程效率维度常用的生产率指标、在持续创新维度常用的企业注册专利数量等。

2）**过程指标**：一般不包括财务收益类指标。传统的绩效管理之所以低效，一个重要原因是企业只关注对成果指标的考核，但是成果指标只反映了企业的经营成果，无法给经理和员工提供指引，使其明白经营成果好或不好的原因是什么，所以企业也无法在组织、团队与个人层面进行有针对性的绩效改进与提升。过程指标补充了成果指标这方面的不足，过程指标可以进一步细化为两类：①为达到业务成果所需要进行的关键业务活动的绩效监测指标，例如对于销售部门或者销售人员的新客户开拓数量、现有客户重复购买率等；②反映实施战略部署中的重大战略举措项目的进展，例如客户管理系统是否按计划上线、新产品发布是否按计划进行等。

3. 结合新平衡计分卡、成果指标与过程指标的绩效指标框架

企业可以将新平衡计分卡的原理以及相互补充的成果指标与过程指标相结合，形成综合完整的绩效指标框架，企业再根据自身的行业特点以及具体经营模式确定综合的衡量指标，见表6-5。

[一] 帕门特. 关键绩效指标：KPI的开发、实施和应用：第3版[M]. 张丹, 商国印, 张风都, 译. 北京：机械工业出版社, 2017.

表 6-5　新平衡计分卡综合衡量指标（举例）

新平衡计分卡维度	成果指标（举例）	过程指标（举例）
财务收益	企业总体营收、利润等	具体项目投资回报率、核心产品或者关键客户的利润率、各细分市场的销售增长率、产品毛利率等
客户满意	市场占有率、关键客户满意度等	客户重复购买率、客户推荐率、解决客户投诉的平均用时、关键客户定期拜访计划完成率、新客户开拓计划的实施进度等
组织健康	员工保有率（流失率）、员工敬业度、人均效能等	关键人才储备率、离职员工分析、培训的投入占销售额的比率、培训学习的转化、管理人员的360度反馈评价、提升员工敬业度的举措完成进度等
流程效率	生产率、成本控制、质量（废品率、退货率）等	生产设备利用率、关键产品生产周期、返工率、订单输入错误率、订单按时完成率、库存可供销售的天数、人员招聘成本与需时等
持续创新	创新产品或者创新商业模式占企业总体业务的营收比率、发明专利的数量等	研发支出占销售额的比率、新产品研发需时、新产品上市需时（与竞争对手相比，与计划相比）、实施员工建议项目的数量、采纳员工创新建议节省的成本、每年创新孵化项目数量等

4. 关键绩效指标

依据管理学中大家熟悉的"80/20"法则，80%的产出来自20%的投入。在企业管理中，抓住20%的关键，也就抓住了主体。把这个法则应用到绩效考核体系设计中，指引我们把考核评价工作的主要精力放在关键考核指标（Key Performance Indicator，KPI）上，也就是那些对企业的经营现状、发展趋势、未来成功起到关键作用的指标，包括关键**成果**指标与关键**过程**指标。

企业内部应该就选取哪些关键绩效指标达成共识。通常在企业整体层面、部门/团队层面、员工个人层面会有不同的侧重。那么，应该设置多少项关键绩效指标才合适呢？有些专家认为最多不超过7项，另外有些专家认为最多不超过10项。根据我个人的实践经验，每个员工设置5项关键绩效指标比较合适。如果考核的指标太多，员工无法聚焦关键的工作与任务，也就失去了在工作中关注20%的关键任务以便达到80%产出的可能了。所有关键绩效指标整体权重为100%，综合不同文献的建议，单项关键绩效指标的权重一般不低于5%，并且一般不超过40%。

如果设置太多关键绩效指标，企业就无法聚焦资源与行动；如果某个关键绩效指标权重过高，容易导致员工只关注该指标的完成而忽略了其他关键绩效指标，因此企业需要做好平衡，并且定期检讨相关指标的适用性。

6.5.3 业绩指标跟踪汇报

企业可以根据自身治理与管理框架，以及具体关键绩效指标所跟踪的业务活动的特点，设定相应的汇报频率与汇报方式，例如：

1）对于企业层面的成果指标与过程指标，例如营收、利润、市场占有率、库存、员工流失率、重大战略举措项目总体进展等，在每个月的企业领导团队会议上汇报、讨论并制订相应跟进行动计划。

2）对于团队层面的成果指标与过程指标，例如：各销售团队每天的销售收入，通过邮件发送给各销售团队以及总经理、销售总监、市场总监与财务总监；重大战略举措项目中的团队具体行动计划进展，每周书面报告，每月在相关会议上汇报、讨论并制订相应的跟进行动计划。

3）对于个人层面的成果指标与过程指标。例如：各销售人员每天的销售收入，通过邮件发送给本人（用于记录）和其销售主管；关键客户拜访计划完成进展以及重大战略举措项目中的个人具体行动计划进展，在每周主管与员工的会议上汇报、讨论并制订相应的跟进行动计划。

企业可以通过一系列会议，对战略执行在个人、团队与企业层面进行制度化的跟踪与评估。业绩跟踪与评估会议机制见表6-6。

管理者看到这个表可能会感觉会议太多，但是只有通过一系列会议机制才能把战略分解落实到位，并且及时发现问题、及时调整。当然，在实践中，会议不能流于形式，管理者要通过合适的议程设计以及讨论与决策的引导来确保每个会议开得高效。

表 6-6 业绩跟踪与评估会议机制（举例）

层面	每周	月度	季度	年中	年度
个人	个人与主管每周碰头会： 1) 汇报本周个人进展 2) 解决个人具体困难 3) 确定下周工作任务 4) 搜集对战略及计划实施的一线反馈	个人与主管月度总结会议： 1) 汇报本月进展 2) 细化下月工作重点与计划	个人与主管季度谈话： 1) 个人复盘总结 2) 主管反馈与辅导	个人与主管年中回顾会议： 1) 上半年进展的自我总结与汇报 2) 下半年个人目标与工作计划的更新确认	个人与主管年度评估反馈会议： 1) 全年业绩评估结果的沟通反馈 2) 个人年度复盘 3) 对新一年的个人目标与团队计划提出建议
团队	团队每周碰头会： 1) 了解各团队成员的任务进展 2) 解决团队成员之间的问题；互相帮助解决团队成员个人的困难 3) 搜集对战略及计划实施的团队反馈	团队月度/季度总结会议： 1) 本月/季团队进展汇报 2) 共同讨论团队成员之间的问题；互相帮助解决团队成员个人的困难 3) 通报团队成员下月/季工作重点与计划		团队年中会议： 1) 团队建设 2) 年中团队进展汇报 3) 团队复盘 4) 讨论确认下半年团队工作重点与任务计划	团队年度会议： 1) 团队建设 2) 团队复盘 3) 对新一年的团队计划提出建议
企业	无	企业CEO与管理层月度/季会议： 1) 本月/季企业整体运营目标完成情况汇报 2) 本月/季全局关键举措完成情况汇报，并就出现的跨部门问题共同讨论解决 3) 各部门主要考核指标、支持性重要举措的进展汇报，以及本月/季组织层面的工作重点 4) 共同确定下月/季工作计划 5) 汇总并讨论来自一线员工及各团队的对于战略和计划的反馈，以及是否需要微调		企业CEO及领导团队与董事会或者总部年中会议： 1) 年中企业整体运营目标完成情况汇报 2) 年中全局关键举措完成进展汇报 3) 全局关键举措项目复盘 4) 年度运营目标、预算编制、运营计划更新 5) 企业CEO面向全体员工沟通大会	企业CEO及领导团队与董事会或者总部年度会议： 1) 年度企业整体运营目标完成情况汇报 2) 年度全局关键举措完成进展汇报 3) 战略复盘 4) 新年度运营目标、预算编制讨论 5) 企业CEO面向全体员工的沟通大会

6.5.4 业绩评价与沟通

企业的绩效管理系统最终将落实到组织成员（包括企业高管、中层经理与普通员工）的个人绩效评价上，并且个人的绩效评价结果往往与薪酬奖励挂钩，员工或者团队根据评价结果获得相应奖励或者激励。在实践中，绩效评价的方式也在演变。

国际知名的 GE（通用电气）公司前任 CEO 杰克·韦尔奇发起了末位淘汰制，在此制度之下，企业各个部门每年都必须为每个员工的绩效评级并且必须有 10% 的员工因考核结果排在末位而被解雇，这个制度曾在 GE 内部成功获得实施，也在世界范围内被许多企业所模仿；但是在 2015 年 GE 也终结了这个运行了 30 多年的制度。[一]

Adobe 软件公司在 2012 年以持续性绩效管理模式取代了传统的过程冗长耗时并且刻板僵硬的员工绩效评估制度，通过引入季度"签到（Check-in）"模式鼓励员工与主管经理定期就有关目标与期望、反馈、职业发展和进步对话。该公司从传统的对每位员工进行评分和等级排名，之后据此确定薪酬涨幅的烦琐过程转为赋予管理人员更强灵活性，不需要正式的评分和等级排名，允许管理人员根据员工的表现、对业务的影响力、技能的相对稀缺性及市场状况来分配薪酬涨幅。[二]

在实践中，企业目前普遍采用员工正态分布法（例如：表现优秀的员工约占 15%～25%，表现良好的员工约占 60%～70%，表现差的员工约占 5%～10%；其中表现优秀与表现良好的员工可以再细分档次，但总体控制在 3～5 个档次），它反映了通常情况下员工表现的自然分布状况，仍然有指导意义，但不作为强制末位淘汰。正态分布法有助于减少部门主管给所有下属员工都评为优秀的可能，同时更好地控制企业的薪酬或者奖金预算。

[一] HR SEE. 通用电气（GE）在员工绩效考核上的新举措 [EB/OL].（2018-01-22）[2022-11-22]. http://www.hrsee.com/?id=631.

[二] 卡尔曼，伊宁 . Adobe 公司"Check ln"你的绩效谈话 [EB/OL].（2015-04-02）[2022-11-22]. https://www.fx361.com/page/2015/0402/3208722.shtml.

> **实践中的**
> **建议与提醒**
>
> 1）不建议企业采取末位强制淘汰：一方面是因为排名靠后的员工也可能是胜任工作的，排名并不能完全准确地反映员工完成工作情况；另一方面是因为不利于团队合作。企业可以采用正态分布法指导管理人员区分员工绩效水平，并作为分配奖金与加薪的参考，但是不以此强制末位淘汰。
>
> 2）在实践中，Adobe 软件公司的改革也并没有完全取消对员工绩效的评价，只是降低了过往 HR 部门对业务部门的烦琐要求，业务部门不必僵硬地对员工进行正式评分和等级排名，拥有了更强的灵活性；企业鼓励管理人员给予下属更频繁的反馈与辅导，以帮助下属获取更及时的认可、指导与支持，从而更好地完成目标。
>
> 3）企业给管理人员提供关于反馈与辅导、绩效评价沟通等的培训，有助于增强管理人员与下属之间的沟通，传递正确的信息并且引导正向的关注；这不仅有助于提升管理人员的领导力，也有助于绩效管理体系的有效落实。

6.5.5 奖惩制度

奖惩制度的目的是激励和引导员工做出企业期望的行为。在企业实践中应以奖励为主。

1. 奖励制度

实践中企业的奖励制度应该包括经济性奖励与情感激励。经济性奖励又可进一步分为短期经济性奖励（例如季度或年度奖金，甚至某个重大项目奖励）与长期经济性奖励（例如股权激励）。经济性奖励属于员工薪酬中的变动收入，对于企业降低因为员工固定收入而产生的固定成本有帮助；同时奖励制度的杠杆设计，有助于激励员工通过更优异的绩效来获取更高的经济性奖励。但是，正如丹尼尔·平克在其著作《驱动力》中所说的，经济性奖励所带来的激励效果往往是短期的，就像少量咖啡因只能维持几个小时然后效果会逐渐消失，并且经济性奖励会降低人们继续这项工作所需要的长期积极性。具体来说，奖金或者股票期权兑现可能让员工有短暂时期的兴奋与满足，但是这种动力不能持久，或者需要继续追逐更高金额的奖金或者兑现更高金额的股票期权才能不断获得满足。过高的经济性奖励甚至可能诱发员工为了追求短期利益最大化而采取违规行为，何况企业也无法承担无限制增加的经济性奖励成本。

因此，在如今物质越来越丰富的年代，企业应该在经济性奖励保持市场竞争力水平的前提下，设计更能激发员工与团队归属感、自豪感、荣誉感的情感激励。常见的情感激励包括阶段性的优秀员工与优秀团队的公开表彰。

例如，对于销售部门的员工，在销售佣金或者销售奖金制度之外，还可按照各销售团队的业绩排名每年选出一个冠军销售团队，冠军销售团队不仅获得团队建设的奖励（例如可用于团队集体旅游或者团建活动的集体奖金），而且将获得在冠军奖杯上刻有团队名称且未来一年持有冠军奖杯的荣耀。试想一下，冠军团队的全体成员在企业年度大会上被邀请上台领奖，接受全体员工对待英雄般的欢呼和热烈掌声，他们会极为自豪并且会竭尽全力在未来一年继续成为冠军，保住这个奖杯，而台下其他销售团队也会暗自鼓劲，希望自己在未来一年能够获得冠军的荣耀。

情感激励除在全公司范围内的公开表彰外，还应该包括日常工作中对员工的认可与鼓励，帮助员工把个人兴趣、爱好、特长与工作相匹配，给予员工学习与成长、晋升与发展的机会；情感激励的最高境界是实现员工个人使命与企业使命的高度统一,帮助员工诠释工作的意义,使其产生持久的自驱力,发挥主人翁精神和自主能动性。

通过物质(经济)和精神(情感)两方面的共同作用,能够使个体对组织产生信任与眷恋的归属感,从而使得该个体将自己融入组织整体,并将组织的整体利益作为自己行事的出发点和目标。因此,成功的企业需要综合运用不同的奖励方式,在保证经济性奖励合理性与公平性的基础上确保外在驱动的有效性,同时充分发挥情感激励的内在驱动作用,帮助员工发掘自我驱动力的源泉。有关经济性奖励与情感激励的具体实践举例见表6-7。

表 6-7 经济性奖励与情感激励的具体实践举例

奖励制度分类	举例
经济性奖励	短期经济性奖励:例如月度、季度或者年度奖金、销售佣金、利润分成、根据绩效评估的加薪等
	长期经济性奖励:例如股票期权、特别股票、股权、长期服务奖金等
情感激励	优秀员工、优秀团队等公开表彰 日常工作中对员工的认可与鼓励 帮助员工把个人兴趣、爱好、特长与工作相匹配 给予员工学习与成长、晋升与发展的机会 使命感与归属感

2. 惩罚制度

与奖励制度相反,惩罚制度强调的是对企业规章制度的遵守与服从,以及如果违反了企业规章制度,当事人必须承担的严重后果。企业设立惩罚制度的目的在于通过惩罚当事人的方式,约束当事人不再违反企业的规章制度,同时也对企业内的其他成员起到警戒作用。企业的惩罚制度通常按照员工违规行为造成后果的严重性分为口头警告、书面警告、奖金扣除、降职处理、辞退解聘、转交司法制裁等。企业在设立惩罚制度时需要注意以下几点:

1)过度的惩罚制度会让员工感觉没有得到企业的尊重,只是迫于压力的服从会让员工丧失对企业的归属感与工作能动性。因此,企业的惩罚制度一般只适用于员工违反企业重大原则性规定的情况，例如，很多企业会对员工的贿赂、作假、性骚扰等采取"零容忍"态度，设立专门的内部调查程序，并且由其他部门的非涉嫌人员独立调查，一经查实违规就立即解雇。

2）根据劳动相关法律法规，企业不可以轻易采用"扣工资"的方式作为对员工违规的惩罚。即使是劳动者本人原因给用人单位造成经济损失的，用人单位也可按照劳动合同的约定要求其赔偿经济损失，可从劳动者本人的工资中扣除，但是每月扣除的部分不得超过劳动者当月工资的20%，且扣除后的剩余工资部分不得低于当地月最低工资标准。^㊀

3）根据劳动相关法律法规，企业在改变聘用条件（例如降职处理）时必须获得员工本人同意；辞退解聘员工也必须符合劳动法律法规允许的情况，不得随意解聘。

6.5.6 绩效管理体系的其他重要元素

绩效管理系统还包括"反馈、辅导和培训发展""岗位设计""业务流程与管理流程"等重要元素，共同构成绩效管理系统的有机整体。

1. 反馈、辅导和培训发展

反馈与辅导是主管经理在日常工作中常用的指导下属工作、帮助下属成长的方法。

1）反馈是主管经理基于观察，就员工的具体行为给他人、团队或者企业造成的影响，与员工及时沟通，常用于帮助员工改正行为和改善业绩。主管经理对员工的反馈应及时并且对事不对人，反馈的重点是描述员工的具体行为、该行为对工作和他人的影响，并且通过恰当地表达感受帮助员工建立同理心，并激发其采取行动改进的过程。反馈既可以用

㊀ 华律网. 违反公司规定扣除全部工资合法吗 [EB/OL].（2022-01-04）[2022-11-22]. https://www.66law.cn/laws/985129.aspx.

于帮助员工改善提升，也可以用于在日常工作中给予员工认可与鼓励。

2）辅导又被称为"教练技术"，是启发被辅导者思考，鼓励被辅导者参与决定甚至自主做出决定的过程。主管经理在日常工作中通过辅导激发被辅导者（下属员工）的行动意愿，帮助被辅导者持续成长。

反馈与辅导注意事项如图6-4所示。

反馈	辅导
• 用于在特定的行为情境中强化或者提高员工的表现 • 基于观察 　• 描述行为 　• 描述影响 　• 描述感受 • 以己方陈述为主	• 用于提高员工的思维能力，使他们能够凭借自己的能力更有效地解决业务问题和提出建议 • 基于引导 　• 启发思考 　• 参与决定 • 以提问对方为主

图6-4　反馈与辅导注意事项

企业通过提升主管经理的反馈与辅导能力，推动反馈与辅导文化，以及系统化的培训发展体系与人才发展体系，是绩效管理体系的重要组成部分。

2．岗位设计

岗位设计是否合理也会对绩效管理造成重要影响。岗位设计是基于组织架构的设计。常见的岗位设计工具是岗位说明书，它用规范的形式对企业内各类岗位的主要内容进行定义性说明，又称为职位说明书、职务说明书，内容包括具体岗位的职责说明与任职要求说明。如果组织架构和岗位设计不合理，会从根本上影响岗位效能与任职者的绩效。有关组织架构设计的方法，可回顾第5章的阐述与举例。

3．业务流程与管理流程

业务流程与管理流程也会对绩效管理造成重要影响。如果事无大小都需要层层审批才能做出决定，就会限制业务人员对市场竞争做出快速反应从而影响业绩成果；如果一个需要跨部门完成的业务流程，没有明确整个流程的最终负责人，也没有明确各部门如何分工合作，就会导致各部门合作不畅、效率低下。有关业务流程与管理流程的设计与提升，本章前面部分已做了详细阐述，这里就不再赘述。

综上所述，企业绩效管理体系是一个系统性工程，以战略为出发点，帮助组织成员理解并支持企业的目标与战略，增进个人与团队、组织，部门与部门之间的协同一致，结合经济性激励与情感激励，赋能组织成员实施战略，并通过绩效评价及时跟踪反馈。

6.6 小结：有形的标准，合力的保证

1）企业制度体系是全体组织成员在企业经营活动中必须共同遵守的规定和准则的总称，其目的在于把无形的理念、抽象的概念转化为共同遵守的有形标准与尺度，通过正向和反向的激励（奖惩机制）为人们树立准绳，从而使得这些理念及方法论变得可执行、可操作，并逐渐形成行为习惯，形成组织合力。

2）企业制度体系具有鲜明的特征：具象化，体现在具体业务流程中明确细化的标准；导向性，反映在通过奖惩机制去引导或者制约相应的行为；体系化，强调不同制度之间的相辅相成，形成全方位的理解与执行；时效性，确保制度的延续性和与时俱进。这些特征最终都落实到企业运营中的每个细节上，成为企业正常经营与持续发展的体制保障。

3）企业制度体系的组成包括运营流程、管理体系、规章制度、管控机制、奖惩机制及创新机制等，在不同的企业发展阶段有不同的侧重。制度体系不是孤立的元素，需要与企业的战略、架构、能力、文化等CHANGES模型的其他方面协同一致，才能产生积极效果与发挥强大力量。

4）企业制度体系设计的方法包括：经验总结法、对标参照法、流程

优化法、试验迭代法与内部共创法。其中流程优化的常用方法与工具包括现场巡视、5个为什么、RACI。这些方法与工具不仅可以及时发现与解决个别问题，也可以帮助企业从救火式管理转变为通过制度与流程进行常规管理，提升管理效率。

5）企业制度体系设计的原则强调以战略为起点，责权利统一，并且做到刚柔并济。一切制度体系必须始终支持企业战略的规划与实施；通过充分授权与利益共享，鼓励和调动组织成员承担责任的积极性；既要保持制度执行的一致性，也要避免凡事一刀切的制度僵化；在实践中，凝心聚力、集思广益，有助于企业取得制度体系设计的平衡。

6）本章以企业普遍需要的绩效管理体系设计为例，以组织发展的系统思维，联结企业战略部署进行目标分解设定，以岗位设计、业务流程与管理流程为基础，配合奖惩制度、反馈辅导与培训发展体系促进行动落实，结合衡量系统形成逻辑闭环，并通过一系列跟踪机制，促进与提升员工、团队与组织层面的绩效。

第 7 章

文化规范

生活中,我们都见证过文化的强大力量:春节来了,无论多么艰辛,路途多么遥远,我们都要排除万难,回家和家人团聚——这就是文化的力量!同样,企业文化一旦被内化为每一名员工心中的信念,将会形成企业巨大的内在引力,成为企业无坚不摧的竞争优势。本章要讨论的正是组织发展变革 CHANGES 模型中的一个关乎内在影响力的元素——文化规范,并从企业文化的三个维度讲起,帮助管理者理解在企业不同发展阶段的企业文化建设。

7.1 企业文化的磁场效应

组织发展学创始人勒温指出:个体行为是团队环境或**场域作用**的产物。[1]当谈到"场"时,人们最容易联想到"磁场",例如铁制品进入磁

---

[1] 张美恩,霍尔比奇.组织发展:OD 和 HR 实践者指南 [M]. 夏钰姣,译.杭州:浙江人民出版社,2017:30.

场的时候会被磁力吸引并"磁化",如图7-1所示。企业文化就像是组织的磁场,通过对组织成员的感受、信念、行为产生强烈的作用,形成企业内在的引力与趋同力。

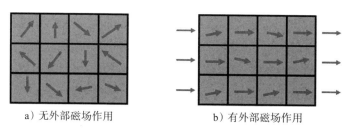

a)无外部磁场作用　　　　b)有外部磁场作用

图7-1　磁化示意图

资料来源:FERGUSWYF.磁场的基本物理量[EB/OL].(2020-07-12)[2022-11-22]. https://blog.csdn.net/ferguswyf/article/details/107296529.

那么企业文化是如何发挥磁场效应的呢?我们接下来从企业文化的定义、特征、作用以及文化的不同维度来剖析。

7.1.1　共同习得的信念

"文化规范"是组织发展变革 CHANGES 模型七个元素中最抽象的元素,这是因为每个人对"文化"这个词都有自己的解读:一方面可能会觉得"文化"这个词很虚,不知道如何落地;另一方面也有可能会觉得"文化"是个筐,什么都往里装,不知道如何聚焦。我们就先从企业文化的定义来深入理解。

埃德加·沙因是企业文化与组织心理学领域的开创者和奠基人,也是过程咨询方法论的创始人,世界百位最具影响力的管理大师之一。他把文化表述为:一个群体在解决其外部适应性问题以及内部整合问题时习得的一种共享的基本假设模式。沙因还进一步指出:一个组织的文化强度取决于时间的长度、组织成员的稳定性以及他们共享的实际经历的情感强度;文化是组织成员共同经历、共同学习的结果,创造了组织内在的思维模式和参考框架；领导力在文化建设、植入和发展中起着重大的作用[一]。

基于沙因的观点与实践，我们可以进一步形成以下关于组织文化的观点：**组织文化，是组织作为一个集体，在长期运营实践中，共同习得的信念、思维方式及行为模式的综合体现，形成对组织成员持续长久的强大影响力。**

7.1.2 文化建设必须把握的三大特征

在实践中，组织文化呈现习得性、共享性与个性化的特征，了解文化的这些特征对企业的影响，有助于我们更好地建设企业文化。

（1）**习得性** 企业文化是企业从实践中得来的，各种想法在实践中成功或失败，被验证成功的想法最终被组织成员内化为理念，而当内外部环境变化，这些理念不再有效的时候，它们也会随之改变，并非一成不变；尤其是当重大事件，通常是巨大的失败或他人的巨大成功证明理念需要更新的时候，企业文化是可以发生较大变化的；另外作为社会文化的子文化，企业文化也是与社会文化共同前进的。组织发展实践者（无论是业务高管还是 HR、OD 实践者）需要保持对各种观念的开放，不轻易否定外来思想，让各种思想在实践中自由竞争、沉淀、进化。

（2）**共享性** 企业文化是组织成员共同形成的。如果企业文化只是企业中某个人或者某小部分人（例如只是领导团队）的理念，即便持有这些理念的人身居高位，但其理念没有被员工共享，这些理念也算不上企业文化。这也是实践中常常出现的误区，企业一把手拍脑袋想出自认为很好的企业文化口号和标语，却没有获得广泛的员工的认可，更谈不上让员工发自内心的遵从，这些口号和标语都只能变成一句空话。更进一步讲，企业文化实际上是在全体员工共同参与的基础上形成的，每一名组织成员都

[一] 沙因. 组织文化与领导力：第 4 版 [M]. 章凯，罗文豪，朱超威，等译. 北京：中国人民大学出版社，2014.

是贡献者和利益相关者，对企业文化建设都有不同程度的影响力。

（3）**个性化**　企业文化本质上具有理念属性，无法从企业之外购得或模仿，它是企业发展中关于"我们这个组织如何成功"的相关理念，是在企业长期发展的过程中不断被检验、被认可，慢慢沉淀下来的成果。每个企业的组成人员不同、企业成长经历不同，习得的内容自然也就不一样，因此企业文化具有明显的个性化特征，即使在同一个行业里，不同企业的文化也可能有较大差异，也因此，企业文化表现出相当程度的不可复制性。

透彻理解企业文化上述特点，有助于管理者在企业文化建设的过程中掌握好方向和分寸。例如，我们理解了企业文化的习得性、共享性与个性化，在企业文化建设时就可以有意了解企业的过往、其重大经历、赖以成功的原因，从中萃取企业文化的基因；在企业文化建设的过程中，不仅要发挥领导者对文化的影响，还要通过更广泛的组织成员参与设计与构建，来获得企业整体对文化的共享与共鸣，并使企业文化与时俱进地随着企业发展而不断传承与进化。

另外，值得一提的是，文化是人类社会必然的产物，任何企业必然有其文化，不存在"没有文化"的企业。但文化也有强弱之分，优秀的企业文化能适应外部变化，因而在整体组织层面共识更多，体现出更强烈的一致性，对外树立了更鲜明的形象；而欠佳的企业文化则难以形成整体一致性，对内被分割碎片化，对外模糊不清，并且因为缺乏共识、难以形成合力，而难以适应外界变化。

7.1.3　企业文化的巨大意义和作用

企业文化建设是近年来颇为"流行"的事情，但对于企业家与管理者而言，其意义远远超越追逐潮流，因为优秀的企业文化对于企业发展有着巨大的意义和作用。

（1）**内在引力**　优秀的企业文化是全体员工在共同实践中一起创造

的，并得到普遍认可和传承，成为"我很自然就这么做了"。这种潜移默化的内在引力来自共同的价值取向，对组织成员的思想和行为起到无形的、自愿的规范作用。在企业文化的"磁化"下，企业整体形成"心往一处，力往一处"的趋同合力。

（2）**情感作用**　良好的文化氛围对员工发挥积极正向的情感作用。愉悦感、责任感、自豪感等积极情感将激发员工的积极性、主动性和创造力；由共同价值观与共同奋斗经历引发认同感与归属感，形成强韧的凝聚力；情感的力量促进思想的升华，文化渗入心灵并外化成与理念一致的行为。

（3）**外部效应**　优秀的企业文化传递企业的理念和精神，通过对外宣传，可以提升企业在大众中的知名度和美誉度，带来巨大的品牌效应，提升企业竞争力。不仅如此，符合社会利益的优秀企业文化可以产生十分正面的社会影响，使企业成为社会的模范成员，带动不同行业的发展与升级，更进一步为社会大众的价值观与行为模式带来示范效应。

在组织发展变革实践中，企业文化建设的终极目的是在企业内部形成理念上的共识，进而引导组织成员的行为规范，形成自发的合力，并给外部利益相关者（客户、供应商、合作伙伴等）留下可观察、可感知的企业独特印象，成就企业独一无二的特色。企业文化成为企业可持续竞争优势的终极来源。

7.1.4　剖析企业文化的三个维度

那么如何构建企业文化呢？我们把抽象的企业文化具象为三个维度，如图 7-2 所示，我们只有同时了解企业文化的外在表现、核心内涵和领导风格对企业文化的影响，才能更好地进行企业文化构建、企业文化管理与企业文化变革的实践。

（1）**外在表现**　企业文化的外在表现是组织成员甚至是组织外部人员可以直观观察与辨识的，包括可见的办公环境、企业定期的或者重大的仪式庆典、可观察到的人员行为与组织气氛，还包括内部公示的企业规章制度与对外公开的企业价值观的表述等。

（2）**核心内涵**　企业文化的核心内涵是组织成员共享的基本假设，组织成员默认的企业取得持续成功的思维模式与行事方式，来源于组织成员的共同经历、企业发展历程的成功经验沉淀，以及企业在人才选育用留方面的传承。

（3）**领导风格对企业文化的影响**　领导风格对企业文化的影响是企业领导者因其个人鲜明的个性与领导风格，给创立和弘扬企业文化带来的深刻烙印。这里包括了企业的创始人，以及在企业传承过程中带领企业持续成功的历代企业家、领导者。

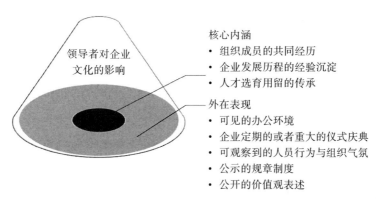

图 7-2　企业文化的三个维度

把抽象的文化剖析为这三个具象的维度，我们就可以分别对应具体的实践方法，从企业成功经验中萃取共享的文化内涵，通过外在表现方式的引导，发挥领导者的正向影响力，促进企业文化的传承与创新。

7.2　企业文化的外在表现

我们先从企业文化的外在表现这个最直观的维度来阐述。企业文化的外在表现包括方方面面，其中比较显著的有：直接可见的办公楼与办公室硬件环境；企业定期举办的或者重大的仪式庆典；可观察到的组织成员个体的行为，以及组织成员相互交流互动的组织氛围；企业内部公示的各项规章制度，以及企业对外宣布与对内宣贯的企业价值观等。企业文化的外在表现不仅可以引导组织内员工的行为规范，也可以给企业外部关键利益相关者（客户、供应商、媒体、政府监管机构、应聘候选人等）留下对企业的总体印象。

7.2.1　可见的办公环境

企业可见的办公环境是企业文化最外在、最直观的呈现。企业办公大楼和办公室室内设计的色彩构成、立体构成、材料运用、灯光运用、办公家具及艺术陈设等都是企业文化对外的显示。⊖例如，一个企业的高管人员是否配备独立的办公室，甚至开放式办公区间座位间隔挡板的高低，都在一定程度上显示出企业文化中对待等级与开放沟通的态度。

7.2.2　定期的或者重大的仪式庆典

企业的仪式庆典可以多种多样，可以是每天的晨会简报、年度的重大庆祝活动、定期的员工活动等。仪式感不仅是一种礼仪，还是一种强烈的心理暗示。⊜仪式感有助于员工对企业产生归属感，能够引导员工关注企业倡导的价值观和企业战略重点。例如，很多企业每年都举办年会而且在年会上特别嘉奖年度明星员工，这也反映了企业倡导的文化，比如说：嘉奖的是个人销售明星，则企业鼓励的是个体绩效；嘉奖的是创新明星，企业鼓励的是创新；嘉奖的是长期服务员工，企业鼓励的就是员工对企业的忠诚度；嘉奖的若是团队，企业鼓励的是团队合作。

⊖ 蒋新华. 浅析企业文化在办公空间装饰装修设计中的融合 [J]. 市场周刊，2019(41): 36.

⊜ 广东宏德教育. 企业文化中的仪式感 [EB/OL]. (2017-08-30) [2022-11-22]. http://www.360doc.com/content/17/0830/22/34175808_683423073.shtml.

7.2.3　可观察到的人员行为与组织气氛

可观察到的人员行为与组织气氛包括组织内成员个体的行为以及组织内成员之间的互动交流情况，例如：办公室内的工作气氛是严肃还是轻松，开会讨论时是大家畅所欲言还是上司发言、下属做笔记等，这些在我们去参观一个企业时或者企业新员工刚上班时就能有所觉察。这种可观察到的人员行为与气氛会影响个体情绪上的感受，例如，轻松的气氛会让人感到愉悦，严肃的气氛会让人感到压力，而个体的情绪也会在群体中"共振"，形成组织成员对组织的"总体感觉"。

7.2.4　内部公示的企业规章制度

从企业公示的规章制度中也可以看到企业文化，最常见的是在员工手册中列明的行为规范，例如员工上班是否需要正式着装、员工上下班是否需要打卡，也包括企业正式的奖惩制度以及企业正式业务流程的审批与汇报制度，例如奖金制度、预算审批、人员招聘审批、员工发现企业问题的汇报机制等。从企业的规章制度中，我们还可以看到该企业鼓励或者监督哪些员工行为以及企业内部的授权情况。

7.2.5　对外公开的企业价值观的表述

常见的可描述的理念和价值观是企业网站上的公开陈述、在企业办公室内张贴的标语、印刷在员工手册上的文字等。企业最初的价值观相关文字的形成，往往来源于企业创始人的个人偏好、个人情怀，或者是创业团队共同经历的总结。需要注意的是，对于在企业后续发展阶段加入的员工而言，他们因为没有一起经历创业或者没有参与构建企业价值观文字表述的过程，这些公开的价值观文字可能只是标语而已；企业在持续建设企业文化的过程中，需要帮助组织成员进一步把价值观文字表述内化，只有这样广大员工才能产生情感共鸣，与时俱进。

7.3 企业文化的核心内涵

如果企业文化只停留在外部表现上，那么我们应该很容易全盘照抄已经在市场上取得巨大成功的企业的文化，为什么企业文化建设还是那么难？这是因为企业文化是组织的"DNA"，不可复制。[○]企业文化的外在表现是可观察、可描述的，但是正如本章开头所述，企业文化的核心内涵是由组织成员共享的潜在**基本假设——组织成员默认的企业取得持续成功的思维模式与行事方式**：随企业发展的时间而沉淀，因员工的共同经历而得到认可，在企业人才选用育留的过程中得到传承。尤其需要指出的是，**企业文化的核心内涵决定了企业文化的外在表现**。

7.3.1 组织成员的共同经历的认可

这个在企业的创业团队中最为明显，特别是在企业创建初期，创业团队成员共同经历企业求生存的过程，这段时间大家共同获取成功的做事方式很容易成为大家默认的成功因素，并且得到团队的自动认可而成为企业成功的基本假设。企业初期的文化在团队成员的共享与相互强化中逐步形成。

即使是业务已成熟或者多元化的企业，如果众多组织成员都较长时间在本企业共同工作，他们也会逐渐把在这个企业内部获取成功的经历默认为这个企业高效运作的成功经验，从而逐渐形成企业内部所谓的"隐性规则"。而这些隐性规则（隐性文化）可能无法从企业公开以文字显示的价值观上完全反映出来。

例如，有两家企业公开宣传的价值观中都强调"团队合作与积极沟通"，然而在实际运作中却有各自不同的"隐性规则"：A 企业强调对问

○ 马云. 文化是企业的 DNA [EB/OL]. (2013-05-23). [2022-11-22]. www.daodoc.com/fanwen/qitafanwen/6005989.html.

题的不同意见需要放在团队的会议中开放讨论，各个成员各抒己见后，团队就大家都认同的部分做出决定与行动，然后在推进中继续解决分歧的部分；而 B 企业的重大决定必须经过领导团队的一致同意才能执行，于是就会有非常多的与各个部门领导的"预备会议"，在正式会议前收集反馈，待到各方面的认同基本达成一致，才视为时机成熟，召开正式会议。这时候的正式会议上基本上不会出现激烈的讨论，更多是通过正式会议来明确已经通过前期预备会议达成的共识。大家可以想象，如果一个在 A 企业成功的高管跳槽到 B 企业，他会把在 A 企业成功的经验默认为可以在 B 企业获得成功，但是会被 B 企业的文化冲击得"头破血流"，因为把在 A 企业成功的经验应用于 B 企业的工作中，他敢于在集体会议上表达不同观点的"团队合作与积极沟通"行为会在 B 企业被视为严重缺乏"团队合作与积极沟通"精神的鲁莽举动，因此被 B 企业的其他团队成员排斥。

这个例子也体现了文化的一个有趣之处，因其隐性规则的倾向，当人身在其中时感觉并不明显，觉得那是理所当然的，只有与不同的文化相遇之时，文化差异才会显现出来。更为有趣的是，一个组织成员可能对所在组织的文化有这样那样的不满，但当其离开这个长期工作的组织，进入新的文化环境时，却又可能在不知不觉中用其原本不满的文化所倡导的方式行事，文化有着潜移默化的作用，人们甚至被影响而不自知。

7.3.2 企业发展历程的成功经验沉淀

正如大自然中适者生存的自然规律，企业的发展也是一个进化的过程。企业在过往发展历程中的成功体验，例如企业得以生存并高速发展，企业渡过困境，新产品成功发布，成功开拓新市场，甚至成功保持较高的市场占有率等巩固胜利成果的成功，以及产生这些成功的思维方式、决策模式、做事方式等都会被企业作为成功经验沉淀积累下来，成为企业后续举措的参照。这也是为什么通常企业发展时间越长，企业文化沉淀越深厚，越难改变。

在企业实践中，华为萃取成功经验的方法可以说是企业文化传承的经典案例。华为的具体做法强调经验的总结提炼与文档的整理：通过会议反思回顾经验，通过整理文档提炼价值，同时注重隐性知识与显性知识，两者并重。例如，华为总部派人去北非，帮助华为在埃塞俄比亚的团队总结成功经验和教训，把当地项目的背景、如何做的、哪些值得学习都梳理清晰，并且把经过系统整理的思路与方法所产出的经验成果，做成总结报告、拍成视频输出到华为其他市场或者其他项目，供其学习借鉴。㊀华为有计划地萃取成功经验的方法与机制，不仅通过团队对案例的分析和总结，得出一套易学、易记的标准化模式，以达到对成功经验的有效复制、反省和传承，还进一步把成功经验沉淀为知识资产，更是通过把相关案例在华为内进行大规模宣传、培训和研讨，提升组织的学习氛围，帮助各业务团队提升绩效。在此过程中同时传递了企业价值观、管理理念、政策导向，形成华为独特企业文化的一部分。㊁

7.3.3 人才选育用留的传承

如果说企业创始人、创业团队以及早期成员的共同经历在企业创建初期的文化建立中起主导作用，那么企业文化基因的遗传密码就在企业发展持续地选择员工、任免员工、培养员工、保留员工的过程中得以传承。㊂

㊀ 庞涛. 组织经验萃取的华为和宝洁模式，你选哪个?[EB/OL].（2020-06-02）[2022-11-22]. https://www.sohu.com/a/399595454_183808.

㊁ 培训星球. 相同问题总一错再错？大厂华为的经验萃取案例分析，你一定要了解[EB/OL]. (2021-08-02) [2022-11-22]. https://baijiahao.baidu.com/s?id=1706944621024297984&wfr=spider&for=pc.

㊂ 梁勤. 企业文化是企业的DNA[J]. 企业家信息，2015(3): 96-97.

心理学家们通过实验发现，人们不仅喜欢那些和他们想法一致的人，还喜欢那些和他们行为模式一致的人，这是因为：当人们发现对方与自己拥有相同的价值观、想法和行为模式时，这种相似性让人们产生了满足感从而更愿意亲近对方；当对方的态度与自己不一致，人们就会降低对这个人的好感甚至远离对方。⊖

这种"相似导致喜欢""不相似导致不喜欢"的心理作用在企业管理中导致领导者倾向于招聘与自己价值观、想法与行为方式相似的下属；如果员工感觉与上司以及身边的同事的价值观、想法、行为模式一致时，更容易在工作中产生愉悦感，并且更容易在工作上取得成功，从而在企业内得到更大的发展；相反，如果员工个人的价值观、想法、行为模式与企业文化不一致，员工在工作中很容易感觉处处碰壁从而变得沮丧，甚至最终离开这个企业。企业文化正是通过人才选育用留的过程不断去异存同，使最终留在企业并且与企业共同发展的人员成为企业文化基因的一部分。

（1）**选**　越来越多的企业开始意识到在招聘过程中甄选价值观与企业文化相一致的人员，对于该人员能否快速融入企业并且在企业获得成功与发展非常重要。例如，大型企业常常招聘应届毕业生并按照企业文化要求来培养。进行社会招聘或者高管招聘的企业，也常常在候选人面试中增加甄选候选人个人价值观与企业文化是否一致的环节，具体操作方法可参考精心设计的面试提问、文化契合度测评，甚至在甄选的流程中不仅有人力资源部面试与上级面试，还增加了同事面试等环节，增强甄选的人才与企业文化的匹配度。

（2）**育**　员工的入职培训与加入企业后的持续培训发展都是强化企业文化的方式。例如：高露洁公司荣获"全球最恪守道德标准公司""全球 15 个最受信任品牌""世界最受尊敬企业""最佳治理企业"等多项荣

⊖ 迈尔斯. 社会心理学第 11 版：[M]. 候玉波，乐国安，张智勇，等译. 北京：人民邮电出版社，2016.

誉，彰显了其在恪守商业道德标准、合规治理与可持续发展方面的企业文化。①该企业在全球范围内要求新员工不仅在入职上岗期间完成对《行为准则》的学习与认证，同时，要求从 CEO 到每个一线员工，每年都必须在指定时间再次完成《行为准则》的年度复习与认证。②《行为准则》等线上学习课程都是根据企业中常见的问题设计并且每年更新培训内容的，以确保员工在工作中能够严格遵守企业的标准和制度并且与时俱进。

（3）用　任免、晋升员工的考核条件必须与企业文化、企业核心价值观相一致。例如，华为的干部选拔标准包括：遵从企业规则和商业行为准则等品德要求是底线，认同与践行核心价值观是基础，具有高于同层级、同类岗位的员工贡献的绩效表现是必要条件，拥有与岗位相关的业务能力与经验积累是关键成功要素。华为"以客户为中心"的核心理念体现在用人体系上就是"将军都是打出来的"，企业要求一般干部要有基层实践经验，并且通过岗位等级设计、职位名称设计等机制确保最优秀的人才愿意去直接接触客户的一线；在领导岗位的人员甄选上，强调承担全球责任的干部还要有海外成功经验，高层管理者更要有跨领域的成功经验，确保总部能够理解一线的战情和客户需求。③

（4）留　企业文化形成的组织氛围，最终体现在每个组织成员的感觉与感受上。组织成员对企业文化的认同与良好感受有助于企业在激烈的人才市场竞争中保留关键人才。更进一步的调研结果显示，员工对企业文化的认同，对于员工在由"我"到"我们"的过程中提升敬业度有显著的促进作用。④"同声相应，同气相求"的效应使得留下来的员工与

---

① COLGATE-PALMOLIVE. Awards [EB/OL].[2022-02-28].https://www.colgatepalmolive.com/en-us/who-we-are/awards.

② COLGATE-PALMOLIVE. Code of Conduct [EB/OL].[2022-02-28].https://www.colgatepalmolive.com/content/dam/cp-sites/corporate/corporate/common/pdf/2015-Cond-of-Conduct-English.pdf.

③ 杨爱国. 华为奋斗密码 [M]. 北京：机械工业出版社，2019.

④ 黄卫，许芳. 企业文化对员工敬业度的影响 [EB/OL]. (2019-05-09) [2022-11-22]. https://www.wenmi.com/article/pr7u2s055mvu.html.

企业文化的匹配度和对企业文化的认同感都更强，企业文化也因此在员工的保留与敬业奉献中得到持续的传承与强化。

7.4 领导者对企业文化的重大影响

7.4.1 领导风格与企业文化

企业创始人带领创业团队取得成功的做事方式是企业文化最早的雏形。成功的企业家都有其鲜明的个性，其所创立和弘扬的企业文化都会有其个性的深刻烙印。在企业传承的过程中，企业文化仍然会受到带领企业持续成功的企业家的领导风格的强烈影响。

借用坦南鲍姆与施密特为管理者提供的领导行为渐变模型（Continuum of Leadership Behavior），我们可以从横轴方向（一端是"管理者导向"，另一端是"下属/团队导向"），把管理者的领导风格从管理者完全专制，循序渐进到团队完全自治来进行划分。⊖在此基础上，我简化了模型，方便管理者在实践中主动引用，横轴的渐变反映了由于管理者使用权限的程度与下属的自由空间之间的转换而形成的渐变领导风格，大致上可以分为三类：专制式领导风格的管理者是自己做出决定后才与下属或者团队沟通，参与式领导风格的管理者在做出决定之前会邀请下属或者团队成员给出反馈甚至共同深入讨论，授权式领导风格的管理者会把决定的权限给予下属或团队。每种领导风格还可以进一步细分，如图7-3所示。

我们常常发现，很多企业家或者领导者早期成功的特质——雷厉风行、决策果断，使他们更容易形成专制式领导风格。我们可以想象一下，这种领导风格倾向的领导者在做决定的时候很容易"一言堂"，形成"老

⊖ TANNENBAUM R, SCHMIDT W H. How to Choose a Leadership Pattern [EB/OL].[2022-11-22]. https://hbr.org/1973/05/how-to-choose-a-leadership-pattern.

板说了算"的隐性文化，一旦员工在不知不觉中默认这是企业获得成功的行为模式，就会每次都等老板做决定，那么员工的创意与积极性就很有可能被严重打击甚至扼杀了。如果领导者想要在企业内部推广创新文化，就需要展现出给予下属更大自由空间的领导风格，让组织成员参与决定，甚至充分授权组织成员做出决定。

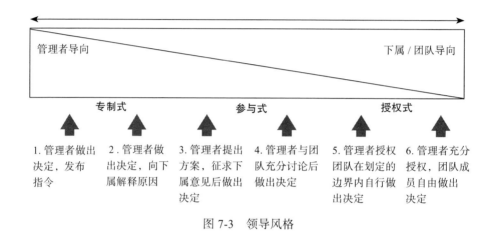

图 7-3　领导风格

当然，这些不同的领导风格，没有绝对的好坏之分。领导者需要注意的是：①自己的领导风格倾向是什么，这种领导风格倾向会给企业带来什么样的影响，从而能够在适当的时候更好地调整，引导企业文化向更有利的方向发展；②在相应的情景下，根据事情的重要程度、复杂程度与紧迫性，下属或者团队成员参与的意愿与能力，甚至管理者对企业情况的把握与自身的能力等，选择合适的领导风格。

7.4.2　领导者成功转型的实践方法

鉴于领导者对企业文化有重大的影响，以下具体实践做法可以帮助领导者对自己的领导风格有更好的自我洞察，从而更好地自我调整、自我转型。

1. 360 度反馈

这是帮助企业家或者领导者主动发现盲点的非常好的工具。通过上司、下属、同事就领导者的领导风格或者领导力提供匿名反馈，帮助领导者更客观地看到自己在其他人心中的形象，以及自己的领导风格对其他团队成员或者组织成员的影响。在实践中，最好是一把手和整个领导团队一起定期（例如每 1～2 年）做一次 360 度反馈，这样可以避免组织成员对为什么只有某一个领导做 360 度反馈的揣测；同时要求领导者根据反馈报告制订行动计划，并且鼓励领导者与其上司、下属和同事分享，获得大家对其改变的支持。当领导者认识到其领导风格对组织的影响，就能更好地调整，有意识地运用合适的领导风格营造组织的工作氛围。

2. 高管教练

这是近年来在国内开始常用的帮助领导者、企业家个人持续发展的方法。在实践中，HR 部门通常会在给企业一把手和高管团队成员完成 360 度反馈之后，根据其具体情况，为其匹配合适的教练，教练向领导者提供一对一的个人辅导，帮助领导者提升个人与专业觉察，实现自我发现与成长蜕变。通过探询与对话，教练启发并帮助领导者产生思维与心智模式的转变。领导者的转变有助于其成为更好的企业文化倡导者、推动者、弘扬者，并且在创立企业文化、形成企业文化、表现企业文化中起决定性示范作用。㊀

3. 文化向导

为了防止企业文化固化，很多企业都会考虑外聘高管，希望能够给现有的领导团队带来新鲜血液，通过"鲶鱼效应"激活新思维、新思想，增强企业生存能力与适应能力。㊁但是空降高管在加入企业的初期往往容

㊀ 陈春花. 从理念到行为习惯：企业文化管理 [M]. 珍藏版. 北京：机械工业出版社，2016.
㊁ 管理学之鲶鱼效应 [EB/OL]. （2012-03-16）[2022-11-22]. https://wenku.baidu.com/view/fd3e906d011ca300a6c39017.html.

易水土不服，在其适应期，除了常规的入职培训之外，HR 部门还会给外聘高管提供"企业文化向导"，这有助于对方了解企业的隐性文化，快速融入；企业文化向导通常由 HR 部门负责人来担任，也可以由其他部门的高管来担任，最合适的企业文化向导人选最好熟悉本企业的文化，也有其他企业的工作经验，这样更能洞察可能的"文化冲击"，从而能够给予外聘高管更有针对性的文化指引。

7.5 企业不同发展阶段：文化建设的方法与实例

如果一个企业只是顺其自然地把组织成员对共同经历的认可、历史成功经验的沉淀、与企业文化吻合的人才选育用留传承下来，企业文化就会在原有的轨迹上持续加深并且固化。当外界环境发生剧烈变化，需要企业做出重大调整，原有的企业文化可能就会阻碍变革，无法适应新的环境。因此，企业需要根据企业发展过程中的实际情况，通过持续的文化建设提升企业的竞争力。

这里要特别强调的是，企业文化建设不能局限于一次性的、运动式的项目型活动，而应成为组织发展变革过程中一项持续的、重要的管理工作。在企业发展过程中的文化管理以及适时配合组织转型的主动文化变革也是企业基业长青的关键要素。以下针对企业文化管理中的常见问题，给出关于实践做法的建议。

7.5.1 文化初显：从"形"到"神"

企业在创业阶段的首要任务是探索成功的商业模式，求生存，通常在这个阶段的企业规模比较小，企业也没有太多成熟的制度，创始人基本上可以与创始团队的每名成员直接沟通，快速应变、决策。这个阶段的企业文化并不明显，企业的经营理念更多来自创始团队原来的经历，然后在企业求生存的过程中不断试错以验证哪些理念是适用的，也在这个过程中积累共同的经历和体验，这是一个充满不确定性的阶段，企业文化经历着快速共创、去芜存菁的过程。

当企业找到合适的商业模式能够扩大市场规模，这个阶段从经营管理的角度看，如果继续依靠企业创始人的个人领导力已经无法适应企业的发展需求；创始人的思想转变，让企业从创业阶段向专业化管理阶段转型，是企业持续发展的关键，从创始人凡事亲力亲为的"人治"到通过制度体系来构建和管理企业文化来驱动整个企业发展，企业需要主动构建企业文化，并且在企业中传播这些明确的文化概念，发挥企业文化的引力作用，成为企业的持续竞争优势。

在方法上，可以先从"形"，也就是文化的外在表现着手，例如：善用合适的标志（统一的着装、带有企业标志的纪念品等），创建企业自己的仪式（隆重的周年庆典或在企业销售额达到某个里程碑时的庆功仪式等），塑造楷模和榜样（大力表彰杰出贡献员工）等增强组织成员对企业的归属感。从"形"着手的好处是相对简单易操作而效果较明显，要点在于通过成功经历鼓舞人心，同时开始企业文化的构建和引导。

要注意的是文化构建要"形神兼备"，具体实践做法包括：与包括企业高管到一线员工在内的不同层次的组织成员沟通了解、萃取企业赖以成功的理念；通过团队共创的方式凝聚对企业价值观的共识；把企业的价值观、理念总结为文字，在内部与外部广泛宣传；把行为规范通过员工手册等规章制度，对员工进行普及教育；在定期举办的企业庆典上，传达并强调企业价值观与理念；收集和传播员工在日常工作中践行企业文化的真实故事，帮助组织成员理解企业文化并落到实处；更进一步，制定相关的奖励机制，鼓励和引导员工落实企业文化的具体行为，等等。

7.5.2 业务扩张：文化从"稀释"到"共进"

在企业快速扩张、引入大量新员工的阶段（例如在短短数年内员工数量达至十倍甚至百倍的增长），大量新员工带来新的工作方式并且对原有企业文化有不同的理解与诠释。因为新加入的员工数量庞大，远远超出企业原有员工的数量，原有企业文化可能被边缘化，同时众多新员工对企业文化的认知也没有达成共识，做事的方式可能五花八门，人员管理出现跟不上的状况。这个阶段，企业创始人或者原有的领导团队会感到"企业文化被稀释"，可以考虑通过同时使用企业文化培训与企业文化共进两种方式来解决这个问题。

1. 企业文化培训

企业防止文化稀释的常见办法是在新员工的入职培训中强调企业文化的内容。企业文化培训的最佳方法之一是企业一把手在培训现场现身说法并且与新员工分享交流。但是现实中可能企业一把手太忙，又或者招聘人数太大，培训部门不得不通过线上课程让新员工自学或者让新员工自行观看企业一把手的讲话视频来代替，这样的培训容易流于表面，不能触达新员工的内心，新员工并没有深刻理解企业文化究竟意味着什么。

优化的方法可以在新员工完成企业文化内容培训之后使用，由新员工的直属主管/经理对新员工跟进辅导，培训部门进一步把近期加入的新员工组织起来，邀请企业的一把手、高管或者老员工与新员工一起座谈分享在企业的工作经历与感受，鼓励新员工提出疑问，现场进行面对面的交流。

2. 企业文化共进

当企业一把手或者HR管理部门觉得需要解决"企业文化被稀释"的问题时，其更深层次的假设是原有的企业文化比外来人员带来的文化更好因此不能被稀释，又或者是因为原有的管理方式被冲击发生了改变，导致领导者担心"失控"从而希望通过培训手段让新员工接受原有的企业文化。明白这一点后，我们不妨用更开放的心态看待新旧工作方式与思维方式的融合与共进。

例如，海尔每年招聘上千名大学生，为了帮助新员工融入，海尔给每名新员工发放了"合理化建议卡"，鼓励新员工说出自己的想法。不管是在企业制度、管理、工作方面，还是生活方面，新员工都可以提出自己的想法。对合适的建议，海尔会立即采纳实行，并给予提出人一定的物质和精神奖励，那些没有被采纳的建议海尔也会给予积极的回应㊀。

7.5.3 业务创新：焕发创业精神

诚如《第二曲线创新》书中所述，当一个市场趋于饱和而企业在这个市场中的主营业务发展到成熟阶段时，企业的增长就会放缓。为了实现可持续增长，企业需要在主营业务增长的拐点出现之前寻求第二增长曲线，业务多元化就出现了。㊁这个阶段的企业文化建设除了前面讲到的不断优化的工作之外，还需要强调焕发企业内部的创业精神，提升内部创新孵化的能力。在具体实践中，企业不能局限于单纯的文化理念，而要涉及 CHANGES 模型的各关键元素，互相配合，将理念变成现实。

1. 培养事业部总经理

当业务进入多元化阶段，企业需要引入创业精神，培养创业型经理人，并形成事业部总经理人才梯队。企业在甄选事业部总经理候选人或者培养人才的时候，可以参考美国商业大师戴夫·拉姆齐在其《创业领导力》一书中描述的同时具备管理者和创业家优点的人才特质㊂：

1）有激情，同时有服务精神。

2）积极又有远见。

3）诚实廉正，有时却不按常理出牌。

㊀ HR SEE. 走进海尔大学看海尔的员工培训 [EB/OL].（2016-11-15）[2022-11-22]. http://www.hrsee.com/?id=170.

㊁ 李善友. 第二曲线创新 [M]. 北京：人民邮电出版社，2019.

㊂ 拉姆齐. 创业领导力 [M]. 高言东，译. 北京：科学出版社，2012.

4）严谨自律，同时有冒险精神。

5）有号召力，同时虚心、不耻下问。

6）勇往直前，同时谦卑有礼。

企业可以进一步通过领导力培训班或者培训营，发展后备总经理人才对企业管理的全面了解，提升团队领导者的领导力。在实践中，后备总经理的培养不仅是培训部门的事情，还需要企业集团总部的重视与投入。

例如，美的集团培养后备总经理的领航班，每班20个人分成4个小组，每个小组都会由一位现任事业部总经理担任导师。每个学员在领航班学习期间，要进行各种评比考核；而每位导师也有明确承担的职责，并有20多项行为核查，同时小组之间的比拼也会反映导师指导水平的差异。这就使得担任导师的总经理们必须悉心指导学员，不能流于表面形式。○

2. 内部创业机制

2018年的调研报告显示，世界500强中名列前100位的国际大企业已经有65%采用了内部创业机制。○我国也有不少企业建立了内部创业机制并且获得了成功。

例如，芬尼公司于2005年开创了裂变式创业模式：公司每年举办创业大赛，员工可以自由组建项目团队参赛竞选，由具备投票权的管理人员用真金白银来投票决定胜出的项目团队，再由公司与胜出的项目团队共同出资（竞选胜出的项目团队每人都需要出资，其中项目带头人出资需要超过首期投资的10%；公司出资50%）。通过这种独特的机制，芬尼公司筛选出有商业前景的项目和德才兼备的项目负责人（事业部总经理）；

○ 刘欣. 在美的，毕业生如何成长为总经理[EB/OL].（2021-06-19）[2022-11-22]. https://mp.weixin.qq.com/s/UYIl6BhIdXS-mRg26OSvBQ.

○ 王勇. 企业内部创业视角下的创业者素质评价与培育[J]. 企业改革与管理，2018(24): 62-78.

同时，把母公司的管理层、骨干员工的利益与新的事业部或新公司的利益绑定到一起，支持新公司的运营。在这个内部创业机制下，芬尼公司先后创立了8家裂变公司，创业成功率100%，成功实现传统制造业的转型，开创了在互联网上销售家用热泵、净水、空气净化等设备的线上线下一体化的O2O商业模式。⊖

上述举措和实例，分别涉及组织能力、组织架构、制度体系等，而实际上，这些元素都是企业文化在驱动的，也就是企业经营理念、价值观，它们也是企业文化落地的手段。

7.5.4 企业转型：文化重塑

当企业内外环境发生巨大变化，企业需要战略创新、组织变革的时候，文化重塑是企业转型升级的必经阶段。文化重塑不仅需要改变经营理念，还需要紧贴业务的战略方向，协同CHANGES模型的组织架构、组织能力、制度体系等关键元素共同发挥作用，通过"凝心聚力"的方式，最终内化为组织成员的个人信念，通过组织成员具体的行动，把战略落地。

友邦保险1992年进入中国，首次将"保险代理人制度"引入中国，实现了早期业务的快速发展。随后，中国保险行业几乎全部采取了"保险代理人制度"。随着保险行业门槛变低，2010年行业发展遭遇瓶颈，友邦保险选择走精兵路线，控制队伍质量。直至2014年，在保险行业陷入短期储蓄替代产品的争夺时，友邦保险重新出发，制订"新五年计划"，开启新的蓝海战略，着重在发展模式、客户策略、营销渠道等方面推出多项转型变革。2015年起，友邦保险在我国将发展重点放在医疗、重疾、养老、财富保障和传承等优势领域，从客户需求出发，为消费者量身定

⊖ 宗毅，小泽. 裂变式创业：无边界组织的失控实践[M]. 北京：机械工业出版社, 2015.

制保障方案，同时配合发力于多渠道模式的渠道革新转型，全面提升客户体验。友邦保险在我国于2014—2018年"新五年计划"实施期间，新业务价值保持快速增长，复合年均增长率超过40%，友邦保险代理人在同等费用下创造的新业务价值是国内上市保险公司代理人的3倍以上，成为国内保险公司改革的标杆。①②

按照"新五年计划"，友邦保险在我国有计划、分步骤地开启了"以客户为中心"的服务领导力文化变革之旅，通过服务文化塑造，重新定义新组织架构、流程、员工思维与能力，实现服务文化的全方位转变突破。具体把企业文化从"无形"向"有形"转化的主要变革举措包括。③④

1）2014年，构筑全新愿景，塑造服务思维。这一阶段的重点是思维模式的转变，通过服务愿景工作坊、卓越服务工作坊等，确立服务标准，达成共识。

2）2015年，设计扁平架构，开创服务能力。通过对一线的授权赋能，以及规划全新的服务能力模型，为服务领导力文化转型提供落地的重要支撑与条件。

3）2016年，优化内部流程，倡导个人践行。梳理新架构下的内部流程，加强跨部门协作；通过领导团队示范先行、个人绩效目标的配套设置，推动个人服务行为的落实。

4）2017年和2018年，内化服务行为，根植文化基因。侧重服务能力与服务行为的结合，鼓励并认可展现服务文化的行为，并将服务文化融入日常工作。

---

① 友邦保险. 2015友邦保险社会责任年度报告 [EB/OL]. [2022-02-28]. https://www.aia.com.cn/content/dam/cn/zh-cn/docs/about-aia/CIRC_友邦保险社会责任报告.pdf.

② 方译暄. 优秀的友邦是如何成为寿险标杆的 [EB/OL]. (2021-06-16) [2022-11-22]. https://xueqiu.com/4181762024/183223128.

③ 程菲. 友邦中国：变革沟通案例 [EB/OL]. (2017-12-09) [2022-11-22]. https://www.sohu.com/a/209449499_183808.

④ 洪潇. 友邦中国：成为"员工首选"，文化变革是重中之重 [EB/OL]. (2016-12-07) [2022-11-22]. http://www.infzm.com/contents/121289.

在持续的文化变革过程中，友邦保险在我国将"自上而下"的传达与"自下而上"的反馈有效结合，领导团队在发扬变革先行示范作用的同时，鼓励中层管理人员中的变革先锋发挥推动力量，赋能一线员工作为变革参与者与建议者的积极性。如图7-4所示，在变革的不同阶段，针对不同的侧重，企业综合采取了路演、视频、领导力大会、工作坊、部门员工会议、服务领导力工作坊、服务大使认可、管理层面对面、听证会、员工敬业度调研、日常沟通、开放平台收集意见、优秀"服务大使"讲师等多种沟通形式，引导广泛的组织成员主动投入变革的全旅程。

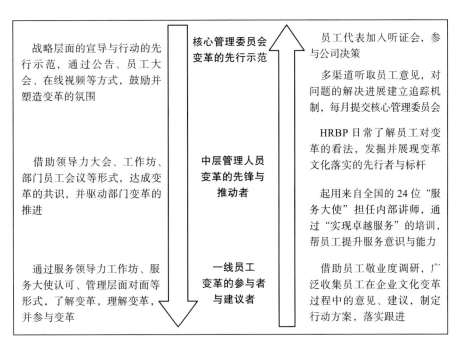

图7-4 友邦保险在我国的文化变革沟通

从友邦保险的业务转型文化重塑案例中，我们可以再次看到组织发展变革的系统思维，以业务转型战略创新为导向，同时发挥硬OD（架构、能力、制度）与软OD（思维、文化）的协同作用；也因为企业的规模、市场的竞争等内外复杂因素，变革跨越数年，需要管理者平衡短期与长期效益的耐心与毅力；而整个过程中，结合"自上而下"与"自下而上"的沟通与反馈，让广大组织成员参与到变革的设计与实施中，充分发挥员工的主动性，是企业克服变革阻力、实现企业转型升级的关键。同时，企业的文化建设也成为友邦保险雇主品牌的重要构成。

7.5.5　业务整合：文化共荣

企业在经历业务多元化发展阶段之后，集团总部往往会整合相关事业部或者业务单元，这些整合不仅要发挥战略规划的协同作用，也要求企业对总部与各事业部之间的组织架构进行整合与优化。之前企业中每一个独立的事业部可能在业务扩张期间都形成了自己的文化，在业务或者组织整合阶段把关键管理人员在不同事业部或业务单元之间调派，或者建立平台型组织架构都有助于整个企业的文化共存共荣。

更进一步，在企业集团业务整合、架构重组、构建集团文化的时候，领导者可以打破"集团上下必须一刀切"的迷思，在尊重各业务单元多元文化的基础上，集众家之长，提炼与凝聚集团的共性文化，形成战略性、主导性、整合性和包容性的集团主导核心文化[一]；同时也鼓励业务单元在弘扬集团核心文化的同时，适当保留子文化的多元性，发挥子文化的特色和优势。

以陕煤集团的企业文化建设为例，陕煤集团自2004年成立以来，通过投资新建、收购兼并、资产划转、内部重组等多种途径，形成了"煤炭开采、煤化工、燃煤发电、钢铁冶炼、机械制造、建筑施工、铁路投资、科技、金融、现代服务"等相关多元互补、协调发展的产业格局；旗下二级全资、控股、参股企业60多个，上市公司4家，员工总数12

[一] 孙鹏. "一体多元、和而不同"的发展战略与企业文化研究[J]. 中国煤炭工业, 2014(2):50-51.

万余人。㊀陕煤集团在其企业文化建设过程中，坚持"一体多元、和而不同"的方针，形成了鲜明的特色：集团公司有母文化，各子公司有子文化；母文化躯干遒劲，一以贯之；子文化花繁叶茂，各有千秋；母子文化枝干交融，相得益彰，大集团"文化之树"初步绽放出"和而不同、共存共荣"的繁荣盛景。㊁陕煤集团从 2015 年开始连续七年进入世界 500 强榜单，排名逐年稳步提升，展现出了良好的成长性，2020 年营业收入已达 3403 亿元。在这个过程中，陕煤集团企业文化建设的长远规划与推行实施，实现了集团母文化（大文化）对子文化（小文化）的统揽，同时又发挥了子文化的特色和优势，强力支持了企业的三次重大变革，为企业的持续发展营造了良好的环境。㊂

在陕煤集团这个案例中，集团成立晚，子公司成立早，事实上子公司的企业文化相较于集团企业文化更早存在，因此陕煤集团采取了统揽包容的文化建设战略。该做法也给那些由集团总部向下属子公司输出总部文化，或者集团总部整合下属各子公司企业文化的企业集团提供很好的参考价值。

7.5.6　兼并收购：文化尽调与文化融合

诚如我们在第 4 章中所述，兼并收购是快速获取企业内部缺乏的关键组织能力的一种方式，也是企业发展到一定阶段常见的快速扩张与整合技术、产业资源的战略举措。但是，在实践中企业文化的整合往往是企业并购过程中的难点。贝恩管理咨询公司研究结果表明，企业的并购失败，约 80% 发生在后期整合过程中，而文化整合的问题尤为突出。㊃

㊀ 陕西煤业化工集团有限责任公司. 企业简介 [EB/OL].[2022-02-23]. http://www.shccig.com/detail/10/about.

㊁ 尤西蒂. 重组企业大集团的文化融合 [J]. 现代企业, 2017 (11):48-49.

㊂ 任郭英，贺飞. 陕煤的企业文化之道 [EB/OL].(2021-09-03) [2022-11-22]. http://sl.china.com.cn/2021/0903/123879.shtml.

㊃ 罗芸莎，张泽明. 我国企业并购失败原因探析 [J]. 时代金融, 2017 (21) : 94-95.

在企业并购交易中，尽职调查是极其关键的环节。尽职调查概念来源于西方，英文为 Due Diligence，也叫审慎调查，具体是指对企业的历史数据和文档、管理人员的背景、市场风险、管理风险、技术风险和资金风险做全面深入的审核。⊖但是相对于并购前财务与法律方面的尽职调查，企业文化的尽职调查在实践中却常常被忽略，这也是许多企业并购失败的重要原因之一。因此，企业在规划兼并收购的过程中，必须重视对企业文化的尽职调查，事先明确和了解并购对象的企业文化，有利于加强对并购对象的整体评估以及后续文化的融合。

在实践中，企业文化尽职调查可以通过企业制度文件检阅、现场观察、员工访谈、问卷调研等方法对企业文化进行研究，尽可能地了解并购对象的企业文化特质，包括管理模式、领导风格、沟通和决策模式、团队合作、员工对企业的忠诚度、员工对决策和管理的参与程度、员工表达意见的途径和方式、违纪处理程序和员工投诉或申诉程序、工会组织的作用等；如果是跨国企业间的兼并，还涉及授权程度和本地化管理程度等。分析两家企业的文化差异，发现价值观的共同之处，有助于采取有效措施进行文化融合，留住关键高层管理人员、核心员工以及客户资源，使得并购能带来市场优势、技术优势、协同效应和成本节省等等实际效果。⊜

例如，某跨国企业 A 与另一知名企业 B 在 B 所在国家成立大型合资公司，在外聘专业咨询公司进行尽职调查之外，合资双方还派出业务、财务、人力资源、法务等职能代表，共同组建一个专门负责合资公司谈判与筹备的跨职能团队。这个团队的成员不仅参与各项尽职调查，还共同规划新合资公司的运营模式、组织架构与管理政策等组织设计、文化融合。在此过程中，跨职能团队由股东双方代表组成，团队成员也能在共同工作中对双方各自的企业文化有更真实的感受与理解，这对合资公

⊖ 华夏资本联盟. 并购尽调主要内容和流程 [EB/OL]. (2021-05-19) [2022-11-22]. https://www.sohu.com/a/466855571_270543.

⊜ 邓正红. 协同效应与企业文化尽职调查 [J]. 理财杂志, 2006(12):50-52.

司的文化融合，充分发挥股东双方企业各自优势非常有帮助，为合资公司的未来打下了坚实的基础。合资公司成立以后，部分团队成员在新公司担任关键领导职位，也特别有助于把规划与实施顺利衔接。

尽职调查是企业并购的前端把控，有助于企业选择合适的并购对象并且有助于企业提前做好并购之后文化融合的规划。在企业并购发生后，通常需要数年的时间完成磨合，实现文化融合。在实践中，企业可以应用欣赏式探询的方式，充分发扬并购各方的优势，调动各方组织成员的积极性，构建共同愿景与共同认可的组织文化，发挥CHANGES模型中"凝心聚力"的关键力量。

以吉利集团并购沃尔沃品牌轿车业务为例。㊀吉利集团于1997年进入汽车行业，早期实施低价战略，以低价拓展市场，致力于"造老百姓买得起的车"；2007年吉利集团实施战略转型，开辟中高端市场，专注于"造每个人的精品车"；2010年，吉利集团全资收购福特汽车集团旗下国际品牌——沃尔沃轿车业务，旨在迅速获取技术、品牌、人才、国际市场等资源，通过打破技术壁垒，缩短自主创新所需的时间，形成更具优势的核心竞争力。

在并购之初，吉利集团已经认识到与沃尔沃的文化差异，重视与沃尔沃的文化融合。并购后，在业务上吉利集团对沃尔沃的管理不是单一的管控和压制，而是分别制定了吉利和沃尔沃两个品牌的发展战略，保留了沃尔沃原有的管理团队、研发中心和生产基地，使得沃尔沃具有很大的自主权，自主处理内部事务，自主决定本企业经营事项。"一企两制"对于来自沃尔沃的员工的心理契约与组织信任重建，提供了良好的文化土壤。在此经营理念指导之下，吉利集团有效地借用了沃尔沃的高端品牌效应，突破关键技术限制，为进入中高端市场打下基础；并且，吉利

㊀ 刘超，巩新颖，王泳雁.从企业文化整合的角度分析吉利集团并购沃尔沃[EB/OL].(2020-09-26)[2022-11-22]. https://www.fx361.com/page/2020/0926/7051221.shtml.

集团由此获取了海外销售网络，成功跻身国际市场。

在促进文化融合的过程中，吉利集团采取了众多举措，例如：通过建立双方人才交流机制，促进沃尔沃与吉利两个品牌的员工的价值认同；成立"沃尔沃－吉利对话与合作委员会"，以对话的方式，就双方关注的整车制造、关键零部件设计、新技术开发、人才培养与交流等内容进行深度沟通，促进信息共享，提供有效、可靠的实现与转化渠道；聘请专业的文化融合团队促进开展企业文化融合，定期开展跨文化培训，帮助来自双方的组织成员充分了解对方的价值观念及深层次的文化背景，达成共识；成立全球型企业文化研究中心，加强国际合作，专门研究整合性企业的发展难题，不断提高全球化管理能力和全球型企业文化的融合能力。

吉利集团并购沃尔沃后通过企业文化的有效融合实现了业务协同。自此，吉利集团不断深化海外布局，不断强化旗下各品牌间协同的内生力。目前，在中国、美国、英国、瑞典、比利时、马来西亚建有世界一流的现代化汽车整车和动力总成制造工厂，拥有各类销售网点超过4000家，产品销售及服务网络遍布世界各地，资产总值超过5100亿元，员工总数超过12万人，成为全球汽车品牌组合价值排名前10中唯一的中国汽车集团。[⊖]

吉利集团并购沃尔沃的案例，深刻显示了组织发展变革的系统思维：以业务战略为主导、发挥并购各方组织能力的优势与协同作用、以凝心聚力为核心、推动企业文化的融合与共荣、实现企业战略目标。案例中描述的企业并购后文化融合的实践举措，其原理同样适用于我国企业在国内的兼并收购，相信能为更多的企业管理者带来参考与启发。

7.5.7 业务国际化：跨文化管理

我国企业走出国门、走向海外市场，或者跨国企业进入我国市场，

⊖ 吉利集团. 集团概况 [EB/OL]. [2022-02-28]. http://zgh.com/overview/

都可以称为业务国际化，企业都需要做好跨文化管理，只有这样才能与来自不同国家、不同文化背景的客户、消费者、用户、员工、当地政府、供应商、合作伙伴等利益相关者高效沟通与合作，凝聚来自多元文化的智慧，取得预想的业务成果。

1. 业务国际化的多种形式

跨国公司在我国运营以及我国公司进入海外走向国际市场扩张，都属于业务国际化或者全球化，具体在业务上主要体现在三个方面：

1）开发产品或者服务进入国际市场，可再细分为三种模式：①全球集中研发；②在全球集中研发的基础上，针对部分关键市场进行研发改良；③分别针对关键市场进行本地研发。

2）进行当地市场销售，可再细分为：①建立线上、线下销售渠道，特别是在数字化时代，线上销售可以帮助企业克服建立传统销售渠道的困难，快速进入海外市场；②选择国际品牌或者本土品牌进入当地市场，或者市场宣传两者兼有；③国际定价或者本地定价等。

3）建立全球供应链，具体包括：①全球范围采购原材料；②选择在某个国家设立全球供应生产基地，供应全球市场或者某个区域市场（例如欧洲、亚洲等）的销售。全球供应生产基地的选择通常是在关键销售市场，例如我国，或者在低劳动力成本的国家，例如越南。

企业可根据自身的发展阶段、业务战略的规划以及行业的情况决定业务国际化的深度与广度。不管企业采取哪种形式的业务国际化，都面临跨文化管理的重大挑战。本章总结了一些在实践中比较有效的具体方法，以帮助企业更好地进行跨文化管理。

2. 跨文化意识

跨文化意识指的是理解和尊重不同文化之间的差异，保持对不同文化之间差异的敏感度，有意识地在组织内外日常沟通、人员管理与业务管理中应对文化差异。广义的跨文化包括了不同的国家文化、民族文化、企业文化等，本节聚焦探讨不同的国家文化。

国际文化大师吉尔特·霍夫斯泰德（Geert Hofstede）认为，文化是将一个群体或一类人的成员与其他人区分开来的集体思维模式。他对人们在工作场所的行为倾向如何受其所在国家文化的影响进行了多年全面的研究。他和他的团队在广泛研究的基础上总结了国家文化的六个维度，每个维度代表一种事态相对于另一种事态的独立偏好，这种偏好将国家(而不是个人)彼此区分开来。这六个文化维度包括：权力距离（Power Distance Index）、个人主义（Individualism vs Collectivism）、强势与竞争导向（Masculinity vs Femininity）⊖、不确定性规避（Uncertainty Avoidance）、长期导向（Long Term Orientation vs Short Term Normative Orientation）以及享受生活（Indulgence vs Restraint）。⊜我挑选了六个国家，根据霍夫斯泰德的六个维度将其得分与我国的做对比，如图7-5所示，我们可以看到，因为不同国家历史发展情况、文化传统、宗教信仰、生活习性，甚至国家的自然资源与人口的供需等不同，所以不同国家的社会成员在六个文化维度上表现出不同的倾向。

回顾我过去与来自不同国家、不同文化背景的高管与团队工作的经验，企业管理受文化差异的影响主要表现在以下方面。

（1）**总部与海外子公司之间的关系** "权力距离"维度分值较高的国家文化，更重视上层决定的权威性。如果子公司地处这个维度分值较高的国家，则相对比较容易接受与推行来自总部的决策；而如果子公司地处这个维度分值较低的国家，则常常会"挑战"总部的决策并更倾向于向总部要求更多的授权。

⊖ 原著作者用了男性与女性来比喻社会普遍是强势与竞争导向的还是关爱与和谐导向的，我在此处采用了意译而不是直译。

⊜ HOFSTEDINSIGHTS. The 6 Dimensions of National Culture [EB/OL]. [2022-02-28]. https://www.hofstede-insights.com/models/national-culture/。

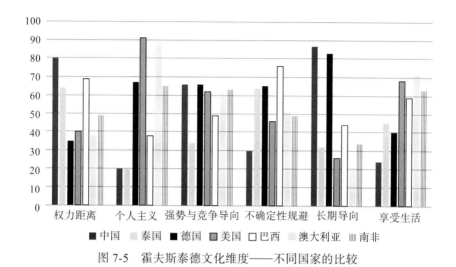

图 7-5　霍夫斯泰德文化维度——不同国家的比较

数据来源：https://www.hofstede-insights.com/country-comparison/.

（2）**沟通**　"权力距离"维度分值较高的国家文化，更强调对上级与资历的尊重，开会的时候，员工通常等待领导或者年长员工先发言，也不会轻易当众表达不同的观点，员工会更愿意在一对一沟通的时候表达自己的观点；而该维度分值较低的国家文化中，等级观念相对没有那么明显，员工更习惯在会议中直接发表自己的观点，因此开会的时候讨论很热烈有时甚至激烈，会议容易超时。

（3）**决策**　"个人主义"维度分值较高的国家文化强调个人的得失与"我"做决定的权力，在企业需要做出决定的时候，容易出现议而不决的局面，或者要开很多次会达成共识才能做出决定；而在这个维度上分值较低的国家文化更强调个人利益对集体利益的服从，员工也会更期望管理者在听取了大家的意见之后果断做出对组织整体大局最合适的决定。

（4）**工作时间**　在"享受生活"维度上分值较高的国家文化更注重个人生活的质量，强调工作与生活的平衡，员工通常不乐意加班，在周末和放假期间不希望被上司或者同事打扰；而在这个维度上分值较低的国家文化则更强调工作的责任与自律，认为刻苦耐劳是优秀员工的基本素质，通常员工能够接受加班工作。

以上只是挑选了一些在组织管理实践中与人员管理有关的文化差异，对其进行简单分析，以方便大家理解。事实上，不同文化维度差异的叠加对人员管理的影响会更复杂。另外，霍夫斯泰德文化维度的理论及其经过调研提出的每个国家在每个文化维度上的分值只能作为一些普遍共性的参考，并不能完全代表这个国家，更不能代表这个国家中的所有社会成员。这个理论可以为我们的企业跨文化管理实践提供一些参考，但是切忌盲目将之奉为金科玉律。

在这里要强调的是，不同国家文化的形成与国家自身的具体情况有关，没有好坏之分，只是不同而已。文化冲突往往是由于人们在无意识中从自己文化的角度去要求对方，而当双方对彼此的期望不匹配甚至产生较大差距，并且人们并不知道产生期望不匹配的原因是什么的时候，误解与冲突就很容易产生。因此，增强跨文化意识，认识到不同文化之间的差异是跨文化管理非常重要的一步且是第一步，在"知道不同""知道为何不同"的基础上，我们才能做到"尊重不同"，在实践中"包容不同""善用不同"。

3. 跨文化管理的实践做法

（1）克服语言困难

1）**语言培训**。这是企业克服跨文化管理中语言困难的基本举措，企业通常会在当地（国家）给外籍员工提供当地语言培训。另外，企业也会给当地的骨干员工提供英语培训，以英语作为跨国公司的工作语言。随着越来越多我国企业走向海外，以及我国对世界的影响力不断提升，企业也可以考虑给海外员工提供中文培训，逐步鼓励与提升中文国际应用。

2）**同声翻译**。语言培训有其局限性，一方面学习的时间较长才有效果；另一方面也会出现一种情况，即会议中只有一名或者非常少数的几名外籍人员时，如果要求所有与会者都用英语来讨论，则会限制了大多数本土与会者的充分表达与思考；尤其是在外籍人员的母语也不是英语时，就相当于所有人都在用第三种语言沟通，会使沟通的有效性大打折扣。因此，在实践中，在给外籍人员提供当地语言培训之外，企业可以另外配备常驻企业的同声翻译人员，这样所有与会者都可以用自己的母语自由沟通了。

（2）提升跨文化意识

1）**跨文化培训**。这是帮助企业管理者或者外派人员快速初步了解当地国家文化的常用举措，具体方式可以包括：线上学习，文化维度自我测评与当地国家文化比较，线下研讨工作坊，阅读与当地国家历史和文化有关的书籍或者文章，等等。外派人员的跨文化培训最好在其出发前完成，在到达当地之后强化，在实践中再适时重温与复盘。

2）**当地文化向导**。给外派人员提供当地文化向导也是非常有效的支持。当地文化向导通常由当地的 HR、曾经或者目前在当地工作的其他外派人员，又或者是合适的当地员工（最好曾有出国学习或者出国工作的经验）来担任。条件允许的企业，还可以进一步考虑外聘跨文化管理咨询公司为外派人员提供阶段性辅导。

（3）建立跨文化的人才标准　企业需要进一步建立跨文化的人才标准，结合企业的领导力模型，丰富跨文化管理的内容，把海外子公司关键领导岗位的继任者规划与人才盘点机制纳入总部战略规划，结合上述跨文化人才发展的举措，实施有针对性的个人发展规划。

需要特别提醒，人才标准很容易受企业母公司所在国家文化的影响。企业在建立人才标准与人才盘点的时候，需要把全球的领导力标准与多元化的文化融合，以兼容、多元化的视角去识别、评估、发展不同文化背景下的人才。

（4）聘请具备跨文化工作经验的管理人员　如果企业内部没有合适的可外派海外工作的人员，可以考虑聘请具备跨文化工作经验的管理人员加入，将其外派。但是在外聘人员外派之前，需要让其熟悉企业的业务运作与企业文化。这就要求企业提前做好人员招聘、培训与外派计划，并且给外聘的管理人员在总部提供企业文化向导，帮助其快速适应企业文化。

另外，在企业集团最高领导层适当聘请不同国籍、不同文化背景、不同行业背景同时具备丰富跨文化工作经验的高管人员加入，有助于企业总部增强跨文化管理的意识，丰富跨文化管理经验。

（5）培养跨文化管理人才

1）短期国外考察。在跨文化意识培训的基础上，短期的国外考察有助于关键管理人员到海外市场实地观察与体验。通过对当地的研发基地、生产基地、商业环境的现场参观，与当地的消费者、客户、供应商、合作伙伴、政府等关键利益相关者现场交流，并且与当地团队充分沟通与复盘，关键管理人员特别是在企业总部任职的管理人员，会对海外市场有更深刻的了解与亲身体验。在实践中，国外考察一定要以了解业务、了解当地文化为目的，切忌只是旅游观光，流于形式。在设计国外考察的旅程与议程的时候，可以结合本书第3章有关战略洞察的方法，以便管理者获得对海外市场的洞察，从而更好地规划全球战略。

2）短期跨国工作小组或项目团队。成立短期的跨国工作小组或项目团队推进企业在全球范围内的重大项目，是实践中比较容易操作的通过"干中学"培养跨文化管理人才的方式。企业还可以进一步设计跨文化领导力培训发展项目并组成由跨国成员组成的行动学习小组，就解决企业的具体问题或者创新孵化开展行动学习。我们在第4章中阐述的提升团队协同力的方法与工具都适用于此，有助于跨国工作小组或行动学习小组快速组建、高效运作。

3）短期外派。这是更进一步的培养跨文化人才的方法。企业可以先通过短期外派的方式培养和评估人才，以提升关键管理人员或者高潜力人才对文化差异的敏感度与跨文化的学习能力。例如，短期的外派机制（通常 3～6 个月，不超过 1 年）通常只是外派人员个人的短期工作调动而不影响其家庭，企业成本较低，对于员工个人与家庭的影响较小，通常比较适合以项目的形式开展。

4）**长期外派**。对于管理海外市场的主要高管岗位，要尽量从已有短期海外外派工作经验的人才中选拔，安排长期的外派任命（通常 2～5 年）会更合适；但是企业需要考虑外派员工的配偶在外派国家工作支持、子女在外派国家接受教育等额外的福利，企业成本较高，对员工个人与家庭的影响也较大。

5）**保持外派人员与总部的联系**。外派人员在海外工作的时候，一方面会面临需要迅速了解当地情况、快速做出业绩的压力，另一方面会担心离开总部太久（特别对于长期外派人员）下个工作如何安排。因此，企业总部需要与外派人员保持紧密联系，具体做法包括：把外派人员保留在总部员工的邮件群、社交媒体群、企业内刊等沟通渠道内，总部领导者与外派人员定期视频沟通，为外派人员提供在总部（除直接上司之外）的导师，安排外派人员定期回总部述职，等等。

（6）建立本土化的系统规划

1）**关键管理岗位本土化**。企业刚刚向海外扩张的时候，通常会把企业总部的高管外派到海外市场担任当地公司的总经理、财务负责人、关键业务负责人等主要领导岗位，这对企业总部对海外市场的监控、经验输出以及总部人才的发展都很有帮助。但是，企业如果希望其海外市场的业务能够持续发展，就必须更多地依靠当地人才的智慧与对当地文化的洞察，建立关键领导岗位本土化系统规划，甄选与培养合适的当地人才担任关键管理岗位。同时，本土化系统规划还包括把海外子公司的优秀管理人员外派到其他海外子公司工作，或者"外派"回企业总部担任总部的重要管理岗位。企业集团在这个本土化的过程中可以逐渐储备跨文化管理的全球人才。

2）价值观输出与本土化。企业向海外扩张的时候，很自然地将企业总部的价值观输出。如果只是简单地把企业总部有关价值观的文字翻译成当地语言，要求当地员工执行，就是流于形式了。企业需要在当地以实际、具体的事例来宣讲企业价值观，并引导当地员工把企业价值观与个体价值观、当地文化价值观相联系，鼓励当地员工参与讨论、参与确定合适的当地文字表述，将企业价值观本土化。这个本土化的过程是"凝心聚力"共创的过程，更是内化的过程，只有这样才能真正发挥企业核心价值观的文化引力作用，在全球范围内成为各国员工的思想与行为指引。本章之前介绍的在企业不同发展阶段建设企业文化的方法，都可以根据海外企业的具体情况，综合运用。

7.5.8 贯穿企业发展阶段：文化宣传

企业的文化宣传是文化管理的重要部分，贯穿文化的构建、重塑和变革。企业内部的文化宣传与落地，包括"知""信""行"三个环节的良性互动。⊖具体的做法包括：形成企业文化与行为规范，多场景宣传，通过制度体系强化，增强仪式感。

1. 形成企业价值观、商业理念与行为规范

通过访谈、问卷调研、共创工作坊等方式，总结企业的成功经验，形成企业自己的价值观、商业理念以及具体的行为规范。在形成企业文化这个环节，切忌只是把创始人或者一把手的想法变成文化来宣传，单方面要求员工遵守、服从，而应该在企业发展的不同阶段，配合企业的发展进程与战略，适时引导组织成员广泛参与回顾和更新。一方面，凝聚组织智慧共创企业文化的内容；另一方面，这个凝心聚力的过程也会

⊖ 王祥伍，谭俊峰. 华夏基石方法：企业文化落地本土实践 [M]. 北京：电子工业出版社，2013.

成为组织成员弥足珍贵的共同经历，这个过程本身也会成为企业文化发展的一部分。

2. 多场景宣传

通过企业内部刊物、内部网站、内部文化墙、内部会议系统、员工手册等进行内部正式传播，同时配合反映企业文化理念的故事广为传播，有助于加深员工对企业文化的理解并且在日常工作中落地。例如，壳牌公司基于其行业的特性，高度重视安全，其强调的安全文化就体现在定期消防演习，每次在公司范围之外的会议开始之前都会与参会者沟通走火路线等。通过许许多多类似的日常工作的细节，安全的重要性以及有关安全的操作被潜移默化地融入员工心智。

3. 通过制度体系强化

通过企业的培训、绩效管理、奖惩、审计等管理制度强化企业文化。例如，阿里巴巴的员工考核制度包括业绩考核与企业文化考核两部分，其中企业文化考核占比为50%，由员工自评、主管经理评价及人力资源部门评价来共同完成，企业文化考核的结果直接影响员工的年度奖金以及晋升与发展。通过这样的制度，真正让企业文化转化为员工的行为。⊖

4. 增强仪式感

通过定期的仪式活动或者适时的文化活动，让文化有仪式感，让文化理念生动，并且鼓励新生代员工的积极参与。例如，某跨国企业在亚太区推动学习文化，由亚太区各个公司派出年轻的员工代表组成推动学习文化委员会，举办了鼓励亚太区全体员工参与的"学习的意义"创作大赛，鼓励员工通过标识设计、绘画、文字、诗歌等多种有创意的形式表达学习对个人的意义，在第一轮宣传征集结束后由委员会评选出前10

⊖ 王建和. 透过绩效看管理：阿里的价值观如何考核[EB/OL].（2018-10-09）[2022-11-22]. https://www.sohu.com/a/258562952_99918404.

名,交给全体员工投票。比赛过程持续数月,这个过程中各地公司配合社交媒体宣传讨论,不仅鼓励组织成员积极思考与共同讨论学习对个人的意义,而且从参与评选的数百个作品中分析出员工最喜爱的学习方式,委员会在比赛结束后还进一步设计了许多通过员工最喜爱的学习方式来开展的活动,持续调动广泛组织成员自发学习的积极性。

7.6 小结:内在引力造就可持续竞争优势的终极来源

1)组织文化,是组织作为一个集体,在长期运营实践中,共同习得的信念、思维方式及行为模式的综合体现,形成对组织成员持续长久的强大影响力。企业文化一旦内化为每一名组织成员心中的信念,形成自发的引力与合力,将会迸发出巨大的力量,成为企业无坚不摧的竞争优势。

2)组织文化具有习得性、共享性、个性化三个非常重要的特征。优秀的企业文化带来强大的内在引力,具有积极的情感作用,并产生影响非常深远的外部效应,包括对企业的品牌效应和对社会的正面效应。

3)企业文化的三个维度包括外在表现、核心内涵、领导风格对企业文化的影响。其中,文化的核心内涵决定了文化的外在表现,并且受企业领导者的重大影响。透彻理解企业文化这三个维度,有助于掌握好企业文化建设中的方法与分寸。

4)企业文化的外在表现主要包括可见的办公环境、可观察到的员工行为与组织氛围、企业定期的或者重大的仪式庆典、内部公示的企业规章制度与对外公开的企业价值观的表述等。组织发展实践者需要学会从外在表现中观察和辨识企业文化,也要学会利用这些外在表现去宣传和强化所倡导的企业文化。

5)企业文化的核心内涵则是源自组织成员的共同经历,企业发展历程的成功经验沉淀,以及企业人才选育用留的传承。它是组织成员共享的基本假设，形成每个组织独特的企业文化。组织发展实践者可以通过引导组织成员对成功经验的复盘，以及在人才的甄选、任用、培育、保留等方面采取相应举措，促进企业文化的传承。

6）企业的创始人或者领导者对企业文化的构建与进化起决定性示范作用，其领导风格对企业文化有重大影响。创始人和领导者心智模式的转变是企业可持续发展的关键，实践中可以通过360度反馈和高管教练帮助他们蜕变；外聘高管也是企业尝试改变内部固有思维的常见方法，为外聘高管提供企业文化向导有助于其快速适应、发挥作用。

7）在企业发展的不同阶段，企业文化的管理有不同的侧重点：企业从创业阶段向专业化转型过程中的文化构建，企业快速扩张阶段的文化共进，企业转型阶段的文化重塑，企业整合阶段的文化共荣，企业走向国际市场的跨国文化管理。

8）企业文化的宣传贯穿于文化构建、重塑与融合的全过程：通过广泛组织成员的参与形成企业价值观、员工行为规范等文字表述，配合多样化的宣传形式，持续通过各种沟通渠道潜移默化地施加影响，让文化活动有仪式感和趣味性，同时以培训、奖惩等机制加以强化。

第 8 章

宗旨使命

有些关于战略管理的书籍把企业的宗旨使命与企业的愿景、目标、业务战略等一起讲，也有些关于文化管理的书籍把企业的宗旨使命与企业的文化、价值观等一起讲，可见宗旨使命与企业的战略和文化等关联度非常高。本书特意把宗旨使命作为 CHANGES 模型的一个关键元素单独阐述，这样可以帮助管理者更深刻地理解宗旨使命如何作为企业发展的基石，激发组织成员产生源源不断的自我驱动力，并在管理实践中以使命奠定战略，把使命融入文化。

8.1 使命的力量

宗旨即行事的目的所在，使命则是重大的责任，也就是我们常常讲的初心——我们为什么而来。

使命感是企业和个人的精神内核；宗旨使命是一家企业之所以存在的根本原因，超越纯粹的经济利益，是企业想要为人们和这个世界所做的事情。[一]宗旨使命是一个企业存在的基石，决定了企业发展的广度、高度与长度。企业的宗旨使命不是业务目标，而是企业对社会进步所承担的角色和责任，是企业如何让世界变得更美好的承诺。

企业是商业机构，为什么也需要讲宗旨使命？我就先以个人的经历与体验来谈谈自己对企业为什么存在的认知。

记得多年前刚刚参加工作不久，在一次企业培训中听到"我们企业的存在首要是为股东创造价值"的时候，我的第一反应是"股东"这个词很陌生，他们是一群对企业投资并希望从企业盈利中获取利润回报的人，离我很遥远。如果我为之努力工作的企业，其存在的意义只是为一群我不知道是谁的股东创造他们所期待的利润回报，那么我最好的做法是为我自己奋斗，争取我自己在企业的最大权益，包括薪酬福利与事业发展的机会，以及我自身的市场价值。虽然为自己奋斗无可厚非，并且很多人都是这样想、这样做的，但是如果只为自己奋斗，可能会在获得成就感的同时也要面对攀比与计较，这可能也是很多每天都在为自己奋斗的人未必感到真正快乐与幸福的原因。

近年来我与多位志同道合的企业高管和大学教授共同成立了 CODN（组织发展联盟），这是一个推动组织发展学习、实践与创新的非营利协会，我发现自己在其中的公益工作虽然没有收入、没有福利、没有晋升，但乐此不疲。于是，我不禁开始思考，这是否因为一个更宏大的理想会给我们带来巨大的驱动力？

与此同时，我发现除了我自己与 CODN 其他创始理事在热心推动 CODN 的发展外，CODN 的会员也踊跃申请成为 CODN 的智囊团，同样

[一] 奥布莱恩, 凯夫. 使命感: 如何讲好企业故事 [M]. 孙闰松, 贾子乔, 译. 北京: 人民邮电出版社, 2018.

以公益的方式为 CODN 出谋划策，牺牲个人休息时间为 CODN 付出。从更大的范围来看，调研报告显示：2020 年，我国志愿者总量为 2.31 亿人；⊖2021 年我国活跃志愿者约占 18～69 岁居民的 30%，志愿者规模和质量稳步提升。⊜那么，我们不禁要问：**是什么驱动了这么多的人自愿参与志愿者活动，对他人、对社会公益付出呢？如果员工把这种自驱力应用到工作中又会有什么样的效果呢？**

从个人层面来讲，积极心理学之父马丁·塞利格曼在他的著作《持续的幸福》里提出，实现幸福人生应具有五个元素（PERMA）：积极的情绪（Positive Emotion）、投入（Engagement）、良好的人际关系（Relationship）、做事的意义和目的（Meaning and Purpose）、成就感（Accomplishment）。⊜当人们在超越自身需求、帮助他人的过程中感受到更多利他的喜悦，不断发现生活中更高阶的意义时，人们就会更愿意与志同道合的伙伴投入更宏大的使命，并在履行使命的过程中获得隽永的幸福。

从企业的层面来讲，当企业能够让员工感受到关爱时，员工会由衷地为企业自豪，就会对企业产生强烈的归属感。《美好企业：通过使命与激情创造卓越绩效》一书中，把寻求对整个社会的价值最大化，不仅创造经济价值，同时也为企业所有利益相关者（包括客户、员工、供应商、商业伙伴、社会及投资者）创造情感、精神、社会、文化、智力、生态等终极价值的企业称为"美好企业"。⊛一项国际调研评选了 72 家符合以下四项条件的"美好企业"，包括总部在美国的上市企业与私营企业，以及总部在欧洲、亚洲、南美洲的企业：

1）连续五年获得员工、客户、合作伙伴、投资者、社会所有利益相

⊖ 中国日报网.《慈善蓝皮书：中国慈善发展报告（2021）》新书发布 [EB/OL]. (2022-01-18)[2022-11-22]. https://baijiahao.baidu.com/s?id=1722276997256420402&wfr=spider&for=pc.

⊜ 中国新闻社. 蓝皮书：中国活跃志愿者规模和质量稳步提升 [EB/OL]. (2021-12-25)[2022-11-22]. https://baijiahao.baidu.com/s?id=1720106203334299989&wfr=spider&for=pc.

⊜ 塞利格曼. 持续的幸福 [M]. 赵昱鲲, 译. 杭州：浙江人民出版社, 2012.

⊛ 西索迪亚, 谢斯, 沃尔夫. 美好企业：通过使命与激情创造卓越绩效：第 2 版 [M]. 彭剑, 译. 北京：机械工业出版社, 2020.

关者的充分好评（定量指标）。

2）候选企业明确阐述了超越利润最大化的更高使命（首先考察的定性指标）。

3）有以使命为导向、服务意识强且薪酬合理的首席执行官（定性指标）。

4）候选企业拥有根植于信任、关怀和真诚的文化（定性指标）。

通过将上述定量与定性指标相结合进行评选，选出72家"美好企业"，这些企业的累计财务表现与标普500指数企业（美国500强上市公司，占美国股市总市值约80%⊖）在过去3年到15年的时间段内对比，"美好企业"的累计财务表现明显优异于标普500指数企业⊜，从表8-1可以看到：5年期对比，"美好企业"的累计财务表现是标普500指数企业的约2.5倍；10年期对比，"美好企业"的累计财务表现是标普500指数企业的4～5倍；15年期则是10倍以上；时间越长，优异越明显。

表8-1 "美好企业"与标普500指数企业财务表现对比⊜

企业	累计财务表现（%）			
	15年	10年	5年	3年
美国的"美好企业"	1681.11	409.66	151.34	83.37
美国以外的"美好企业"	1180.17	512.04	153.83	47.00
标普500指数企业	117.64	107.03	60.87	57.00

对"美好企业"的调研结果是如此鼓舞人心，我们为激发组织成员与企业的使命感可以带来的巨大能量而雀跃。接下来，本章就介绍具体实践的方法，帮助领导者与组织成员从"我的使命"到"我们的使命"的自我发现与组织共创的过程中，找到意义联结与情感共鸣，从而源源不断地激发组织能量，以使命奠定战略，把使命融入文化，如图8-1所示，在获得商业成功的同时为社会创造最大化价值。

⊖ 新浪财经. 企业加入标普500指数的门槛提高，要求市值须达至少131亿美元 [EB/OL]. （2021-06-04）[2022-11-22]. https://baijiahao.baidu.com/s?id=1701615409613922213&wfr=spider&for=pc.

⊜ 西索迪亚，谢斯，沃尔夫. 美好企业 通过使命与激情创造卓越绩效：第2版 [M]. 彭剑，译. 北京：机械工业出版社，2020.

图 8-1　构建与践行企业使命的过程

8.2　从"我的使命"开始

世界著名心理学家维克多·E. 弗兰克尔在《活出生命的意义》中写道：努力发现生命的意义正是人最主要的动力。他认为人类的"精神动力"驱动人们在有待完成的潜在意义的召唤下付出努力与奋斗。㊀

我本人第一次关于生命意义的触动来自一次领导力培训课程上的一个问题："在你百年之后，你希望在你的墓碑上如何描述你是谁，你为这个世界做过哪些贡献？"。在此之前我从来没有思考过这个问题，自然未能马上给出答案，至今我仍记得当时无法回答的窘迫与震撼。但也正是这个问题，开启了我对人生如何创造社会价值的思考与探索。直到数年后机缘成熟的时候，我写下了"点亮生命，助力每个人成为更好的自己；赋能成长，服务社会大众"的个人人生使命宣言，激励自己踏上了崭新的人生轨道，激发了生命更大的能量。

要构建由使命驱动的企业需要从自我探索开始，首先企业创始人或者企业一把手从思索开始，然后在合适的时候引导企业高管与员工做各自的思索。需要特别注意的是，人生使命与人生目标不同。人生目标可能包括从事哪个职业，多长时间晋升，什么时候成家立业，甚至投资什么行业，投资多长时间等。设立阶段性人生目标很重要，更进一步，发

㊀　弗兰克尔. 活出生命的意义：珍藏版 [M]. 吕娜，译. 北京：华夏出版社，2018.

现自我的人生使命将帮助我们超越人生目标，寻找到人生的终极意义，实现生命的升华。

自我探索具体实践步骤如下：

1）回想过往人生中那些令自己最开心、最自豪、最沮丧、最悲伤、最迷茫的难忘时刻或者重要经历，体会那些难忘时刻或者重要经历带来的感受，记录它们带来的影响、学习或启发。

2）思考什么东西对我最重要？我最在乎什么？这是发掘个人核心价值观的过程，可以通过思考完成，也可以通过"价值观卡片"或者"价值观条目"的筛选来辅助完成。

3）想想我喜欢什么？擅长什么？这两个问题的答案很多时候是强关联的，当人们做自己喜欢的事情时，会更投入，因此也更容易使其成为擅长的领域。当然，如果发现这两个问题的答案不相干，也不要紧，再进一步探索如何把两者更好地联结。

4）我希望拥有怎样的事业？我希望建立怎样的家庭和拥有怎样的生活？人们通常会做事业或者职业规划，但是很少做家庭和生活的规划。同时问自己这两个问题，会帮助我们平衡家庭、生活与事业。

5）这个世界在哪些方面需要改变？我希望如何让社会变得更美好？这两个问题将对"自己"的关注转向对"他人"和"社会"的关注，这个视角的转变会帮助我们放下个人得失，放眼更广阔的天地。

6）人生中真正激励我的是什么？我的人生使命是什么？这两个问题帮助"我"成为有更宏大格局的"我"，开启与世界联结的愿力，从而思考我愿意为社会做些什么，以及我能为这个世界做些什么。

实践中的
建议与提醒

1）这六个步骤帮助我们每个人思考与感悟"我是谁？""我从哪

> 里来?""我要到哪里去?"的人生哲学终极命题,不容易马上回答。选择充裕的独处时间和不被打扰的场所,准备好纸笔,将每个问题的个人回答都写下来,写的过程有助于我们思考和沉淀。
>
> 2)在开始前先进行3～5分钟的腹式呼吸有助于我们把心安定下来,聆听我们内心深处的声音。未必可以马上得到答案,可能需要一段时间的沉淀,只要带着问题思考与阶段性回顾,就能找到内心深处的答案。

8.3 从"我的使命"到"我们的使命"

这个过程在实践中又可分成两步走:第一步,从创始人的"我的使命"到"我的企业使命";第二步,从创始人的"我的企业使命"到组织全体成员共同承诺的"我们的使命"。

8.3.1 从"我的使命"到"我的企业使命"

这个步骤是企业创始人从"我的使命"到"我的企业使命"的过程,是同样需要思考与感悟的重要内容。

1)我创立企业对于实践我个人的人生使命有什么意义?

2)这个世界为什么需要我的企业?

3)我的企业将如何推动社会进步?如何让这个世界变得更美好?

这个思考过程把个人使命与企业使命联结,从而产生了巨大的自我驱动力。要强调的是企业使命是利他的意愿,应用简洁并且鼓舞人心的语言表述。

1. 联结个人使命与企业使命

这个步骤的关键是企业宗旨使命与个人使命的联结。企业创始人首先完成自我构思，同时鼓励企业创始团队／企业核心管理团队成员分别单独完成自我构思，然后再通过团队会议分享、讨论、相互激发并且汇总整合，形成初步构思的企业宗旨使命文字稿。

全美最受信赖的商业大师之一戴夫·拉姆齐在其著作《创业领导力》中描述，他曾投资房地产，但因为投资太激进而受重挫破产，在经历数年人生低谷之后重新创业，他把自己和核心团队的实战经验和教训总结成书出版，在电台播放，并设计成系列课程为客户提供培训，帮助希望创业的人们少走弯路。⊖戴夫·拉姆齐在他的创业手记中记载了他与创业伙伴花了一个多月的时间构思的企业使命宣言，经过无数次修改与讨论，直至他们对未来几十年要做些什么终于有了清晰的概念，形成了企业的使命宣言——使经济无虞者和财政困窘者均能看到希望，并且帮助新加入的员工把企业的宗旨使命体现在每一名员工的工作上：不管是负责运送书的员工、演讲活动的售票员，还是设备维修工人、前台接待员，每一名员工在日常工作中都以把希望送到每个试图摆脱债务危机的家为己任，每一名员工都可以在自己的位置上体会到价值，从而团队实现了真正的团结。拉姆齐创办的企业从零开始，经过20多年的发展，如今已拥有几百人的队伍、几百万的客户，年收入达千万美元。"如今20多年过去了，我们仍然坚定不移地执行着我们最初的使命宣言。想起来也是一件神奇的事情。这说明我们当初拟了一份非常好的宣言，也说明我们一直听从内心的召唤，自始至终坚持着我们最初的承诺。"

2. 企业使命是利他的意愿

需要特别注意的是，企业的宗旨使命不等同于企业的愿景目标。企业宗旨使命强调组织对社会的贡献，是利他的意愿与表述；企业愿景目标强调组织的规模与成就，是利我的期望与表述。

⊖ 拉姆齐. 创业领导力[M]. 高艳东, 译. 北京：科学出版社, 2012.

1998年在广州成立的海大集团（广东海大集团股份有限公司），创始人薛华出身贫寒，因为知识改变他的命运，所以在自身得到发展后，他立志帮助数亿中国农民改变现状，以**"科技兴农，改变中国农村现状"**为使命，感召心怀同样使命的海大员工，以**"成为中国领先、世界一流的可持续发展的高科技农牧企业"**为愿景，从当初一家作坊式工厂经过20余年的高速发展，成为覆盖饲料、种苗、生物制药、智慧养殖、食品流通、金融等全产业链的高新农牧企业。目前，海大集团在海内外拥有600余家分子公司、超过35 000名员工、1个研究院、3个研发中心、10余个研发中试基地，成为业务遍布亚洲、美洲与非洲的全球性企业，荣获"农业产业化国家重点龙头企业""中国企业500强""福布斯亚洲上市企业50强""财富中国500强"。⊖

3. 使命宣言文字简洁动心

使命宣言的文字需要简洁易懂并且鼓舞人心，表述企业如何为社会进步做出贡献，通常一句话足矣，太长的文字反而让人记不住。文字的内容要有一定的方向性指引，但不需要太具体、太细致，例如：

1）科技兴农，改变中国农村现状（海大）。

2）把数字世界带入每个人、每个家庭、每个组织，构建万物互联的智能世界（华为）。

3）点滴营养，绽放每个生命（蒙牛）。

4）使所有人，无论贫穷富裕，都享有眼健康的权利（爱尔眼科）。

5）为子孙后代创建绿色星球（隆基绿能科技）。

6）帮大家吃得更好，生活更好（美团）。

⊖ 海大集团. 关于海大 [EB/OL]. [2022-02-28]. https://www.haid.com.cn/hdwh/list.aspx.

> **实践中的建议与提醒**
>
> 1）这部分内容的思考同样需要不受打扰的时间与场所。尝试把每个问题的答案写下来，有助于沉淀我们的思考；带着问题思考与静心聆听内在的声音，即使要花些时间，我们也总能找到鼓舞自己的答案。
>
> 2）仅是企业的创始人，职业经理人作为被企业聘请来的领导者也需要承担建立组织宗旨使命的责任。如果在你接受任命时企业还没有正式的使命宣言，那么恭喜你，这是一个绝妙的机会去创建你的企业使命；如果在你接受任命时企业已经有正式的使命宣言，那么善用它，这也是一个美好的时机去丰富、完善它。

8.3.2 从"我的企业使命"到"我们的使命"

企业最初的宗旨使命通常是由企业创始人发起或者由企业创始人与核心创始团队成员共同构思的，这个阶段基本上还属于"企业创始人的企业使命"。在企业的创业阶段，员工人数较少，企业创始人能够做到与每个新加入的员工充分互动与沟通，新员工对创始人的"我的使命"能够产生共鸣。但是，随着企业规模逐步扩大，企业创始人无法做到与每个员工深入互动、沟通，如果企业的宗旨使命宣言单凭员工入职培训时由 HR 部门宣讲或者让员工背诵，那么后加入的员工可能把它当作无感的文字而已。

在给很多企业管理人员讲授过组织发展变革课程，在不同的课堂上我多次问他们有谁记得所在企业的宗旨使命，从中观察到两个有趣的现象：第一，能够马上回答出所在企业宗旨使命的学员很少；第二，能够回答出企业宗旨使命的学员在与其他学员分享时都充满了自豪，课程中其他学员都反馈能够感受到分享者对企业的真挚感情并为之感动。可见，宗旨使命一旦深入人心，带来的自豪感与力量感是巨大的，但可惜的是，大部分企业仍然没有做到让企业的宗旨使命深入每个组织成员的心里。

那么，如何能让企业里的每个组织成员都自豪而又真挚地由衷讲述企业的宗旨使命并且将其落实到日常工作中呢？这个过程是从企业创始人或者领导者的"我的企业使命"到全体组织成员"我们的使命"的转化过程，需要全体组织成员共同参与思考与感悟以下问题：

1）我们的企业如何推动社会进步？如何让这个世界变得更美好？

2）我是否为我们的企业所做的事情感动而且自豪？

3）我在企业里的具体工作对实践企业使命的最大贡献是什么？

4）我是否感到在工作的同时也在践行自己的人生使命？

这个阶段的关键是发挥凝心聚力的作用，把企业创始人或者领导者"我的企业使命"转化为全体组织成员共享的"我们的使命"。具体的做法可参考：

1）成立跨部门员工代表组成的团队，负责设计企业宗旨使命共创与宣传，并作为宣传大使在各个部门倡导与推进。

2）在企业内进行广泛问卷调研，收集员工对现有企业使命宣言和企业实践宗旨使命实际情况的反馈与建议。

3）进行一对一访谈或者小组座谈，收集员工在工作中践行企业宗旨使命的美好故事，并且善用各种宣传渠道传播这些真实的故事。

4）通过问卷调研或者访谈，收集外部利益相关者（例如客户、供应商、社区、社会）的反馈与建议。

5）举办共创工作坊或研讨会，在会议上给予参会者时间做以上四个问题的个人思考，引导参会者互相分享、共同讨论，共创企业使命宣言。

> **实践中的建议与提醒**
>
> 1）让全体组织成员参与到企业使命宣言的再次共创中，本身就是特别有意义的过程，因为共同参与讨论与撰写，全体组织成员能够对企业的宗旨使命形成共识，在共创的过程中产生情感共鸣，真正把企业的宗旨使命内化。
>
> 2）这个过程产出的新企业使命宣言在文字上很有可能与原来由企业创始人或高管团队主导撰写的企业使命宣言有所不同。企业创始人要乐于接纳，尽量多用员工建议的文字，这样的使命宣言会更深入人心，成为全体组织成员自我驱动、为之奋斗的"我们的使命"。

8.4 以使命奠定战略

现代管理学之父彼得·德鲁克认为，明确的使命是企业有效设定目标和战略的关键，是确定业务优先顺序、制定战略、拟定计划以及分配任务的基础，是设计管理工作岗位和设计管理组织的起点。

我们来看美团的实例。以美团和大众点评两大超级流量平台为入口，再加上配送网络的优势，美团已经成为国内最大的生活服务电商平台之一。[一]2017年年初，美团宣布要成为使命驱动的社会企业，提出"帮大家吃得更好，生活更好"的宗旨使命，[二]并在2018年开始聚焦"食品＋平

[一] 时代周报. 超级平台的超级使命：美团的核心、边界和想象力 [EB/OL]. （2018-07-17）[2022-11-22]. https://baijiahao.baidu.com/s?id=1606180800904040255&wfr=spider&for=pc.

[二] 张越. 美团点评：做使命驱动的社会企业 [J]. 中关村，2017（12）：46-47.

台"（Food+Platform，即以"吃"为核心＋供需兼顾的服务平台）战略，以"吃"为核心，通过科技创新，和广大商户与各类合作伙伴一起，努力为消费者提供品质生活，推动生活服务业需求侧和供给侧数字化升级，其中面向消费者以"吃"为核心的战略举措包括⊖：

1）2017年，推出生鲜超市业务，进一步扩展即时配送服务至生鲜及其他非餐饮外卖类别。

2）2018年，战略聚焦"Food+Platform"并对组织体系进行升级。

3）2019年，推出自营生鲜零售业务——"美团买菜"，将其定位为社区居民的"手机菜篮子"，在品类上聚焦新鲜蔬菜、水果、肉禽蛋、米面粮油、水产海鲜等三餐食材，满足消费者日常生鲜消费需求，提供最快30分钟送达服务；同时推出"美团配送"，并宣布开放配送平台帮助入驻美团平台的卖菜商户。

4）2020年，推出集团孵化的第二个生鲜食品新项目——"菜大全"，以农贸市场代运营的模式，对菜场摊贩的菜品进行整合、质量筛选与初步处理后，在外卖平台上进行品牌化售卖，把菜场线上化，用互联网的长处弥补菜场摊贩不擅长的运营推广短板。"菜大全"采用摊贩加盟的形式，减少平台自有囤货，消费者下单后由"菜市买手"在菜市里现场采买，并可根据消费者需要对菜品进行初步处理，满足了人们想自己做饭又不想特别麻烦的需求。⊜

5）2020年，针对下沉市场推出"美团优选"，进入社区团购赛道，采取"预购＋自提"的模式，实现按需集中采购，减少商品的运输与储存时间，省去"最后一公里"的配送成本，满足差异化消费需求，推动生鲜零售线上线下加速融合。⊜

⊖ 美团．https://a bout.meituan.com．
⊜ 慧子．美团新项目菜大全是什么？菜大全未来发展如何[EB/OL]．(2020-04-17) [2022-11-22].https://www.sdongpo.com/xueyuan/c-19497.html．
⊜ 王丽．美团优选全国布局按下加速键[EB/OL]．(2020-09-24) [2022-11-22].https://baikeshot.cdn. bce bos.com/reference/53860933/6eefb254b3dc4ae5c7ed0e20f9ede408.png@!reference．

有趣的是，美团在战略上同时布局了"美团买菜""菜大全""美团优选"三种不同的生鲜配送经营模式：①"美团买菜"采用"前置仓"模式经营，极大提高了配送效率，让生鲜商品可以在周边 1～3 千米范围内，实现 1 小时甚至半小时送达。对一二线城市平常工作比较忙碌的中产阶层群体来说，前置仓模式让其获得更好的消费体验。②"菜大全"是相对轻资产运营的平台到家模式，平台和商家达成合作，消费者在平台下单后，由配送员到附近商家取货完成配送，平台抽取一定比例的佣金来实现盈利。③"美团优选"采用社区拼团模式经营，这种模式以"预售、次日达、自提"为特点，形成线上销售、线下自提的流量闭环，对追求性价比和依赖熟人社交的下沉市场消费者来说更有吸引力。㊀美团在 2020 年财报发布后表示，将持续投资于这三种零售领域的商业模式，而低线城市的美团优选将是工作重心。㊁

这三种商业模式究竟哪个会成功，我们拭目以待。但是美团围绕其宗旨使命探索与试验其业务战略的思路非常清晰。同时，美团定位"社会企业"，围绕社会责任体系（见图 8-2）进行整体战略规划，关注用户、股东及投资者、供应商/合作伙伴、商户、员工、政府及监管部门、媒体及社会组织以及骑手等全面的组织利益相关者，㊂不仅在 2020 年取得营收 1148 亿元（是 2016 年的 8.8 倍）与净利润 17 亿元（对比 2016 年度亏损 86 亿元）的丰硕商业成果㊃，而且还特别针对外卖行业备受关注的环保问题积极探索全链条解决方案，改善外卖骑手的就业保障与工作体验，通过美团公益平台大力推广社会帮扶等多种实践，真正把"帮大家吃得更好，生活更

㊀ MENGYING. 生鲜配送经营：前置仓、社区团购、生鲜到家模式究竟哪个更好 [EB/OL]. (2021-05-02)[2022-11-22]. https://www.sdongpo.com/xueyuan/c-33720.html.

㊁ MENGYING. 美团年报：2020 年营收破千亿，社区团购业务将下沉三四线 [EB/OL]. (2021-04-01)[2022-11-22].https://www.sdongpo.com/xueyuan/c-33415.html.

㊂ 美团. 美团 2020 社会责任报告 [EB/OL].[2022-11-22]. http://media-meituan.todayir.com/20210729153938379538152 sc.pdf.

㊃ 美团. 美团 2020 年度报告 [EB/OL].[2022-11-22]. http://media-meituan.todayir.com/202104190800003177739722495_tc.pdf.

好"的宗旨使命践行于共创美好生活、共荣美好行业、共建美好社会中。

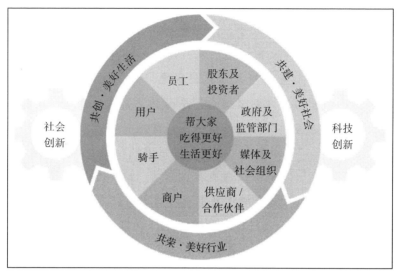

图 8-2　美团社会责任体系

资料来源：美团．美团 2020 社会责任报告 [EB/OL]．[2022-02-28]．http://media-meituan.todayir.com/20210729153938379538152_sc.pdf．

实践中的建议与提醒

1）虽然在工商界和学界广为宣导的都是把使命愿景作为战略规划的起始部分，但是这部分内容在每年业务做战略规划的时候往往被直接跳过或草草地走过场。在实践中，企业要做到在每年战略规划过程中认真回顾企业宗旨使命，要实现这一点就要在战略规划或者战略部署研讨议程中设计适当的环节。

2）在开始讨论未来战略的时候，引导参会者回顾与复盘企业过往战略执行是否践行了企业的初心，同时思考与探索企业使命如何驱动自己继续前行。在这个过程中引导参会者沉淀与感悟个人使命与企业使命的联结，促发组织成员产生源源不断的内在驱动力，产生创新力与执行力。

3）战略规划的过程中选择做什么与选择不做什么同样重要，把企业的宗旨使命作为战略选择的指南针。在头脑风暴不同战略选项后，需要做出筛选时，在考虑投资回报等通常商业因素的同时，也把是否体现企业宗旨使命作为其中一个关键评估因素，这个过程与方法有助于再次将企业使命与战略联结。

8.5 把使命融入文化

组织全体成员共创企业使命宣言的过程很激励人心，但是人们很容易在日常忙碌的工作中淡忘该使命。企业需要持续地通过宣传、沟通、培训、员工活动等，提醒广大组织成员不忘初心，源源不断地产生使命感的自驱力。具体实践方法可参考：

1）定期广泛征集员工建议，共同设计体现企业使命宣言的口号、标记、对内对外的宣传方式等。

2）企业在每年的战略规划和战略部署会议中增加有关宗旨使命的回顾，在个人目标设定中增加与企业使命的联结。

3）邀请更多在职员工参与到新员工入职培训中，由他们开展有关企业宗旨使命的宣讲，分享个人故事、经历。

4）定期组织员工参与社会公益活动，强化"利他"的观念与在"利他过程"中的良好体验。

在我的亲身体验以及辅导企业的实践中发现，企业定期组织员工参与社会公益活动是非常有效的增强员工使命感的方法。例如，组织员工献血，企业捐助贫困地区的学校并且定期组织员工到当地与师生联谊等形式多样的公益活动。

高露洁公司的使命是"人人绽放笑容，积极乐观每一天"。以帮助每个人拥有无忧无虑的甜美微笑为信念，高露洁公司致力于帮助儿童养成健康习惯，提高世界各地的口腔健康标准。高露洁公司的儿童口腔健康项目（甜美的微笑，光明的未来® Bright Smiles, Bright Futures®）通过全球牙科护理专家悉心研发的多元文化牙科教育材料和游戏，帮助儿童培养良好习惯，预防蛀牙，希望他们终生保持健康笑容。自1991年项目开展以来，已在世界各地为超过10亿名儿童提供免费牙科检查和口腔卫生教育，帮助他们养成可受益终身的健康习惯[1]。

我在任职高露洁大中华区人力资源总监的时候，开创了高露洁中国区员工在自己孩子所在幼儿园或者小学低年级举办公益口腔护理讲座的员工活动：公司培训员工如何使用教学材料给儿童做口腔护理的演示，同时给对应的学校捐赠儿童牙膏、牙刷。这项公益活动在员工当中获得了巨大且积极的反响与持续的热情。其中，企业的一位销售高管说，当他以公益活动的方式走进自己孩子的校园与更多的孩子们互动，看到孩子们的笑容，他从心底为自己骄傲，因为"我们不再只是销售牙刷、牙膏，也不是为了每个月完成多少销售目标、拿到多少销售奖金，我终于感受到了我们的使命是什么。把微笑带给每个人，这是非常有意义的事"。

**实践中的
建议与提醒**

1）最佳的方式是把社会公益活动的内容与企业的产品或者服务

---

[1] 高露洁官网，https://www.colgate.com.cn。

联结，这样能让员工在与被服务对象互动的过程中更深刻地体会到帮助他人所带来的幸福感，更深刻地感受到企业对世界做出贡献所带来的自豪感。

2）正如战略规划中的战略部署与目标分解方式能够帮助企业各部门更好地协同组织整体方向并落实到个人目标与行动，在企业整体的宗旨使命之下，企业还可以进一步引导各部门、各团队定义在各自层面上的宗旨使命，并且鼓励与组织成员的个人使命再次联结，使宗旨使命贯穿个体、团队与组织三个层面，激发更大的能量。

8.6 使命的意义

企业通过培训、沟通、员工活动等机制将宗旨使命落实到员工的体验与行动的过程，也是企业文化形成和强化的过程。同时，把宗旨使命贯彻到企业的战略规划、战略部署以及员工个人目标设定，宗旨使命将真正地落实与践行。

使命驱动型企业也会考虑成本、利润等财务指标，毕竟企业只有在有盈利的情况下才能持续发展，但是正如《驱动力》作者所倡导的，利润动机只是取得成就的重要助燃剂，而不是唯一的动机，也不是最重要的动力。⊖一个健康的商业机构从宗旨使命开始，把利润看作朝这个使命进发的方式，将商业机构的营利需求与公益组织、非营利组织的社会需求相结合，就会成为使命驱动型的"营益性企业"。

"营益性企业"是将企业作为营利性机构的商业属性，与非营利性、公益组织的社会属性相结合，对企业做出的重新定义，如图 8-3 所示。

⊖ 平克. 驱动力[M]. 龚怡屏，译. 北京：中国人民大学出版社，2012.

"营益性企业"是前述"美好企业"的进一步表达与更有力主张,让我们从更高的格局看到企业的本质与意义。同时,"营益性企业"能让组织中的每一个成员——创始人、领导者管理者、广大员工,甚至是合作伙伴的成员,都能在忙碌的日常工作中不忘工作的真正意义,在创造社会价值的过程中实现超越自我的思想升华。

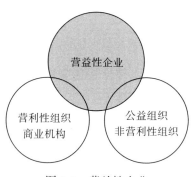

图 8-3 营益性企业

在我国社会迈向共同富裕的这个伟大时代,我们每个人、每个企业都可以用自己的力量为社会创造财富,为人类的共同进步做出贡献,这是时代赋予我们的使命,也是我们每个人、每个企业存在的意义。

8.7 小结:不忘初心,方得始终

1)个体幸福感的来源之一是发掘做事情的意义,并在帮助他人的过程中感受利他的喜悦;人们超越自身需求、投身更宏大使命的过程,也是不断发现生命中更高阶意义的过程;我们在成就使命的过程中获得隽永的幸福,激发出源源不断的原动力。

2)企业创始人或领导者自我思索"我的使命"是建立使命驱动型企业的开始,并且通过与创业团队或领导团队共创,把"我的使命"转化为"我的企业使命",再进一步与广大组织成员共创"我们的使命",让使命真正深入人心，为企业提供持久的自驱力。

3）使命驱动型企业因为实现了组织成员个人使命与企业使命的联结，从情感上让员工产生强大的归属感与幸福感，在意愿上极大地激发员工的自我驱动力，在创造商业财富的同时也创造情感、精神财富与社会进步，为所有企业利益相关者创造的最大化价值。

4）企业宗旨使命不等同于企业愿景或者业务目标，宗旨使命是企业如何推动社会进步、让世界变得更美好的承诺；企业的使命宣言可能由创始人在创业阶段提出，但是需要在企业发展的过程中，持续凝聚广大组织成员的参与，逐步完善和适时更新，形成最广泛、最与时俱进的共识。

5）企业宗旨使命奠定了战略的方向，是企业选择做什么与不做什么的战略决策的一个重要衡量标准。在战略规划的过程中，要把与企业宗旨使命的联结落到实处，通过对宗旨使命的回顾与讨论，增强战略的创意与意义，同时持续强化员工个人目标与个人使命、企业使命的联结，这对于战略的规划与实现大有裨益。

6）企业的宗旨使命一旦明确，就需要融入企业文化，持续地通过宣传、沟通、培训、员工活动等行动，鼓舞广大员工；企业可以定期举办体现企业宗旨使命的员工活动，特别是公益活动，这能够强化员工在帮助他人过程中的幸福体验，从而更持久地激发利他精神，产生源源不断的内在原动力。

第 9 章

组织发展变革实践
DIY 方法

本书开头阐述了组织发展（OD）的起源、含义，以及系统思维、以人为本、过程导向等重要特点，并精练概括地介绍了用以指导组织发展变革全局思维与实践的 CHANGES 模型、模型各关键元素的意义和相互关系；然后以章为单位，就 CHANGES 模型的七个关键元素（凝心聚力、战略规划、组织能力、组织架构、制度体系、文化规范和宗旨使命）逐一进行深入分析和阐述，辅以大量企业实例和实践心得，希望能帮助管理者获得对组织发展变革的系统而深入的理解。在此基础上，本章将重点介绍组织发展变革的 DIY 方法，进一步帮助管理者提升组织发展变革的实践能力，落地解决企业的具体问题。

我们可以把组织发展变革实践操作方法归纳为三个主要步骤：组织诊断（Diagnosis）、干预举措（Intervention）与效果评估（Yield）。我们把这三个英文单词的首字母缩写为 DIY，同时也借用"Do It Yourself"（自己动手)的意思,如图 9-1 所示,便于管理者记住这三个步骤。

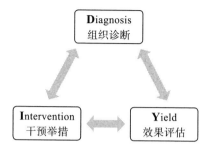

图 9-1 组织发展变革 DIY 方法

9.1 组织诊断

组织诊断是组织发展变革实践的首要步骤。在尝试解决任何组织问题之前,我们都需要先进行组织诊断,只有明确了什么是真正的问题才能选择合适的干预举措或者解决方案。

组织诊断是系统地检视组织的方法,运用概念化的模型和实用的研究方法评估一个组织当前的状况,找到解决问题的方法,提高组织绩效。㊀有效的组织诊断需要明确:组织诊断的客体、组织诊断的主体、组织诊断的模型、组织诊断的步骤与方法。

9.1.1 组织诊断的客体

组织诊断的客体指的是组织需要解决什么问题,可能是业务问题,例如销量下滑、利润亏损、客户投诉、市场占有率下降、库存积压、产品质量不达标等,也可能是人员问题,例如员工流失率高、士气低落、能力不足、缺乏创新精神等。在明确组织诊断客体的时候,我们需要区分问题的表现与真正的问题。用感冒来比喻,问题的表现是人有感冒的症

㊀ 哈里森.组织诊断:方法、模型与过程 [M]. 龙筱红,张小山,译. 重庆:重庆大学出版社,2007.

状（发热、流涕、咳嗽等表现），但是根本原因可能是外感风寒、外感风热、外感暑邪、肺阴不足等，中医需要通过望闻切问的方式诊断真正的问题（病因）从而辨证施治（也称辨证论治）。同样，员工流失率高可能只是问题的表现，真正的问题可能是主管上司管理方式粗暴，或者是员工对企业的战略不认同、对企业的未来没有信心等。我们只有找到真正的问题，才能对症下药，因此组织诊断的过程也是发现真正问题是什么的过程。

9.1.2 组织诊断的主体

组织诊断的主体指的是由谁来完成组织诊断。组织诊断的过程通常由组织发展（OD）顾问来引导，以过程咨询的模式与组织关键利益相关者共同合作完成。因此，组织诊断的主体包括组织发展顾问与组织关键利益相关者。

1）组织发展顾问：组织发展顾问在这里是一个广泛的定义，指的是应用过程咨询的模式帮助组织解决问题的组织发展实践者，可以是企业外部的第三方顾问，也可以是企业内部的 HR 人员、组织发展人员或企业的管理者。

2）组织关键利益相关者：在组织发展变革的实践中，关键利益相关者指的是可以影响组织的变革，或者被组织的变革所影响的组织内外的个人、群体或者机构。当我们把组织看成一个整体系统的时候，组织关键利益相关者包括三种：组织内部横向结构的各部门；组织内部纵向结构的高层领导者、中层管理者和一线员工等；适当的时候也包括供应商、客户、社区、政府等组织外部的机构。

9.1.3 组织诊断的模型

选择合适的组织诊断模型有助于提醒领导者、HR 管理者、组织发展实践者牢记组织是一个整体系统，以全局观去评估组织的现状与未来，以系统思维去解决组织真正的问题，同时也有助于组织利益相关者建立相同的思维框架，便于沟通。

本书为管理者提供了组织发展变革全局思维的 CHANGES 模型，该模型同样可用于进行组织诊断，如图 9-2 所示，从外部环境、组织优势与组织资源等输入元素开始检视，然后检视 CHANGES 七个关键元素是否相合一致，最后再来检视业务成果、组织效能与成员感受等输出元素，并且基于是否通过及时反馈形成闭环来全面、系统地诊断组织问题。

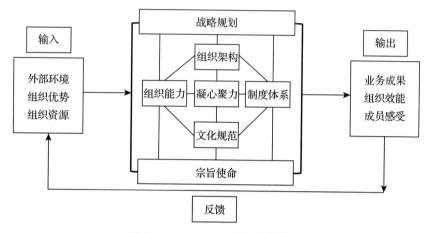

图 9-2　CHANGES 组织诊断模型

组织发展学中经典的组织诊断模型还包括莱维特的钻石模型、哈里森的开放系统模型、加尔布雷斯的星形模型、韦斯伯德的六盒模型、麦肯锡的 7S 模型、沃利的整合战略变革模型等。它们从不同的维度建立了组织诊断的框架，可供企业参考，感兴趣的管理者可以进一步阅读相关的书籍，管理者也可以根据企业的具体情况自行设计合适的组织诊断模型。

9.1.4　组织诊断的步骤与方法

1. 确定范围

这个步骤是指组织发展顾问与相关组织问题的主要负责人就组织诊断的范围达成共识。依据需要解决的组织问题的复杂性，我们通常会把企业一把手与 HR 负责人共同作为组织问题的主要负责人。他们需要共同确定的组织诊断的范围包括：组织诊断的目的与需要达成的具体成果，组织诊断采取的模型，参与组织诊断的主要利益相关者的范围以及参与人选、组织诊断采取的具体方法、主要时间表、预算（如需要）、组织内部主要的支持人员等。

2. 收集信息

这个步骤是指组织发展顾问以合适的方式，向组织利益相关者收集与问题相关的信息。具体的信息收集方法包括但不限于以下六种，每种方法针对不同的情况都各有利弊，在实践中根据需要解决问题的敏感度、时间的长度等不同因素可综合搭配使用。

（1）**检阅资料**　检阅资料常用于初步的组织诊断阶段，无须大范围打扰组织成员、造成不必要的影响。组织发展顾问可根据需要解决的具体组织问题与企业主要负责人共同决定合适的待检阅资料，通常包括企业的战略规划、业务和财务数据、人员数据、组织架构图、员工调查结果、客户反馈调查结果、企业网站、媒体报道等。需要注意的是，检阅资料可能涉及的信息量庞大，最好事先选择好检阅哪些资料。

（2）**问卷调研**　问卷调研常用于在短时间内获得大量人员的反馈信息并且检验不同数据变量之间的关联性，通常包括封闭式问题并结合李克特（Likert）量表让受测人员表达对调研内容的认同程度，按照"非常同意""同意""不一定（不确定）""不同意""非常不同意"五个程度反馈与计分，并结合适当的开放式问题以了解受测人员对调研内容的想法或建议。问卷应设计得尽量让受测人员可以在 5～10 分钟完成。需要注意的是，问卷调研比较难以获取敏感信息，因此建议与访谈等其他方式结合使用。

（3）**一对一访谈**　一对一访谈常用于获得敏感信息或者讨论复杂的议题，主要以开放式问题的形式讨论，通常时间控制在 45 分钟左右，受访者常是高管团队成员或者关键干部个人。需要注意的是，如果需要就访谈录音，必须事先征得受访者同意；另外，收集到的信息有较高主观性，通常需要配合定量研究共同分析。

（4）**小组座谈** 小组座谈常用于收集背景相似的人群就某个具体议题的看法，每个小组 5~8 人，以开放式提问的形式讨论 1~3 个主要问题，主持人（引导者）可以在现场用白板记录小组讨论的关键词。需要注意的是，如果需要就小组座谈录音，必须事先征得全部受访者同意；收集到的信息有可能受群体思维的影响，有经验的主持人会把握讨论的节奏，及时提取讨论中的关键词和核心意思，鼓励全部受访者充分发言，避免个别受访者在会议中垄断发言。

（5）**现场观察** 现场观察常用于了解组织成员的实际行为和处事方式，以及组织内不同成员之间的实际互动情况。直接观察可以提供比问卷和访谈更客观的数据。常见现场观察的情形包括领导团队会议、销售或者客服人员现场与顾客的互动、生产操作工人在生产现场的操作等。现场观察通常在被观察者的正常工作地点进行。需要注意的是，被观察者得知被观察后可能会改变日常行为，因此现场观察应尽量采用隐蔽的方式进行，或者至少与被观察者保持一定距离，不要介入现场的操作或者会议讨论。

（6）**行业/企业对标** 行业/企业对标通常用于帮助组织成员发现差距，突破企业内部现有做法的局限。常见的行业/企业对标方法包括调研对标行业相关数据、举办最佳实践调研、购买最佳实践调研报告或者标杆数据分析报告、参观访问标杆企业等。需要注意的是，企业需要利用合法合规的方法收集竞争对手的信息，而且对标不要局限于同行业，其他行业发展的关键信息也非常重要。

3. 分析反馈

这个步骤首先由组织发展顾问独立完成，对收集到的信息与数据进行定性分析与定量分析，整理汇总成为报告；然后由组织发展顾问把报告以合适的方式向利益相关者反馈，并引导利益相关者共同完善分析结果。

1）分析的方法：应结合定性分析与定量分析进行。其中定性分析以文字为主，通常以开放式问题来收集受访者对议题的想法或者建议，并通过归类的方式分析汇总；而定量分析以数据为主，通过对数据的统计与推断,检阅某个数据变量在一个时间段内的变化趋势,并且验证不同数据变量之间的关系。定性分析与定量分析对比具体比较见表9-1。

表9-1 定性分析与定量分析对比

方面	定性分析	定量分析
形式与来源	文字为主 一对一访谈 小组座谈 文字、音频、视频报告 现场观察	数据为主 问卷调查 历史数据
目的	探索了解受访者对议题的经验、想法或者建议 没有假设前提	检阅某个数据变量在一个时间段内的变化趋势 验证不同数据变量之间的关系
问题设计	开放式问题	开放式问题和封闭式问题 问卷调查常用李克特心理反应量表,受测者根据量表表达自己对该项陈述的认同程度
分析方法	分析法,把信息归类	推断法,数据统计
报告形式	文字报告,通常引述受访者的直接用语(匿名方式)	统计报告

2)反馈的方式:可分步进行,首先以会议的形式由组织发展顾问向企业主要负责人汇报,帮助企业主要负责人理解并共同完善初步诊断的结果,与企业主要负责人共同商定后续向更多利益相关者反馈的方式(例如会议、邮件、主管经理下达沟通等)、反馈的时间、反馈的主要信息等。

3)诊断结果的反馈:通常以汇总报告的形式呈现,保持匿名的汇总报告方式有助于利益相关者在访谈的过程中敢于就敏感议题表达自己真实的想法与感受,从而提升诊断结果的真实性与客观性。

4. 引导共识

这个步骤是组织发展顾问引导利益相关者就"真正的问题是什么""产生问题的原因是什么"达成共识,通常与上述的汇总报告步骤结合进行。在这里作为单独的一个步骤来阐述,以强调组织发展顾问帮助组织系统自我诊断的重要性。引导共识可以通过一对一的会议、团队会议、工作坊、研讨会的方式进行，由组织发展顾问在会议上向参会者汇报汇总的组织诊断报告，并引导参会者就报告的发现进行讨论。根据需要解决的组织问题的敏感性与复杂度，这个步骤可以先在企业领导团队中进行，或者分别在相应部门进行，或者举办跨部门的会议进行。

5. 引导共创

这个步骤是组织发展顾问采取合适的方式引导利益相关者共同讨论与制订解决问题的方案。通常也是以一对一会议、团队会议、工作坊、研讨会的方式进行的。在实践中，企业也可以把第 4 步与第 5 步合并成为时间较长的工作坊或者研讨会进行。组织发展顾问可以把第 1 步（在前期向利益相关者收集信息的步骤）中获取的相关建议，作为解决方案的初步思路输入，供参会者讨论、补充、细化。引导共创是凝聚组织的集体智慧，增强组织成员对变革方向、解决方案的认同，从而真正落实行动的关键步骤。

实践中的
建议与提醒

1）"组织诊断"这个词来源于英文"Organization Diagnosis"，但是容易引起歧义，让管理者误以为"组织诊断"是由组织发展顾问像西医专科医生诊断病人（医患模式）一样给企业诊断"开药"。

2）本书第 1 章特别讲到组织发展变革的一个重要特点就是过程导向，并解释了专家模式、医患模式和过程咨询模式的区别。在实践中，组织发展顾问切忌单纯应用专家模式或者医患模式单方面对企业进行诊断就直接给出解决方案。

3）组织发展顾问在组织诊断的过程中发挥两个重要作用：①帮助企业以全局观诊断组织系统与外部应变以及组织系统内部

的子系统平衡协同的状况；②以过程咨询的方式帮助组织自我诊断，引导组织整体就需要解决的真正问题达成共识，凝聚集体智慧共创解决方案。

4）组织发展顾问需要具备询问技巧、分析能力、汇总报告能力、大型会议议程设计与现场引导技巧等综合能力，并且具有对企业文化的敏感度。企业可能因为内部资源不足而邀请外部组织发展顾问帮助进行组织诊断，需要给外部组织发展顾问提供企业内部的支持者（通常是企业的HR人员），弥补外部组织发展顾问不熟悉企业文化的不足。

5）本书有关组织发展顾问的定义是一个广泛的定义，并不局限于设置了组织发展部门或者组织发展岗位的企业或者企业外部的咨询机构。实际上，在国内较普遍的情况是企业HR往往在不知不觉中承担了组织发展顾问的角色，发挥了组织发展顾问的作用。我也鼓励企业HR在工作中有意识地践行组织发展变革的实践，成为战略型HR。

6）从长远的角度看，企业需要逐步培养、提升内部人员（包括领导者、管理者、HR人员等）的组织发展变革能力，从而及时引导组织自我发现、自我诊断，并在企业内部形成广泛共识与共创，让组织发展变革能力成为企业的组织竞争优势。

9.2 干预举措

干预举措的英文是"Intervention"。一些组织发展书籍把"Intervention"翻译为"干预"或者"介入"，可能会让人联想到"过问不相干的事情"

"干涉、干扰别人"的歧义，因此我在这里将它翻译为"干预举措"，希望能够更好地表达其含义。

干预举措指的是改变现状的行动或者过程，它意味着有意识地进入一个正在运行的系统以启动或者引入改变。⊖我们可以把组织发展变革实践中比较常用的干预举措分类：

1）按照关注的重点，可分为关注过程、关注结构、关注内容。

2）按照应用的不同层面，可分为个人层面、人际层面、团队（群体）层面、团队间层面、组织层面。

例如：高管教练辅导是以领导者个人为对象，侧重于关注过程，启发领导者反思与感悟的干预举措；工作设计是同时以个人、人际、团队（群体）、团队间层面为对象，侧重于关注结构的干预举措；而建立胜任力模型是很多企业在组织层面关注内容的干预举措，当然，虽然胜任力模型本身是关注内容的，但是建立胜任力模型过程中所使用的干预举措（例如组织诊断、欣赏式探询研讨会）则是侧重于关注过程的。本书前文讲解每个CHANGES元素时，在实践举例中介绍了许多常用的干预举措。更多的组织发展变革干预举措可以参见表9-2。

表9-2 组织发展变革干预举措（举例）

关注	个人层面	人际层面	团队（群体）层面	团队间层面	组织层面
过程	教练辅导 试验训练小组（T Group） 职业规划辅导 个人咨询 工作丰富化	第三方冲突解决 角色谈判 过程咨询 角色互换 关键对话 试验训练小组（T Group）	团队建设 过程咨询 创建愿景 决策改进 冲突管理 欣赏式探询对话 团队会议过程引导 团队教练辅导 行动学习教练辅导 战略一致性评估	界面讨论 第三方主持的团体层面的调解 觉察相互关系的跨团体活动 组织镜像 过程咨询	组织诊断 欣赏式探询峰会 未来探索 世界咖啡（集体对话交流方式） 开放空间 组织镜像 整合战略变革 文化变革 组织学习 过程咨询

⊖ ROTHWELL W J, STAVROS J M, SULLIVAN R L. Sullivan, R.L. Practicing Organization Development: Leading Transformation and Change[M]. 4th ed. Hoboken: Wiley, 2016.

（续）

关注	个人层面	人际层面	团队（群体）层面	团队间层面	组织层面
结构	工作设计（岗位说明书）	工作设计（岗位说明书）	工作设计（RACI、岗位分析、流程图） 业务流程改进/重组	工作设计（RACI、岗位分析、流程图） 业务流程改进/重组 子单元重组	组织设计（架构、业务流程、管理制度、人力资源实践） 业务流程改进/重组 架构重组 引进新技术系统
内容	反馈 指导(Mentoring) 培训、教育与开发 行为规范 自我测评工具	反馈 工作影子活动（Job Shadowing）	团队成员反馈 团队效能评估 户外拓展训练 团队章程 团队会议（议程设计）	相互的调查反馈	客户调研反馈 客户会议 消费者访谈、家访、观察 标杆管理（最佳实践） 战略规划工具 关键利益者分析 胜任力建模 学习地图

在组织发展变革实践中有不同的干预举措，那么如何针对企业的具体情况选择与实施合适的干预举措呢？首先，干预举措的选择必须基于深入的组织诊断结果，只有明确了真正的问题才能做出有针对性的选择。其次，干预举措的选择由组织发展顾问与企业共创，具体又可分为两步：第一步是组织发展顾问先与企业主要负责人初步构思，第二步是引导企业更广泛的利益相关者共创。最后，把干预举措落到实处，例如组建相关工作小组或者跨部门团队负责设计、推动实施，应用项目管理工具跟踪进度。

某企业的董事长（企业创始人）最初找到我帮忙的时候，表示迫切需要提升其企业总经理带领团队的能力。如果应用专家模式或者医患模式，常见的解决方案就会送该企业的总经理参加有关领导力的培训。但是应用组织发展的过程咨询模式，经过访谈、现场团队会议观察、相关资料检阅等深入进行组织诊断之后，初步分析发现，企业真正的问题可能在于：组织结构上，董事长与总经理职责不清，导致团队成员有问题不知道该向谁汇报；业务审批流程烦琐、费时，导致团队成员抱怨，严重影响实际工作效率。

我首先把初步诊断的发现与建议的干预举措向董事长汇报，并且与董事长讨论商议初步的计划：①重新明确总经理的岗位职责，特别是明确总经理与董事长的职责边界；②通过360度反馈，帮助总经理更好地了解自我的工作风格对团队的影响；③举办企业管理人员研讨会，共同讨论如何提升销售效率与其他工作效率。

在与董事长达成共识之后，我作为组织发展顾问与董事长和总经理开了一次会，共同讨论组织诊断的结果与后续的改善计划。总经理非常赞成，并且进一步邀请我作为他的高管教练，开展为期半年的一对一领导力教练辅导。

基于与董事长和总经理达成的共识，我进一步帮助企业设计与引导由企业高管团队、中层管理人员与一线员工代表参与的提升团队效率的工作坊。参会者在工作坊中积极讨论并最后共同决定聚焦在：如何精简销售折扣审批流程；如何把销售部门、财务部门与售后服务部门的业务流程更好地衔接；如何帮助财务、人力资源等支持性部门，更好地了解外部客户的需求与企业的业务战略等更多跨部门相互支持的议题。通过工作坊和研讨会的讨论，组织成员又继续共创了更多干预举措，例如：进一步对每个部门的负责人实施360度反馈，帮助所有部门负责人更好地带领下属团队以及跨部门合作；建立行动学习机制，定期组建跨部门团队检视并改进业务流程；建立定期的跨部门团队建设活动机制等。

从以上的实例可见，澄清真正的问题与选择合适的干预举措是一个引导企业利益相关者共识共创的过程，最开始组织发展顾问可以提出建议，但是需要在与企业主要负责人以及更广泛的利益相关者共创的过程中逐步完善丰富。组织发展顾问与企业人员的每次会议，都是反馈与共创的过程，是帮助组织（整体）自我感知、自我诊断、系统共创的过程，从而帮助企业根据自身的情况选择合适的干预举措。

> **实践中的建议与提醒**
>
> 1）虽然具体的干预举措选项是在组织诊断之后才能产生的，但是**组织诊断的过程本身就是干预举措的一部分**。一旦组织发展顾问开始与组织成员接触（不管是通过问卷、访谈还是现场观察），就会影响组织成员对自己、对所在组织的看法以及对所要推行的变革的期待，干预就已经开始发生了。
>
> 2）我在辅导企业开展组织诊断工作的时候，总是会再三提醒企业一把手，一旦组织成员有了期望，后续的跟进与具体行动落实就很重要，否则会影响组织成员对企业的信任。
>
> 3）在实践中，有些干预举措是一次性的，例如举办一个由广泛利益相关者共同参与、讨论共创的研讨会；有些干预举措是长达一年到数年的组织变革或者综合方案。把干预举措从讨论转化为具体行动，需要结合项目管理的实践，委任专人负责推进，定期跟踪进展，定期向利益相关者汇报。

9.3 效果评估

效果评估是确定组织发展变革干预举措价值的系统方法，通过一系列有计划的信息收集与分析活动，为管理层提供有关变革效果或者进程的满意度评定，旨在持续地检验干预举措是否与组织的需求一致，以确保产出预期的变革成果并推动变革持续。[⊖]

⊖ JONES M C, ROTHWELL W J. Evaluating Organization Development: How to Ensure and Sustain the Successful Transformation [M]. Boca Raton: CRC Press, 2018.

我们需要在变革启动前就进行效果评估的设计。如果把组织发展变革比喻为企业从现状走向未来的持续不断的旅途，企业需要知道每段旅程从哪儿出发，要去哪里，路线是否指向目的地，怎么才能知道真正到达目的地。**效果评估就是以终为始**，确保采取的组织发展变革举措始终支持并保持与企业战略目标相一致，帮助企业在组织发展变革过程中及时发现偏差，及时调整，帮助企业复盘学习、深化变革，直至下一个变革的旅途开始。

我们接下来就介绍组织发展变革的评估指标、评估方法、评估阶段，展开阐述如何在企业实践中应用。

9.3.1 评估指标

投入产出比或者投资回报率是常见的企业商业投资评估指标，但是因为组织发展变革效益评估的特殊性，企业不能只用商业投资评估指标，还要从变革的过程、变革的成果、变革的巩固三个方面综合来评估。

1. 变革的过程

变革的成果通常需要较长的时间才能呈现，例如可能需要一年甚至数年才能看到明显的经营性成果，那么如何确保组织变革一直在正确的轨道上并且能够根据变革推进的实际情况及时做出合适的调整呢？关注变革过程有助于企业及时了解"人心所向"，因此及时衡量企业关键利益相关者以及组织成员在变革过程中的感受、参与的程度、参与过程中的产出等非常重要。这也是组织发展变革"以过程为导向"的体现。设计合适的过程指标，并在变革准备和实施中及时跟踪，非常有助于管理者更有意识地关注企业各层面利益相关者的参与和反馈情况，充分发挥凝心聚力的组织能量。变革的过程衡量指标见表9-3。

表 9-3 变革的过程衡量指标（举例）

变革的过程衡量类别	变革的过程衡量指标
参与度指标	参与问卷调研、访谈等组织诊断过程的人数，企业举办变革共创研讨会的次数，参与变革共创研讨会的员工人数，自愿加入变革团队的员工人数，等等
感受类指标	变革团队（如有）的团队效能、参与具体干预举措（例如共创工作坊）的利益相关者的感受、组织成员对变革的认同度、对变革过程中宣传沟通的反馈、对企业变革取得成功的信心，等等
产出类指标	变革共创研讨会产出的变革方案、组织成员就组织变革提出的具体建议、方案或建议得到具体实施的数量与占比，等等
项目管理指标	变革举措或项目完成的数量、进度、费用等是否与计划相符

2. 变革的成果

企业通常最关注变革能否很快带来营收、利润方面的成果，这没有错，但是如果企业仅关注短期财务指标，组织发展变革的干预举措就无异于一般的商业投资决定，失去了其在人心激励、组织持续健康方面的深远意义。我们在第 6 章有关绩效管理体系的内容中谈到，本书在罗伯特·卡普兰和戴维·诺顿的平衡计分卡理论基础上提炼出财务收益、客户满意、组织健康、流程效率四个维度，并且增加了持续创新形成五个维度的新平衡计分卡，可用于建立企业的关键绩效指标框架。新平衡计分卡的概念同样可以用于衡量组织发展变革的成果，使企业既关注短期财务收益，也关注持续投资创新与未来长远发展；既关注外部客户需求，也关注内部组织成员以及内部流程效率的持续提升。变革的成果衡量指标详细举例见表 9-4。

表 9-4 变革的成果衡量指标（举例）

新平衡计分卡维度	变革成果衡量指标
财务收益	营收、利润、业务增长率、投资回报率等
客户满意	市场占有率、客户满意度、客户保持率、客户重复购买率、客户推荐率、经销商满意度等
组织健康	组织效能、员工保有率、员工满意度、员工敬业度等
流程效率	生产率、废品率、库存、订单按时完成率、新产品研发需时、新产品上市需时、人员招聘成本与需时等
持续创新	创新资源的投入、创新孵化项目数量、发明专利的数量等

3. 变革的巩固

很多企业即使取得了阶段性胜利，也常常面临变革无法巩固的窘境，特别是在企业更换领导者的时候更容易出现这种问题。因此，要评估组织发展变革是否成功，企业不仅要关注变革的过程和变革的成果，还需要衡量组织发展变革干预举措是否给企业带来长期的可持续的影响。从人员和组织的角度，变革的巩固体现在组织人员观念、行为和能力上的改变，同时也通过组织的政策、流程等等机制，把新的运作模式、新的工作方式常态化。变革的巩固衡量指标详细举例见表9-5。

表 9-5　变革的巩固衡量指标（举例）

变革巩固衡量类别	变革巩固衡量指标
观念、行为	体现企业新文化的故事数量、员工敬业度、文化健康审计等
能力	相关胜任力水平、领导力反馈、变革复盘
政策、流程	新的工作方式嵌入业务和组织流程、新的制度的实施情况

9.3.2　评估方法

组织发展变革的评估方法可以参照前述组织诊断的方法，例如数据资料检阅、问卷调研、利益相关者一对一访谈、小组座谈、研讨会、现场观察、行业标杆数据比较等，企业还可以进一步结合年度审计制度、经营与战略复盘机制等方法进行。这些方法可以组合使用，适用于变革评估的不同阶段，也可应用于衡量变革的全过程、阶段性成果、变革实施后的巩固情况。

（1）数据检阅　例如对变革成果相关数据的对比、跟踪，既可以与企业内部变革前的历史数据对比，也可以与企业外部行业标杆数据对比。数据检阅主要用于对变革成果与变革巩固的评估。

（2）关键利益相关者反馈　例如一对一访谈反馈、小组座谈反馈、大型研讨会反馈、综合问卷调研、组织气氛脉搏反馈（Pulse Check）等。这一方法主要用于获取关键利益相关者对变革过程的评估，有时候也作为数据检阅的补充以获取关键利益相关者对变革成果的评估。

（3）现场观察 例如现场观察员工的行为是否按照变革的预期发生改变，现场观察主要用于对变革过程与巩固的评估。

（4）制度、流程审计 例如检视企业是否就新的工作方式形成制度，新的制度在企业各部门中的落实程度与实施情况，这一方法主要用于对变革过程与巩固的评估。

9.3.3 评估阶段

组织发展变革评估的实践流程分为四个阶段，强调变革启动前的设计，在变革实施过程中及时获取利益相关者的反馈，在干预举措实施完成时对变革成果的总结，以及在变革推进后持续的跟踪，如图9-3所示。

图 9-3 变革的评估阶段

1. 第一阶段：变革启动前设计

这个阶段强调在变革启动前就要设计"如何对组织发展变革进行评估"，做到以终为始，确保接下来选择与实施的组织发展变革举措与企业战略一致，产出企业期望的变革成果并且支持变革的巩固。在设计上需要分别针对不同的阶段综合考虑变革过程、变革成果与变革巩固的评估指标，选择合适的评估方法。

组织发展变革评估设计，原则上需要广泛的组织关键利益相关者参与，共同决定衡量变革是否成功的方法、过程与指标。在实践中，可以根据具体情况分步设计，例如，组织发展顾问与企业主要负责人在初期讨论中达成初步的想法，在具体组织诊断的过程中以合适的方式聆听企业更广泛的关键利益相关者的建议,在汇报组织诊断结果与引导关键利益相关者共创变革方案中共同完善。我们在实践中会发现,设计"如何评估"的这个过程也有助于企业进一步明确变革的目的、目标,以及丰富变革的思路、加强变革的规划。

2. 第二阶段：变革实施过程中反馈

这个阶段强调在变革(干预举措)实施的过程中及时地获取关键利益相关者的反馈,特别是对变革过程的反馈,关注组织成员的感受,鼓励组织成员参与,同时也需要在变革实施的过程中定期检视过程指标与成果指标,确保干预举措的实施在产出预期变革成果的轨道上。

在实践中,根据变革实施过程中的过程反馈与成果检视,企业可能需要适当调整原有变革方案或者干预举措；原有变革方案的调整需要与企业关键利益相关者达成共识并与广大组织成员及时沟通,确保组织整体保持一致。

对于在变革实施过程中取得的短期胜利,哪怕只是微小的成绩,也需要及时与组织成员沟通庆祝,持续增强组织成员对变革的信心。

3. 第三阶段：变革实施完成时总结

这个阶段强调在变革实施完成的时候,对干预举措的成果评估以及过程评估进行总结,切忌只评估财务成果,企业需要综合评估财务收益、客户满意、组织健康、流程效率、持续创新五个维度,进行全面的总结。

在实践中,对于大型、综合的变革举措,这个阶段的评估应与深入的复盘相结合,以总结经验,提升组织的学习能力与持续变革能力,也对第四阶段变革巩固的评估规划进行适当的调整与补充。

4. 第四阶段：变革推进后跟踪

这个阶段强调在相关的组织发展变革干预举措实施之后,持续地跟踪、评估变革是否在企业管理中得到巩固。组织成员态度和行为的改变大都从变革的早期开始,这些改变可以引起工作方式的改变；[⊖]而只有帮

⊖ 科特. 领导变革 [M]. 珍藏版. 徐中,译. 北京：机械工业出版社,2020.

助组织成员提升适应新工作方式的能力，并且当新工作方式为组织成员带来物质上和精神上的回报，新的工作方式才会成为组织成员的行动惯性；并且只有通过把新工作方式嵌入业务和组织流程，变革才能融入企业文化，并得到巩固。

在变革巩固的过程中，企业仍然需要保持对外部与内部环境的敏锐感知。因此在企业实践中，在持续跟踪变革巩固指标的同时，企业也应该持续保持对综合变革成果的内外对比，为迎接新的变革做好准备。

> **实践中的**
> **建议与提醒**
>
> 1）组织发展变革实践操作 DIY 步骤是一个完整的逻辑闭环：只有通过组织诊断透过表象找到本质，干预举措的正确性及实施可行性才能得到保障；而效果评估的设计实际始于变革启动之前，贯穿于整个干预举措的制定和实施过程中；对综合变革成果的评估，以及复盘总结又成为下一个组织诊断的输入项。
>
> 2）DIY 步骤与方法的全过程贯穿了组织发展变革的重要特点：系统思维、以人为本、过程导向。这三个特点实际上也是 DIY 方法的指导原则；结合本书前文对 CHANGES 模型的概述以及各章对七大元素的深入阐述，DIY 构成了组织发展变革实践的指导体系。
>
> 3）不管组织发展变革发生在 CHANGES 模型的哪些元素甚至全部元素上，DIY 方法都适用；我希望经过本书的完整阐述，企业领导者、HR 管理者、组织发展实践者都能始终以 CHANGES 模型的全局思维去思考，并以 DIY 的步骤去实践。

9.4 实例：形成组织诊断的机制，让变革成为业务常态

某公司是国内知名上市控股集团（以下简称"控股总部"），下属多个产业集团（Business Group, BG）。2020年年初，在过往针对具体产业集团、产业集团下属业务单元或者针对某个变革的需求进行的单项组织诊断的工作模式的基础上，控股总部进行了新的尝试：控股总部HR部门牵头，与下属所有产业集团共同完成了经营情况与管理情况的全面组织健康度扫描，并基于此推动制订并实施相应的组织变革方案，以更好的方式、更有效的资源投入应对各种不确定性。在2020年年底，控股总部认可了组织诊断方法带来的整体组织效能提升，决定将组织诊断制度化并持续推广。

2021年年初，由控股总部的HR部门与业务运营部门基于2020年的经验复盘，共同完善了组织诊断的方法与工具，并且从2021年开始，建立起覆盖整个控股集团的持续组织诊断机制，将组织诊断与战略方向相结合，形成企业年度经营规划与战略部署流程中的关键环节。如图9-4所示，组织诊断连接业务的战略方向与经营规划，通过组织诊断的分析与共创产生的变革举措，成为战略部署中重要举措的组成部分，并层层分解到各产业集团、各职能部门共同实施，变革规划融入业务整体规划，在组织日常运营业务常态中得到实施与推进。

图9-4 组织诊断嵌入经营规划与战略部署流程

1. 组织诊断

1）该实例中，企业组织诊断的目的是帮助控股集团下的产业集团主动分析业务现状与其战略目标之间的差距以及资源的配置，从组织系统层面共创变革成为战略部署的关键举措，达至战略目标实现。企业强调为确保组织健康进行"年度体检"，从而可以提前干预，而不是等到出现具体问题才被动反应。

2）组织诊断的过程由控股总部HR部门、运营部门与各产业集团HR部门派员组成的工作小组负责引导与推动，具体工作包括：开展数据收集与分析，把诊断的初步结果向产业集团管理团队汇报并就组织问题的定位与解决方案达成共识，再上报控股总部管理层决策，由组织诊断得出的变革举措通过战略部署的过程与广大组织成员达成共识，并且在目标分解中进一步细化落实。

3）组织诊断的模型：基于该集团自身的行业特性和战略目标，在组织诊断的内容方面，团队选择了广泛的内外界因素，形成了组织诊断雷达图（见图9-5），包括：环境的输入，如政策法规、行业环境、宏观经济；战略目标、组织架构、机制流程、人才队伍、文化氛围等内部转化过程；分析企业的经营指标、成本指标与效能指标等价值输出指标，深入支持业务经营。

4）工作小组综合运用了多种组织诊断的方法，例如数据分析、架构检阅、访谈、现场调研、问卷调研等。

①数据分析：在组织诊断过程中，分析了经营指标（例如营收、净利润、权益净利润等）、成本类指标（例如人员编制、人力成本、行政费用占比等）、效能指标（例如人均营收、人均利润、元均营收、元均利润等）等所有产业集团都需要分析的一类指标，与历年数据进行比较，以及业务增长率的比较等；除此之外，还针对具体产业集团所在的行业特点与商业模式，进一步分析与各产业集团相关的二类指标。

②架构检阅：检阅各产业集团及其下属业务单元组织架构的层级与

管理幅度。

③访谈：与业务单元业务负责人一对一访谈，就业务的重点进行有针对性的沟通与了解。

④现场调研：工作小组到业务现场观察，与一线员工沟通以了解他们日常的工作情况，收集一线对战略目标、人员结构、资源配置各方面的反馈与建议。

⑤问卷调研：围绕战略目标、组织架构、机制流程、人才队伍、文化氛围等维度，开展问卷调研，绘制组织健康度雷达图，找出薄弱环节，为组织变革的具体策略提供方向指导；结合年度员工敬业度调研，对标行业数据和历史数据，同步员工敬业度提升方案与组织诊断机制。

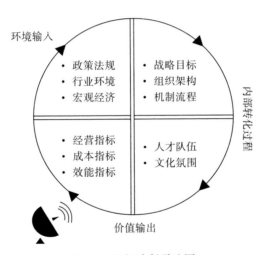

图 9-5　组织诊断雷达图

资料来源：由本案例企业提供。

2. 干预举措

工作小组与产业集团的管理团队及相关代表充分沟通组织诊断的初步结果，以共议共创的形式就组织问题的定位与解决方案深入交流并达成共识。具体的变革举措因各个产业集团情况不同而不同，例如：

1）增强资源配置管理，包括对成熟业务的资源管控以及对创新业务的资源支持。

2）梳理组织架构的层级与管理幅度，以及整合强相关性业务的组织架构。

3）澄清与优化审批流程、权责界面等管理机制。

4）配套与更新薪酬激励政策，等等。

产业集团层面基于组织诊断和共议共创产生的干预举措最后上报控股总部管理层决策确认或做出适当调整。经过这个流程，组织诊断成为战略规划的有机组成部分，以战略方向与经营规划为导向，组织诊断的产出成为战略部署中的关键举措，通过战略部署与目标分解的过程，进一步与广大组织成员达成共识，不断细化、完善与落实。

3. 效果评估

本实例对相关变革的衡量与业务经营紧密结合，分别从经营指标、成本指标与组织效能指标等去衡量变革的成果，并且在变革举措实施完成后一段时间内进行复盘，通过检视员工感受与反馈报告、组织运作的顺畅程度、流程效率、制度发布和执行等情况衡量变革的巩固。

在实践中，企业也在不断优化，例如，作为大型集团公司，变革举措落实本身就需要一个过程，并且许多举措都并非短期行为，不可能立竿见影，因此不少变革的成果指标与变革的巩固指标容易有时延效应，未来考虑加入过程衡量指标和阶段性指标，以持续迭代与提升组织诊断机制。

总结这个实例中组织发展变革实践的三个环节——组织诊断、干预举措、变革评估，其中有很多值得借鉴之处：

1）通过制度化的组织诊断过程与方法，建立组织健康"年度体检"的机制并嵌入业务规划和战略部署环节，一旦发现值得提升之处，就可以提前施加干预措施，而非等到出现具体问题才被动反应，达到了主动"治未病"，促进企业"以变应变"持久革新。

2）以业务经营为导向的组织诊断，有助于获得业务高层领导者的重视与支持，便于从上而下地推动；在组织诊断的过程中同时关注企业各个层面利益相关者的参与和输入，特别是一线业务员工的反馈，凝聚从下而上的智慧与共鸣，形成上下合力。

3）以"过程咨询模式"为主（例如引导促进各层面利益相关者的参与和输入，并达成共识），结合"专家模式"（例如提供组织诊断的工具与方法）与"医患模式"（例如给出组织架构层级与管理幅度的建议），HR管理者成为优秀的企业内部"组织发展顾问"，真正成为业务的战略伙伴。

4）引导"共识共创"贯穿整个组织诊断的过程，例如工作小组与各产业集团管理团队一起充分讨论诊断发现的问题和可行的干预举措，促进关键利益相关者对变革的方向、需要聚焦的真正问题、解决方案、行动举措等达成共识至关重要，引导控股总部与各产业集团、各业务单元、广大组织成员共同参与共创的变革，达到凝心聚力的效果。

5）持续复盘，不断优化和提升以保证组织诊断机制与时俱进，帮助企业跟踪变革的过程、实现变革的成果、加强变革的巩固直到下个需要的变革开始。

9.5 小结：以终为始，共诊共识共创

1）组织发展变革实践操作，按逻辑顺序有三个重要步骤：组织诊断（Diagnosis）、干预举措（Intervention）、评估效果（Yield），借用它们的英文首字母可缩写为DIY步骤。

2）组织诊断是发现待解决的真正问题及其症结的关键步骤；组织诊断要先厘清组织诊断的客体（即要解决的问题）、主体（即由谁来解决）和模型（即方法论）；其中对于客体要区分表现和内因，而主体由组织发展顾问与各关键利益相关者共同构成；关于模型的选择，管理者可以参考本书提供的CHANGES模型，也可根据实际情况另行设计。

3）组织诊断是组织发展顾问帮助企业"自我诊断、自我发现"的过

程。收集信息的常用方法包括检阅资料、问卷调研、一对一访谈、小组座谈、现场观察、行业对标等。不同的方法各有侧重，企业可综合使用。

4）"过程导向"是组织发展变革的重要特征，切忌陷入单一的"专家模式"或"医患模式"，直接给出"答案"。组织诊断的过程也是组织发展顾问引导企业关键利益相关者共创解决方案的过程，要尽量覆盖全部企业关键利益相关者，以确保方案的有效性和未来实施的高效性，这也体现出组织发展变革"凝心聚力"的核心理念。

5）干预举措（Intervention）指的是改变组织现状的行动或者过程。按照关注的重点可分为关注过程、关注结构、关注内容。按照应用的层面可分为个人层面、人际层面、团队（群体）层面、团队间层面、组织层面。

6）组织诊断本身已经是干预举措的一部分；组织诊断无论采用何种形式，一旦开始，组织成员就对改变企业现状有了期望，因此后续跟进和落实很重要，否则会影响组织成员对企业的信任。

7）干预举措的选择必须基于深入的组织诊断结果，并且"过程导向"原则同样适用：组织发展顾问可以提出干预举措的建议，但是最终的决定必须引导企业关键利益相关者共创。

8）效果评估是确定组织发展变革干预举措价值的系统方法：效果评估不能局限于看利润或投资回报率等财务指标，需要设立专门指标来评估变革的过程、变革的成果与变革的巩固。

9）组织发展变革的评估始于变革启动前，包括四个阶段：强调在变革启动前的设计，在变革实施过程中获取及时的反馈与调整，在变革举措完成时总结复盘，以及在变革推进后持续跟踪。评估的方法包括数据检阅、关键利益相关者反馈、问卷调研、现场观察、制度及流程审计等。

10）DIY 步骤是一个完整的逻辑闭环，与前面各章深入阐述的 CHANGES 模型的各关键元素及各元素之间的相互作用，共同构成本书提出的组织发展变革全局思维与实践的指导体系，期盼管理者能始终以 CHANGES 全局思维去思考，通过 DIY 实践而获益。

后记

CHANGES全局思维，凝心聚力，以变应变

感谢大家耐心读完本书，从中了解组织发展变革CHANGES模型的各个关键元素、各元素之间的关系以及在实践中的DIY方法与步骤。这里，简单总结一下CHANGES模型的主要内容以及在企业实践中的要点。

CHANGES模型展现的是一种系统观与全局思维。本书对组织发展变革CHANGES模型的七大元素逐一深入分析和阐述，现实中它们也许被视为不同的领域甚至在企业中可能由不同的部门去负责，但实际上这些元素并非割裂或者各自为政，相反，它们是一体的，也只有当这些元素相契合，才能如齿轮啮合般协作，推动组织稳步前进。事实上，在本书逐一阐述的过程中，读者也能感受到这些元素之间互为参照、互相影响、相互渗透的关系，例如：战略规划受宗旨使命的指引，也要考虑组织能力和文化规范等因素；而一旦战略规划被确定，企业需要围绕战略构建组织能力、组织架构以及制度体系，以确保战略的实施；而战略规

划实施的过程与结果又通过对成功与失败的认知，悄然给组织文化带去进化的契机；组织文化将进一步影响组织架构与制度体系的设计，组织架构在支持战略的同时也会给组织能力带来影响；等等。管理者只有破除关于这些元素之间壁垒分明的偏见，洞悉并运用好它们之间的有机联系和互动，才能持续、成功地实现组织的进化。这当然并非一件轻而易举的事，但正因为难能，所以可贵，成功的企业将会因此获得独一无二的组织优势。

CHANGES 模型各元素的作用，体现为：

1）战略规划：统一对方向、目标及实现路径的共识，指引组织协同，构建差异化优势。

2）组织能力：通过个人能力、团队能力向组织能力的递进转化，为企业提升战力。

3）组织架构：提供强韧支撑，促成高效分工与协作，跨越传统的组织边界开拓资源。

4）文化规范：作用于组织成员感受、信念与行为产生磁场效应，形成组织内在的引力。

5）制度体系：将理念落实的体制保障，形成有形机制保证各关键元素的执行。

6）宗旨使命：凝聚初心、强化个人与组织的意义联结，引领组织奔赴远方，实现梦想。

7）凝心聚力：作为 CHANGES 模型的核心元素，为其他各元素注入灵魂，众智共创合力，共生未来。

CHANGES 模型的核心是凝心聚力。凝心聚力是一种信念，相信集体的智慧，相信共创的合力，相信发自内心的驱动力；同时，凝心聚力更是真切的实践，不但渗入组织发展变革的每一个元素，领导者更要放下内心的疑虑，用好方法论和相应的工具，在每一个关键的时刻，践行这一信念。通过集体智慧洞察变化的趋势，共创未来的远景，在实践中共同迭代，持续产生集体的合力。凝心聚力是组织适应时代趋势的必然选择。

这是一个"我"的时代。物质相对丰富，自我意识觉醒，良好的基础教育和互联网更是抹平了知识的鸿沟，每一个人都是一个"我"，需要独立自主，需要知道自己做一件事的意义，需要知道自己所在的大局，需要思考如何把自己的"分内"责任在大局观下做得更好，人们从吃饱、穿暖向"被尊重""自我实现""超越自我"的更高层次发展。从前那种管理大师设计流水作业，生产线上的工人只知道重复几个简单动作的做法已经落后和过时，"只听命令""被设计"的管理已无法适应新时代员工的需求。

这也是一个"我们"的时代。个人的聪明才智固然重要，但集体智慧、集体行动才是实现组织目标的根本保证。这是"我"的时代，却并非个人英雄的时代，而是集体创造的时代，僵化、强硬的命令不能做到一致行动，但众心、众智、众愿、众力、众行可以，发自内心的认可和自驱力加上有效的合作机制，会迸发出更强大的协同之力。

组织发展变革 CHANGES 模型，探讨的正是"我"和"我们"的方法论。"我们"是一个由"我"构成的组织，尊重每一独特个体，但我们不只是个体，我们有共同的使命，我们有共同的价值观，我们各自的特长共同形成组织的能力并且不断提升，我们就我们共同的未来取得共识，然后我们以适当的分工和协作一起去实现未来。凝心如一，聚力万钧，无坚不摧，无往不利。

管理是一门实践性很强的学问，组织在发展，组织发展变革的理论也在实践中不断发展。中国人精神内核里有"众生平等"的信仰（关乎"我"），有深入骨髓的集体主义精神（关乎"我们"）；中国文化崇尚努力，崇尚实践，讲究兼收并蓄、有容乃大；这些人文禀赋都奠定了我们在组织发展变革方面的独特优势。中国企业已经崛起，走出国门，走向世界，在构建人类命运共同体的大使命引领下，优秀的中国企业吸收人类共同智慧并于实践中孕育出累累硕果。组织发展变革的思想与实践也将不断生长、不断优化、不断进化。

本书是我在人力资源管理、组织发展变革领域超过 25 年实践经历的一点凝聚，写书的过程实际上也是不断学习和加深自己理解的过程，输出的过程痛并快乐。能把自己所学、所践（行）、所悟传达给有需要的人，助力他们未来的实践，帮助到更多中国企业做大做强，于我而言意义深远。

三人行，必有我师焉。正如本书倡导的组织发展变革理念，这是一个众智合力的年代，我们每个人都不是孤立的，只有不断从他人身上获得新的知识和能量，才能持续成长，共同成为更好的"我们"，所以欢迎就本书，就组织发展变革，就管理学理念，就相应的生活智慧，联系交流。感恩这个互联的时代！

马超帆

欧洲管理经典 全套精装

欧洲最有影响的管理大师
（奥）弗雷德蒙德·马利克 著

超越极限
如何通过正确的管理方式和良好的自我管理超越个人极限，敢于去尝试一些看似不可能完成的事。

转变：应对复杂新世界的思维方式
在这个巨变的时代，不学会转变，错将是你的常态，这个世界将会残酷惩罚不转变的人。

管理成就生活（原书第2版）
写给那些希望做好管理的人、希望过上高品质的生活的人。不管处在什么职位，人人都要讲管理，出效率，过好生活。

管理：技艺之精髓
帮助管理者和普通员工更加专业、更有成效地完成其职业生涯中各种极具挑战性的任务。

战略：应对复杂新世界的导航仪
制定和实施战略的系统工具，有效帮助组织明确发展方向。

公司策略与公司治理：如何进行自我管理
公司治理的工具箱，帮助企业创建自我管理的良好生态系统。

正确的公司治理:发挥公司监事会的效率应对复杂情况
基于30年的实践与研究，指导企业避免短期行为，打造后劲十足的健康企业。

领导变革之父约翰 P. 科特经典之作

约翰 P. 科特

领导变革之父，全球一致公认的领导和变革权威，哈佛大学教授

20世纪对世界经济发展最具影响力的50位大师之一，《纽约时报》畅销作者

科特教授自1972年开始任教于哈佛商学院。1980年，他在33岁的时候，被授予哈佛终身教职，是有史以来在哈佛商学院获此殊荣的最年轻的一位，因撰写最佳《哈佛商业评论》文章而两次获麦肯锡奖。科特还是一名实践者，曾任雅芳、花旗、可口可乐、通用电气、美林、雀巢、飞利浦、普华永道等国际知名公司的顾问。

《认同：赢取支持的艺术》

怎样让你的好主意赢得支持并达到预期效果？赢取认同的关键，不在回击反对者，而是保持尊重并坚持己见，争取更多中立的人。

《变革之心》

以变革的8个步骤为主线，精选34个案例，向人们展示了成功变革的模式。

《领导变革》

被《时代》杂志评选为最具影响力的25本管理图书之一。

《权力与影响力》

应当如何运用自己的现有权力与影响力来得到别人的帮助以顺利地完成工作。本书充满了创新性的思想和专家建议，对组织运作进行了精辟分析。

《变革加速器》

帮助企业建立"双元驱动体系"，即把企业原来层级体系和更灵活的网络结构结合起来，构建灵活的战略以适应快速变化的世界。荣获麦肯锡商业/管理领域世界最实用与最具突破性思想奖。

《总经理》

专门研究总经理这一特殊职位的专门著作，对于指导人们担当总经理这一职位，取得事业的成功，以及甄选、培养、安置这方面的人才，都具有实践和学术的价值。